I1064669

Cap sur les territoires, volume 1

Dans le volume 1 de *Cap sur les territoires,* pour développer tes compétences en géographie, tu exploreras les territoires suivants.

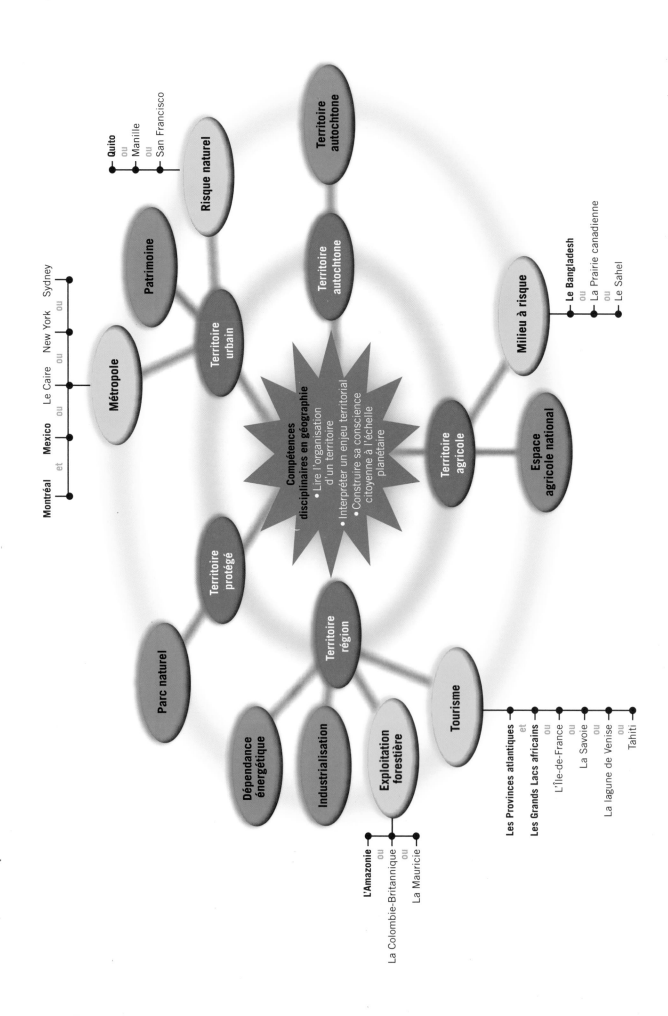

Cap sur les territoires, volume 2

Dans le volume 2 de *Cap sur les territoires,* pour poursuivre le développement de tes compétences en géographie, tu découvriras d'autres territoires.

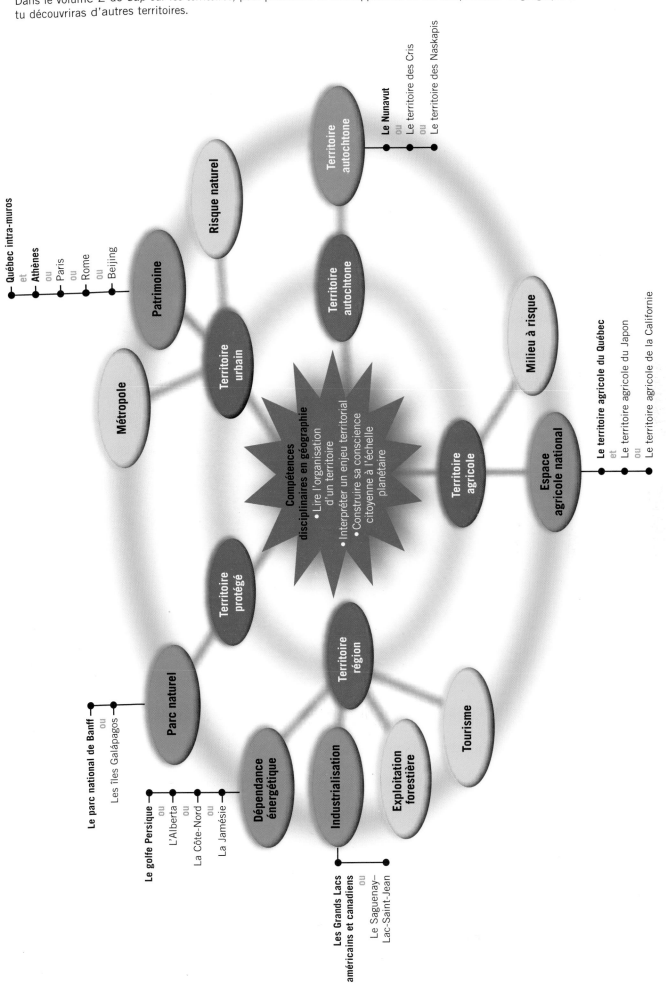

GÉOGRAPHIE 1er CYCLE DU SECONDAIRE

CAP SUR LES TERRITOIRES

MANUEL DE L'ÉLÈVE

Volume 1

Collection dirigée par
Alain Dalongeville

**Alain Dalongeville • Antoine-Michel LeDoux
Éric Mottet • Yann Roche**

LES ÉDITIONS
CEC
QUEBECOR MEDIA

8101, boul. Métropolitain Est, Anjou (Québec) Canada H1J 1J9
Téléphone : (514) 351-6010 • Télécopieur : (514) 351-3534

Directrice de l'édition
Louise Roy

Directrice de la production
Danielle Latendresse

Chargée de projet et réviseure linguistique
Ginette Choinière

Correctrice d'épreuves
Dominique Lapointe

Conception et réalisation graphique
Le Groupe Flexidée

Cartographie
Éric Mottet

Validation scientifique des cartes
Yann Roche, Université du Québec à Montréal

Consultants scientifiques
Chapitre 1 - Juan-Luis Klein, Université du Québec à Montréal
Chapitre 2 - Jacques Schroeder, Université du Québec à Montréal
Chapitre 3 - Martine Géronimi, Université du Québec à Montréal
Chapitre 4 - Christian Bouchard, Université Laurentienne, Sudbury, Ontario
Chapitre 5 - Richard Boivin, Université du Québec à Montréal

Photo de la couverture
Bateau de croisière entrant dans la lagune de Venise illustrant les conflits entre la conservation du patrimoine et le développement de l'industrie touristique.
© Carlos Muñoz-Yagüe

Remerciements
Nous remercions chaleureusement les enseignantes et les enseignants suivants d'avoir lu et commenté les chapitres de ce manuel pendant son élaboration et pour leurs précieux conseils.
Patrick Cavanagh, École Saint-Henri, C. S. de Montréal
Marc Lafortune, École secondaire Henri-Bourassa, C. S. de la Pointe-de-l'Île
Philippe Leclair, Collège Mont-Saint-Louis
Marcelle Lefebvre, Collège Saint-Jean-Vianney
Michèle Fréchet, Collège de Montréal
Geneviève Rousseau, École secondaire Mgr-Richard, C. S. Marguerite-Bourgeoys
et Stéphane Thouzellier pour ses recherches et son soutien constant.

DANGER
LE PHOTOCOPILLAGE TUE LE LIVRE

La *Loi sur le droit d'auteur* interdit la reproduction d'œuvres sans l'autorisation des titulaires des droits. Or, la photocopie non autorisée – le photocopillage – a pris une ampleur telle que l'édition d'œuvres nouvelles est mise en péril. Nous rappelons donc que toute reproduction, partielle ou totale, du présent ouvrage est interdite sans l'autorisation écrite de l'Éditeur.

Dans cet ouvrage, la féminisation des titres de fonctions et des textes est conforme aux règles d'écriture proposées par l'Office de la langue française dans le guide *Au féminin*, produit par Les Publications du Québec, 1991.

Gouvernement du Québec - Programme de crédit d'impôt pour l'édition de livres - Gestion SODEC

© 2005, Les Éditions CEC inc.
8101, boul. Métropolitain Est
Anjou (Québec) H1J 1J9

Tous droits réservés. Il est interdit de reproduire, d'adapter ou de traduire l'ensemble ou toute partie de cet ouvrage sans l'autorisation écrite du propriétaire du copyright.

Dépôt légal : 1er trimestre 2005
Bibliothèque nationale du Québec
Bibliothèque nationale du Canada

ISBN 2-7617-2133-0
Imprimé au Canada
1   2   3   4   5   09   08   07   06   05

Nous aurons des corbeilles pleines
de roses noires pour tuer la haine
des territoires coulés dans nos veines
et des amours qui valent la peine.
[...]
Et s'il n'y a pas de lune
nous en ferons une.

Extrait de la chanson *Nous aurons*,
Richard Desjardins / Jean Derome et René Lussier,
Éditions Foukinic.

CAP SUR LES TERRITOIRES

Volume 1

TABLE DES MATIÈRES

Les pictogrammes

Tout au long de ton manuel, tu trouveras des pictogrammes qui t'aideront à comprendre rapidement le sens d'une activité ou la pertinence d'un document. Le tableau qui suit présente l'ensemble des pictogrammes de ton manuel ainsi que la raison d'être de chacun.

 Ce petit globe terrestre indique les lieux, les personnages ou les phénomènes qui ont été désignés *repères culturels* dans le Programme de formation. Ils te signalent donc des éléments qui caractérisent le territoire à l'étude.

 Chaque fois que tu vois ce pictogramme, tu peux appliquer au document (une carte, une photographie ou une image satellite) l'une des techniques présentées à la fin de ton manuel, aux pages 246 à 267. Tu peux le faire par toi-même ou lorsque ton enseignant ou ton enseignante te le demandera.

 Ce pictogramme apparaît lorsqu'on te suggère une activité de communication orale, généralement une discussion pour clore l'étude d'un territoire.

 Dans les projets, ce pictogramme signale les étapes d'évaluation continue qui te permettront, ou permettront à ton enseignante ou à ton enseignant, de porter un jugement sur ton travail et ta démarche.

 Dans les projets, ce pictogramme apparaît pour te rappeler de conserver des documents qui seront importants dans le processus d'évaluation continue.

 Dans les projets, ce pictogramme indique que tu dois faire une recherche dans Internet en utilisant les mots-clés qui te sont fournis.

 Dans les projets, ce pictogramme indique que tu dois faire une recherche dans des ouvrages imprimés.

 Dans les projets, ce pictogramme signale que tu dois compléter des rubriques ou des fiches documentaires en écrivant l'information demandée.

 Ce pictogramme t'indique l'enjeu relatif au territoire à l'étude.

Le développement des compétences

L'étude de différents territoires par les activités du manuel *Cap sur les territoires* vise le développement de tes compétences en géographie, mais aussi de compétences transversales qui te serviront dans toutes les autres matières.

a) Les compétences disciplinaires en géographie

Toutes les activités de ton manuel visent le développement simultané de tes compétences en géographie, soit :

C1 Lire l'organisation d'un territoire

C2 Interpréter un enjeu territorial

C3 Construire sa conscience citoyenne à l'échelle planétaire

Toutefois, comme l'illustre le schéma suivant, certaines sections de ton manuel visent plus particulièrement le développement d'une compétence.

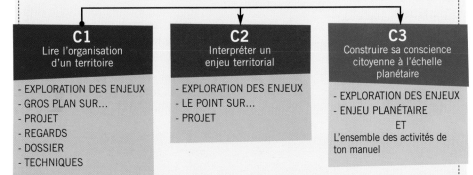

C1
Lire l'organisation d'un territoire

- EXPLORATION DES ENJEUX
- GROS PLAN SUR…
- PROJET
- REGARDS
- DOSSIER
- TECHNIQUES

C2
Interpréter un enjeu territorial

- EXPLORATION DES ENJEUX
- LE POINT SUR…
- PROJET

C3
Construire sa conscience citoyenne à l'échelle planétaire

- EXPLORATION DES ENJEUX
- ENJEU PLANÉTAIRE
ET
L'ensemble des activités de ton manuel

b) Les compétences transversales

Certaines activités plus que d'autres favorisent le développement des compétences transversales, compétences qui sont utiles dans toutes les disciplines, mais aussi dans la vie courante. Ainsi, particulièrement dans les sections **EXPLORATION DES ENJEUX** et **PROJET**, tu devras faire appel à ces compétences pour réussir les activités proposées.

1 Exploiter l'information

2 Résoudre des problèmes

3 Exercer son jugement critique

4 Mettre en œuvre sa pensée créatrice

5 Se donner des méthodes de travail efficaces

6 Exploiter les technologies de l'information et de la communication

7 Actualiser son potentiel

8 Coopérer

9 Communiquer de façon appropriée

L'organisation de ton manuel

Ton manuel est organisé en différentes sections qui te sont présentées dans le tableau qui suit. Comme tu peux le constater, ton enseignant ou ton enseignante pourra te proposer différents itinéraires selon les choix qu'il ou elle fera dans les activités d'un chapitre.

SECTIONS D'UN CHAPITRE (Exemples, chapitre 1)	COMMENTAIRES
(pages 2 à 11) **EXPLORATION DES CONCEPTS** (8 %)	**1.** Dans la première section d'un chapitre, des cartes, des photographies, de courts textes et quelques activités t'amèneront à découvrir les principaux **concepts** que tu construiras dans tout le chapitre.
(pages 14 à 17) **EXPLORATION DES ENJEUX** (50 %) + **GROS PLAN SUR...** (10 %) **OU** (pages 18 à 23) **EXPLORATION DES ENJEUX** (10 %) + **GROS PLAN SUR...** (50 %)	**2. Selon l'itinéraire qu'il ou elle privilégiera,** ton enseignant ou ton enseignante insistera sur les activités : - de la section *Exploration des enjeux* qui te permettront de construire tes savoirs par des missions à réaliser à l'aide de documents ; - ou de la section *Gros plan sur...* qui te permettront d'analyser un texte et de le comparer à différents documents.
(pages 24-25) **LE POINT SUR...** (7 %)	**3.** Que ton enseignant ou ton enseignante ait choisi l'un ou l'autre des itinéraires, tu prendras connaissance d'un **schéma** et de **résumés** des enjeux relatifs au territoire à l'étude dans la section *Le point sur...*
D'AUTRES TERRITOIRES (pages 44 à 47) (pages 48 à 53) (pages 54 à 59) **PROJET** **OU** **REGARDS** **OU** **DOSSIER** (20 %) (20 %) (20 %)	**4.** Pour comparer des territoires, tu pourras réaliser un **PROJET**, lire un texte illustré de documents dans la section **REGARDS** ou analyser un ensemble de documents dans la section **DOSSIER**.
(pages 60-61) **ENJEU PLANÉTAIRE** (5 %)	**5.** À la fin d'un chapitre, tu feras le point sur un ou plusieurs enjeux planétaires soulevés par l'étude des territoires.

Les six sections de ton manuel

Documents et activités sur les concepts

LE TOURISME, UNE ACTIVITÉ ÉCONOMIQUE EN PLEIN DÉVELOPPEMENT

Le tourisme est l'une des toutes premières activités économiques à l'échelle mondiale (doc. 3 et 4). L'activité touristique comporte des déplacements, que l'on peut comparer à des migrations régulières (par exemple, les séjours de certains Canadiens dans des pays du Golfe du Mexique, durant l'hiver).

Flux touristique Mouvement des touristes depuis une région...

Section permettant la construction des savoirs par la réalisation de missions

Enjeu territorial proposé par le programme

Mission à réaliser à l'aide des documents (textes, cartes, photographies, schémas, tableaux, graphiques) de la double page

EXPLORATION 1
DES ENJEUX

Les Provinces atlantiques, un territoire fait pour le tourisme?

mission

Vous êtes membres de la Commission canadienne du tourisme. Vous souhaitez convaincre des touristes étrangers de venir visiter les Provinces atlantiques. À l'aide des documents des pages 110 et 111 et en consultant ceux des deux pages précédentes, préparez une petite brochure illustrée de vos dessins dans le but d'attirer les touristes.

Texte informatif sur le territoire à l'étude

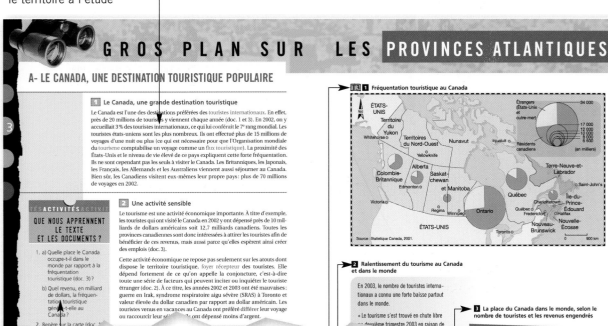

GROS PLAN SUR LES PROVINCES ATLANTIQUES

A- LE CANADA, UNE DESTINATION TOURISTIQUE POPULAIRE

1 Le Canada, une grande destination touristique

Le Canada est l'une des destinations préférées des touristes internationaux. En effet, près de 20 millions de touristes y viennent chaque année (doc. 1 et 3). En 2002, on y accueillait 3% des touristes internationaux, ce qui lui conférait le 7ᵉ rang mondial. Les touristes états-uniens sont les plus nombreux. Ils ont effectué plus de 15 millions de voyages d'une nuit ou plus (ce qui est nécessaire pour que l'Organisation mondiale du tourisme comptabilise un voyage comme un flux touristique). La proximité des États-Unis et le niveau de vie élevé de ce pays expliquent cette forte fréquentation. Ils ne sont cependant pas les seuls à visiter le Canada. Les Britanniques, les Japonais, les Français, les Allemands et les Australiens viennent aussi séjourner au Canada. Bien sûr, les Canadiens visitent eux-mêmes leur propre pays: plus de 70 millions de voyages en 2002.

2 Une activité sensible

Le tourisme est une activité économique importante. À titre d'exemple, les touristes qui ont visité le Canada en 2002 y ont dépensé près de 10 milliards de dollars américains soit 12,7 milliards canadiens. Toutes les provinces canadiennes sont donc intéressées à attirer les touristes afin de bénéficier de ces revenus, mais aussi parce qu'elles espèrent ainsi créer des emplois (doc. 3).

Cette activité économique ne repose pas seulement sur les atouts dont dispose le territoire touristique, foyer récepteur des touristes. Elle dépend fortement de ce qu'on appelle la conjoncture, c'est-à-dire toute une série de facteurs qui peuvent inciter ou inquiéter le touriste étranger (doc. 2). À ce titre, les années 2002 et 2003 ont été mauvaises: guerre en Irak, syndrome respiratoire aigu sévère (SRAS) à Toronto et valeur élevée du dollar canadien par rapport au dollar américain. Les touristes venus en vacances au Canada ont préféré différer leur voyage ou raccourcir leur séjour. Ils ont dépensé moins d'argent.

ACTIVITÉS

QUE NOUS APPRENNENT LE TEXTE ET LES DOCUMENTS?

1. a) Quelle place le Canada occupe-t-il dans le monde par rapport à la fréquentation touristique (doc. 3)?

   b) Quel revenu, en milliard de dollars, la fréquentation touristique génère-t-elle au Canada?

2. Repère sur la carte (doc. ...) les trois...

1 Fréquentation touristique au Canada

ÉTATS-UNIS
Territoire du Yukon
Whitehorse
Territoires du Nord-Ouest
Nunavut
Iqaluit
Résidents canadiens
Yellowknife
Colombie-Britannique
Alberta
Saskatchewan
Manitoba
Terre-Neuve-et-Labrador
Saint-John's
Edmonton
Victoria
Regina
Winnipeg
Ontario
Québec
Fredericton
Charlottetown
Île-du-Prince-Édouard
Halifax
Nouvelle-Écosse
Nouveau-Brunswick
Toronto
ÉTATS-UNIS

Étrangers (États-Unis et outre-mer) — 34 000
17 000
12 000
10 000
8 000
6 500
(en milliers)

Source: Statistique Canada, 2001.

0 — 900 km

2 Ralentissement du tourisme au Canada et dans le monde

En 2003, le nombre de touristes internationaux a connu une forte baisse partout dans le monde.

« Le tourisme s'est trouvé en chute libre ... deuxième trimestre 2003 en raison de ... 14 % ...

3 La place du Canada dans le monde, selon le nombre de touristes et les revenus engendrés

Activités permettant la compréhension du texte et des documents et la découverte des liens possibles entre eux

Textes, cartes, photographies, schémas, tableaux, graphiques illustrant et complétant le texte informatif

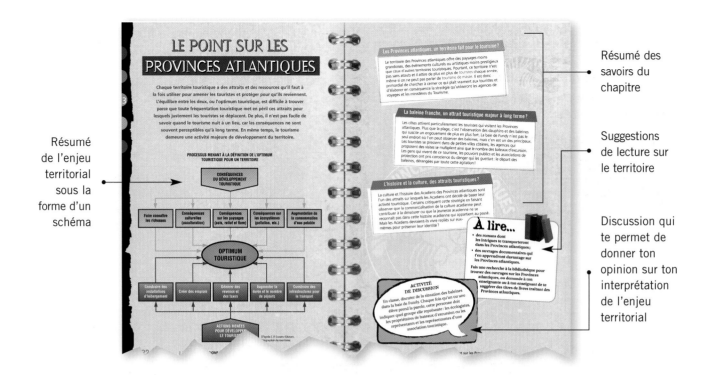

Résumé des savoirs du chapitre

Résumé de l'enjeu territorial sous la forme d'un schéma

Suggestions de lecture sur le territoire

Discussion qui te permet de donner ton opinion sur ton interprétation de l'enjeu territorial

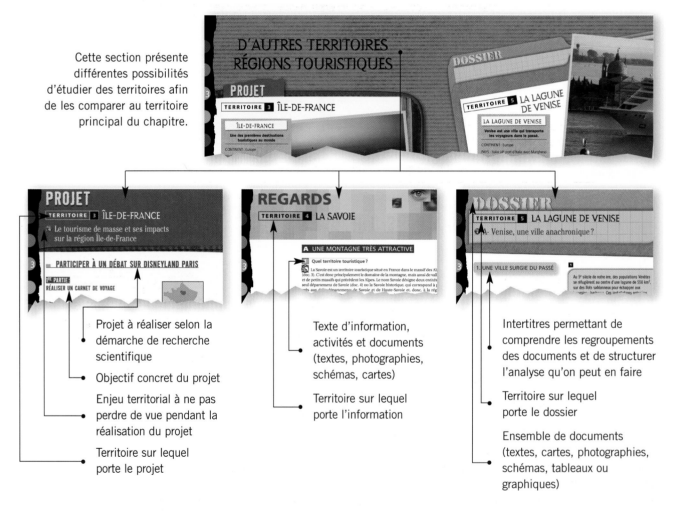

Cette section présente différentes possibilités d'étudier des territoires afin de les comparer au territoire principal du chapitre.

Projet à réaliser selon la démarche de recherche scientifique

Objectif concret du projet

Enjeu territorial à ne pas perdre de vue pendant la réalisation du projet

Territoire sur lequel porte le projet

Texte d'information, activités et documents (textes, photographies, schémas, cartes)

Territoire sur lequel porte l'information

Intertitres permettant de comprendre les regroupements des documents et de structurer l'analyse qu'on peut en faire

Territoire sur lequel porte le dossier

Ensemble de documents (textes, cartes, photographies, schémas, tableaux ou graphiques)

La section ENJEU PLANÉTAIRE te propose des activités explicites visant à construire ta conscience citoyenne à l'échelle planétaire. Tu y trouveras des exemples de réalités géographiques qui impliquent la responsabilité des institutions, des groupes sociaux et des individus.

L'enjeu planétaire retenu est toujours celui proposé par le Programme de formation du ministère de l'Éducation du Québec.

Les cartes dans ton manuel

Les mappemondes d'ouverture des chapitres

Les mappemondes présentées dans les premières pages de chaque chapitre situent, à l'échelle mondiale, les principaux territoires du type de ceux étudiés dans le chapitre.

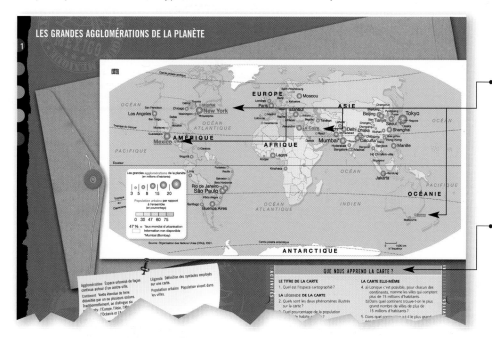

Les toponymes soulignés et écrits en rouge sont ceux des territoires à l'étude dans le chapitre.

Les activités de cette rubrique permettent de bien interpréter la mappemonde dans le contexte du chapitre.

Les autres cartes des chapitres

Les autres cartes présentées à l'intérieur de chaque chapitre sont soit des cartes de base soit des cartes thématiques. Les cartes thématiques sont au service de l'interprétation d'un enjeu territorial.

Le titre indique le phénomène représenté par la carte.

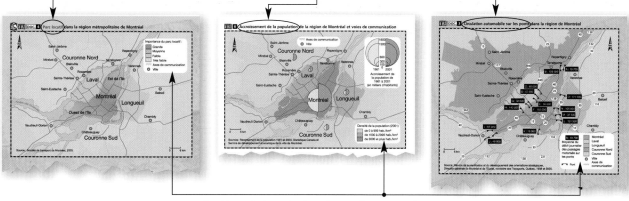

La légende fournit des pistes d'interprétation du phénomène représenté.

Les mappemondes de la fin de ton manuel

À la fin de ton manuel, tu trouveras trois mappemondes de référence que tu pourras consulter au fil des activités. Elles te permettront de localiser dans le monde les pays, les grands ensembles végétaux et les grands ensembles physiographiques (le relief).

Quel est l'impact des métropoles sur l'équilibre de la planète ?

« Si tiene dignitad, no tire basura »
(« Si tu as de la dignité, ne jette pas tes ordures »)
Dicton de Chalco, bidonville au sud-est de Mexico

T4 T5 La ville de Mexico, une métropole

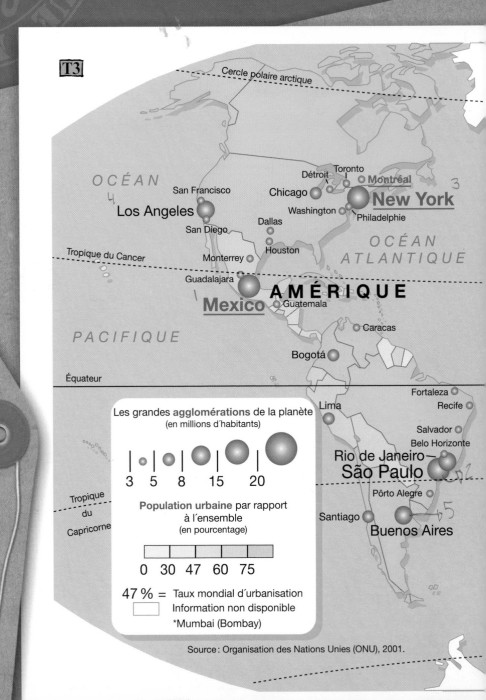

T3

Cercle polaire arctique

OCÉAN

San Francisco

Los Angeles

San Diego

Détroit   Toronto
Montréal

Chicago   **New York**

Washington
Philadelphie

Dallas

Houston

OCÉAN
ATLANTIQUE

Tropique du Cancer

Monterrey

Guadalajara

AMÉRIQUE

Mexico   Guatemala

PACIFIQUE

Caracas

Bogotá

Équateur

Fortaleza

Lima   Recife

Salvador

Belo Horizonte

Rio de Janeiro

São Paulo

Pôrto Alegre

Santiago

Buenos Aires

Les grandes **agglomérations** de la planète
(en millions d'habitants)

3   5   8   15   20

Population urbaine par rapport
à l'ensemble
(en pourcentage)

0   30   47   60   75

47 % = Taux mondial d'urbanisation

Information non disponible

*Mumbai (Bombay)

Source : Organisation des Nations Unies (ONU), 2001.

Agglomération Espace urbanisé de façon continue autour d'un centre-ville.

Continent Vaste étendue de terre délimitée par un ou plusieurs océans. Traditionnellement, on distingue six continents : l'Europe, l'Asie, l'Afrique, l'Amérique, l'Océanie et l'Antarctique.

Légende Définition des symboles employés sur une carte.

Population urbaine Population vivant dans les villes.

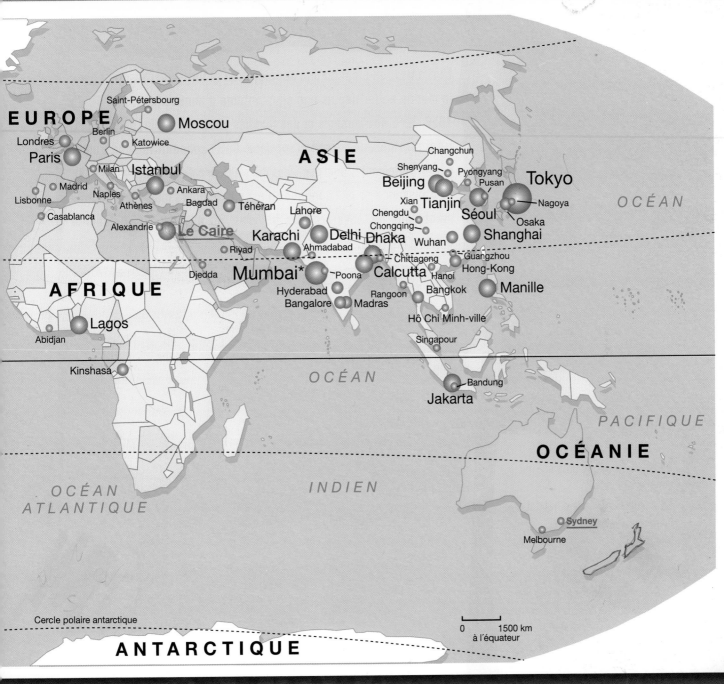

EUROPE

Saint-Pétersbourg
Moscou
Berlin
Londres
Katowice
Paris
Milan
Istanbul
Madrid
Naples
Ankara
Lisbonne
Athènes
Bagdad
Casablanca
Alexandrie
Le Caire
Riyad
Djedda

ASIE

Changchun
Shenyang
Pyongyang
Beijing
Pusan
Tokyo
Tianjin
Nagoya
Xian
Séoul
Chengdu
Osaka
Chongqing
Shanghai
Téhéran
Lahore
Wuhan
Karachi
Delhi
Dhaka
Ahmadabad
Chittagong
Guangzhou
Mumbai*
Poona
Calcutta
Hong-Kong
Hyderabad
Hanoi
Manille
Bangalore
Madras
Rangoon
Bangkok
Hô Chi Minh-ville
Singapour

OCÉAN

AFRIQUE

Lagos
Abidjan

Kinshasa

OCÉAN

Bandung
Jakarta

PACIFIQUE

OCÉANIE

OCÉAN
ATLANTIQUE

INDIEN

Sydney
Melbourne

Cercle polaire antarctique

0   1500 km
à l'équateur

ANTARCTIQUE

ACTIVITÉSACTIVITÉSAC
ESACTIVITÉSACTIVITÉSA
S-UNI

QUE NOUS APPREND LA CARTE ?

LE TITRE DE LA CARTE

1. Quel est l'espace cartographié ?

LA LÉGENDE DE LA CARTE

2. Quels sont les deux phénomènes illustrés sur la carte ?

3. Quel pourcentage de la population mondiale habite en ville ?

LA CARTE ELLE-MÊME

4. a) Lorsque c'est possible, pour chacun des **continents**, nomme les villes qui comptent plus de 15 millions d'habitants.

   b) Dans quel continent trouve-t-on le plus grand nombre de villes de plus de 15 millions d'habitants ?

5. Dans quel continent y a-t-il le plus grand nombre de villes ?

L'URBANISATION

Une concentration de plus en plus grande d'hommes et de femmes!

L'urbanisation a connu une accélération et une généralisation dans le monde entier depuis une cinquantaine d'années (doc. 2 et 4). En 1950, 30 % des hommes et des femmes vivaient en ville ; aujourd'hui, c'est presque une personne sur deux. Cette concentration se traduit par un étalement urbain des villes qui s'entourent de banlieues (doc. 3). La croissance de ces banlieues n'est pas toujours maîtrisée, notamment dans les pays les plus pauvres, où elle est la plus rapide aujourd'hui (doc. 1 et 4).

1

Banlieue Territoire urbanisé qui entoure une ville.

Bidonville Ensemble d'habitats non planifiés, censés être temporaires et construits de matériaux de fortune.

Étalement urbain Expansion spatiale des grandes villes et des métropoles, aux dépens des autres usages du sol, notamment l'agriculture.

Urbanisation Concentration de population dans les villes.

Les 20 plus grandes agglomérations dans le monde (en millions d'habitants)

Rang en 2000	Agglomération	Pays	En 1975	En 2000	Projection 2015
1	Tokyo	Japon	19,8	26,4	27,2
2	Mexico	Mexique	10,7	18,0	20,4
2	São Paulo	Brésil	10,3	18,0	21,2
4	New York	États-Unis	15,9	16,7	17,9
5	Mumbai *	Inde	7,3	16,0	22,6
6	Los Angeles	États-Unis	8,9	13,2	14,5
7	Calcutta	Inde	7,9	13,1	16,7
8	Shanghai	Chine	11,4	12,9	13,6
9	Dhaka	Bangladesh	2,2	12,5	22,8
10	Delhi	Inde	4,4	12,4	20,9
11	Buenos Aires	Argentine	9,1	12,0	13,2
12	Jakarta	Indonésie	4,8	11,0	17,3
12	Osaka	Japon	9,8	11,0	11,0
14	Beijing	Chine	8,5	10,8	11,7
15	Rio de Janeiro	Brésil	8,0	10,7	11,5
16	Karachi	Pakistan	4,0	10,0	16,2
16	Manille	Philippines	5,0	10,0	12,6
18	Séoul	Corée du Sud	6,8	9,9	9,9
19	Paris	France	8,9	9,6	9,9
20	Le Caire	Égypte	6,1	9,5	11,5

* Mumbai (Bombay)

Source des données : Organisation des Nations Unies (ONU), 2003.

2

L'urbanisation du monde

Nous ne pouvons pas arrêter l'urbanisation. Elle va continuer et même progresser tout au long du 21e siècle.

Cette évolution est à la fois prometteuse et alarmante. Les villes sont le siège des arts, de l'industrie, des communications et de l'information. C'est pour cette raison qu'on pourrait penser que les populations y sont plus épanouies.

Mais, dans les villes, se concentrent également la pauvreté, la violence, la pollution et les encombrements. [...] L'urbanisation des pays en développement – et principalement des plus pauvres d'entre eux, tels que l'Inde, le Pakistan, le Bangladesh – est si rapide que les infrastructures et les services ne peuvent pas suivre.

D'après : Joseph Chamie, directeur de la division Population des Nations Unies, avril 2002.

3 Los Angeles (États-Unis) et sa banlieue résidentielle

4 Croissance de la population urbaine dans le monde, de 1950 à 2020

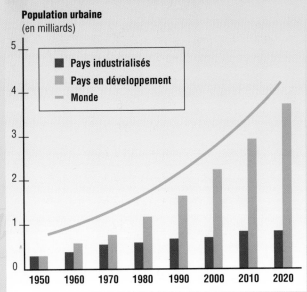

Population urbaine (en milliards)

■ Pays industrialisés
■ Pays en développement
— Monde

Source des données : DILSA (ONU) World Urbanization Prospects, 2001.

5 Bidonville à São Paulo (Brésil)

QUE NOUS APPRENNENT LE TEXTE ET LES DOCUMENTS ?

ACTIVITÉSACTIVITÉSACTIVITÉSAC

1. Nomme les trois **agglomérations** qui ont connu la plus grande croissance de population en 25 ans (1975-2000) parmi celles listées dans le tableau (doc. 1).

2. Consulte la carte du monde aux pages 4 et 5 de ton manuel. Classe les agglomérations du tableau (doc. 1) :

   a) selon les **continents** ;

   b) selon les hémisphères Nord et Sud.

3. Quelles conclusions tires-tu des classements que tu as faits au numéro 2 ? Résume-les en une courte phrase.

4. D'après le document 2, quels sont les attraits des villes ? Quels inconvénients présentent ces grandes concentrations de population ?

ESACTIVITÉSACTIVITÉSAC

UN ÉTALEMENT URBAIN AUX PAYSAGES TRÈS CONTRASTÉS

La croissance de l'espace urbanisé crée parfois des situations contradictoires et des paysages très diversifiés (doc. 3 et 5). Les grandes villes sont constituées de quartiers habités par des populations fort différentes, notamment par leur niveau de vie. La **ségrégation urbaine** y est forte.

T3 **1** Delhi : expansion urbaine (de 1950 à 1997)

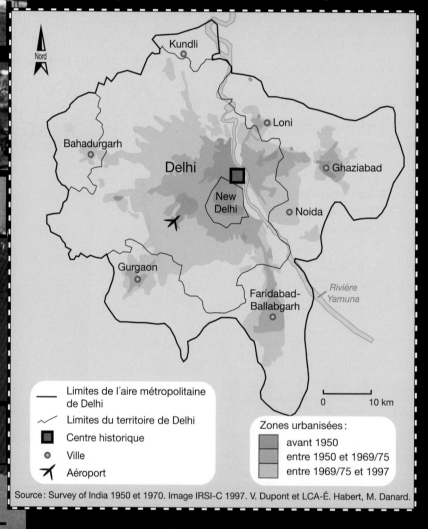

Légende :

- Limites de l'aire métropolitaine de Delhi
- Limites du territoire de Delhi
- ■ Centre historique
- ○ Ville
- ✈ Aéroport

0   10 km

Zones urbanisées :
- avant 1950
- entre 1950 et 1969/75
- entre 1969/75 et 1997

Source : Survey of India 1950 et 1970. Image IRSI-C 1997. V. Dupont et LCA-É. Habert, M. Danard.

Ségrégation urbaine Séparation de personnes d'origines, de mœurs, de religions ou de revenus différents à l'intérieur d'une ville. La ségrégation urbaine est souvent associée à la discrimination sociale.

2 Mumbai (Bombay), en Inde. Le *Center for Performing Arts* de Mumbai inclut le *Tata Theater*, conçu par l'architecte Philip Johnson, et le Musée d'art moderne, conçu par l'architecte Jehangir Nicholson.

T4 T5 3 Mumbai (Bombay), en Inde. La photographie montre à l'arrière-plan la partie riche et prospère de Mumbai, une métropole de l'Inde de plus de 16 millions de personnes en 2001. Au premier plan, des bidonvilles.

4

Les bidonvilles de Mumbai (Bombay)

« Terre d'espoir, Mumbai (Bombay) offre du travail à la plupart, mais certainement pas le luxe. Un million de personnes vivent dans la rue, et 65 % des 16 millions d'habitants – dont des avocats ou des médecins aux revenus corrects mais insuffisants pour avoir un appartement – logent dans des bidonvilles. Le plus célèbre d'entre eux, Dharavi, compte 600 000 habitants. C'est aussi le plus cher, car la valeur des terrains qu'il occupe est estimée à 10 milliards de roupies*. »

* Un roupie, en décembre 2003, valait 3 ¢ canadiens.

Source: *Croissance*, n° 406, 1997.

T4 T5 5 Image saisissante de la ségrégation urbaine dans la métropole argentine de Buenos Aires (Amérique du Sud)

QUE NOUS APPRENNENT LE TEXTE ET LES DOCUMENTS ?

1. Observe la carte (doc. 1). Selon toi, la ville de Delhi était combien de fois plus grande en 1997 qu'en 1950 ?

2. Observe le document 3. Cette photographie illustre deux réalités opposées qui découlent de la croissance urbaine de Mumbai. Décris ces réalités en quelques phrases.

3. Retrouve-t-on, dans le document 5, les mêmes réalités que dans le document 3 ? Justifie ta réponse.

Les métropoles, concentration de services et de pouvoirs

Les métropoles rassemblent dans la même agglomération urbaine des activités industrielles à haute technologie, des fonctions d'autorité (politiques, administratives), des directions d'administrations, des sièges sociaux d'entreprises ainsi que des activités tournées vers l'avenir (centres de recherche). Si bien que la « métropolisation » est un processus non achevé qui conduit à une concentration de richesses de plus en plus grande (doc. 1) dans les principales métropoles de la planète. On ne peut donc juger de l'importance d'une métropole simplement par le nombre de personnes qui y vivent (doc. 1), mais aussi par son pouvoir d'influence sur les activités économiques des pays et du monde.

1 **Les 20 principales métropoles du monde**

Source : Globalization and World Cities Study Group and Network.

Note : Les villes apparaissant sur la carte ont été sélectionnées pour leur rôle prépondérant dans le monde, dans le secteur des services supérieurs : comptabilité, publicité, finance et services juridiques.

Activité de service Activité destinée au service des entreprises et des populations (voir secteur tertiaire).

Métropole Agglomération urbaine importante qui exerce son influence sur un espace très étendu.

« Métropolisation » Mouvement de concentration de population, d'activités et de richesses dans des ensembles urbains (villes) de plus en plus vastes. La « métropolisation » englobe l'urbanisation.

PUB (produit urbain brut) Total des richesses produites par une ville.

Secteur tertiaire Ensemble d'activités de service aux personnes et aux entreprises, par exemple les hôpitaux, les écoles, les hôtels, les restaurants, les magasins de toutes sortes, etc.

Siège social Lieu où sont concentrées les activités de contrôle et de prise de décisions d'une entreprise.

2 Tokyo, ville mondiale

« Le grand Tokyo attire toujours de plus en plus d'habitants, au détriment du reste du Japon. [...] L'attraction de la capitale s'explique notamment par son dynamisme économique. [...] Ce mouvement s'accompagne d'un développement intense du **secteur tertiaire** qui profite en premier lieu à Tokyo, la capitale, centre de décision, de pouvoir, d'informations, d'initiatives, de savoir. La capitale abrite, outre les ministères et le gouvernement, l'écrasante majorité des sièges sociaux des grandes entreprises. »

Source : Ph. Pelletier, *Les très grandes villes dans le monde*, Le Temps, 2000.

Tokyo, au Japon la nuit. Les activités commerciales et financières sont concentrées dans le quartier de Shinjuku-Ku.

Shinjuku-Ku, quartier des affaires

3

Des métropoles aussi puissantes que des États !

La « métropolisation » combine plusieurs phénomènes : une concentration de population, un renforcement des **activités de services**, une réorganisation de l'espace urbain (étalement urbain, quartiers spécialisés...). La métropole concentre les équipements de haut niveau et les fonctions d'autorité. Elle est productrice de richesses : le **PUB (produit urbain brut)** de la métropole de Tokyo approchait en 1997 les 1808 milliards $CAN, soit environ 2,5 fois la valeur de celles produites par le Canada entier (707 milliards $CAN, en 1997).

QUE NOUS APPRENNENT LE TEXTE ET LES DOCUMENTS ?

1. Pourquoi les villes de Francfort, de Zürich et de Bruxelles figurent-elles dans la carte de la page 10 (doc. 1), mais pas dans celle des pages 4 et 5 ?

2. Explique brièvement pourquoi les villes de Londres et de Chicago figurent dans la carte de la page 10 (doc. 1), mais pas dans le tableau de la page 6.

3. Relis le texte d'introduction et le document 3, puis dresse une liste d'éléments qui font qu'une grande ville est reconnue comme une métropole.

4. Rédige une courte phrase qui, selon toi, expliquerait le titre du document 3, *Des métropoles aussi puissantes que des États !*

MONTRÉAL

Comment se loger et se déplacer dans une métropole?

🌍 T4 T5 1 Vue aérienne de Montréal, avec le port sur le fleuve Saint-Laurent, le centre-ville commercial et le mont Royal

2 Les quais de la gare Lucien-L'Allier, à Montréal. Tous les jours, des centaines de travailleurs et de travailleuses prennent le train qui relie Montréal et la banlieue.

3 Le système de transport en commun par autobus

4 Un quai du métro de Montréal

5 La rue Saint-Laurent, une des principales artères commerçantes de Montréal. Elle se distingue par sa *multiethnicité*. Depuis les années 1990, cette rue est recherchée par les commerces à la mode.

6 Circulation automobile à l'heure de pointe sur le pont Jacques-Cartier, à Montréal

7 Maisons patrimoniales dans le Carré Saint-Louis, secteur résidentiel du centre-ville

8 Escaliers extérieurs constituant une particularité architecturale de certains quartiers de Montréal

MONTRÉAL

Deuxième agglomération d'expression française au monde

CONTINENT : Amérique (Nord)

PAYS : Canada

POPULATION : 3,5 millions d'habitants en 2000 ; projection 2015, 3,8 millions

LANGUES PARLÉES : Français (56 %), anglais (26 %), autres – espagnol, italien,...– (18 %)

Montréal

Source :
ONU, 2003.

🌐 Réussir à se loger à Montréal : mission impossible ?

mission

Vous faites partie d'une famille de cinq personnes.
Vos deux parents travaillent à Montréal. Le logement que vous occupez
est devenu trop petit. Consultez les documents des pages 14 et 15.
Vous devez choisir où aller habiter et expliquer votre choix.

DOC. 1

Coûts mensuels moyens du logement dans la région métropolitaine montréalaise		
Zone	Logement locatif	Propriété
Montréal	583 $	906 $
Laval	563 $	822 $
Longueuil	564 $	800 $
Couronne Nord	525 $	790 $
Couronne Sud	560 $	769 $

Sources des données : SCHL (Société canadienne d'hypothèques et de logement), 2003. Institut de la statistique du Québec, 2001.

DOC. 3

Le coût du logement à Montréal en 2003

- À Montréal, 42 % des ménages consacrent plus du tiers de leur revenu mensuel à payer leur loyer. De ce nombre, 50 % y affectent près de la moitié de leur budget ! Une grande partie de ces ménages sont composés d'étudiants.

- Pour se payer un logement de 3 1/2 pièces à Montréal, il faut travailler 68 heures par mois au salaire minimum. À Toronto, il en faut 127.

Source des données : Pierre Desrochers, «Le logement social : Une solution durable à la crise du logement ?», IEDM (Institut économique de Montréal), 16 octobre 2002.

DOC. 2 Le 1er juillet 2003, des dizaines de ménages montréalais n'avaient pas réussi à trouver à temps un logement où s'établir. Ces familles ont dû entreposer leurs meubles et dormir dans des refuges communautaires en attendant de trouver un nouvel endroit où se loger.

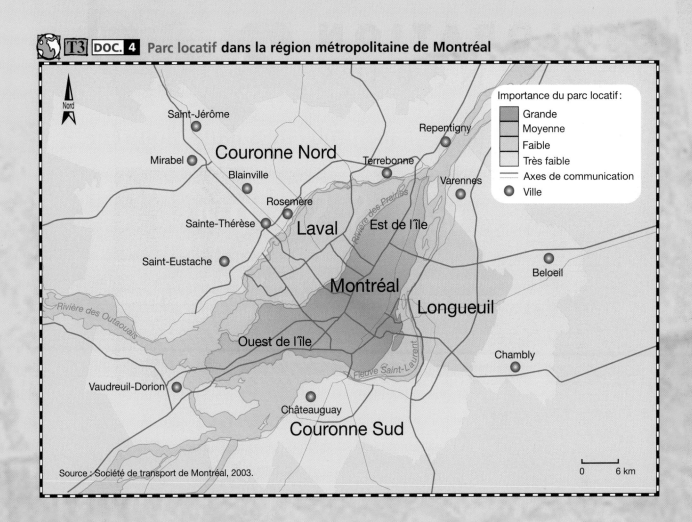

Source : Société de transport de Montréal, 2003.

DOC. 5

Pénurie de logements à Montréal

D'APRÈS **KARIM BENESSAIEH**
LA PRESSE,
MERCREDI 3 DÉCEMBRE 2003

Selon les données de la Société canadienne d'hypothèques et de logement (SCHL) pour l'année 2003, Québec (0,5 %), Sherbrooke (0,7 %) et Montréal (1,0 %) sont les trois villes québécoises où les logements locatifs inoccupés sont les plus rares. La situation est critique pour ces villes qui se situent loin de la moyenne canadienne qui est de 2,2 %.

DOC. 6

Coûts annuels d'utilisation d'une automobile intermédiaire selon le kilométrage, en 2002	
Nombre de kilomètres parcourus par année	**Coût annuel d'utilisation**
12 000 km	8 377 $
16 000 km	8 837 $
18 000 km	9 067 $
24 000 km	10 567 $
32 000 km	12 567 $

Source des données : Association canadienne des automobilistes (CAA), « Coûts d'utilisation d'une automobile », édition 2004.

Logement locatif Local servant à l'habitation et pour lequel on paie une somme mensuelle à un ou une propriétaire.

Ménage Groupe de personnes partageant un même logement.

Parc locatif Quantité de logements offerts chaque année.

EXPLORATION
DES ENJEUX 2

🌐 Peut-on se déplacer sans problèmes dans Montréal?

mission

Prenez connaissance des documents des pages 16 et 17. Proposez, par écrit, des suggestions pouvant faciliter les déplacements quotidiens des travailleurs et des travailleuses dans la région métropolitaine de Montréal.

DOC. 1

Répartition des travailleurs et des travailleuses de la région de Montréal selon les moyens de transport utilisés (en 1998)

Zone	Automobile (en %)	Transport en commun (en %)
Couronne Nord	86,6 %	13,4 %
Laval	79,0 %	21,0 %
Montréal	62,7 %	37,3 %
Longueuil	60,1 %	39,9 %
Couronne Sud	69,1 %	30,9 %
Ensemble des zones	**67,4 %**	**32,6 %**

Source des données : Enquête O-D de 1998. Traitement des données : Ville de Montréal, Service du développement économique et urbain, Division de la planification urbaine et de la réglementation, octobre 2001.

DOC. 2 Embouteillage sur le pont Champlain, à Montréal

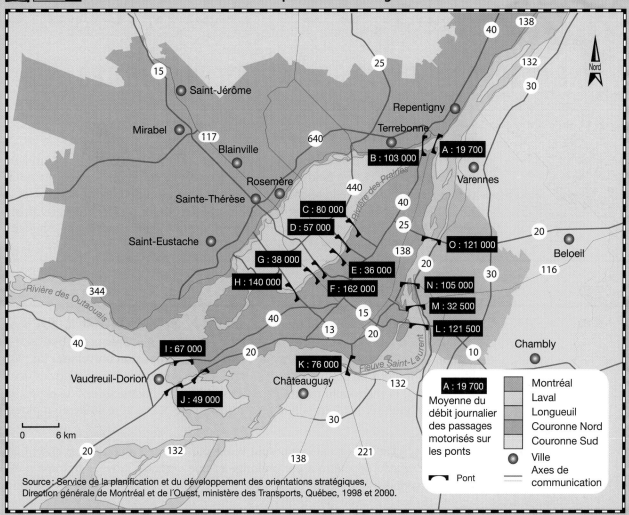

Source : Service de la planification et du développement des orientations stratégiques, Direction générale de Montréal et de l'Ouest, ministère des Transports, Québec, 1998 et 2000.

DOC. 4

Vivre en ville et travailler en banlieue

FRANÇOIS BERGER
LA PRESSE,
MERCREDI 12 FÉVRIER 2003.

« [...] Plus de 131 000 Montréalais le font en se rendant chaque jour au boulot à Laval, à Longueuil ou encore plus loin. C'est 29 % de plus qu'il y a une dizaine d'années, selon les données du recensement publiées le 11 février 2003 par Statistique Canada.

La banlieue, un peu partout au pays, est de moins en moins dortoir. De nombreuses entreprises privées comme publiques s'y installent et y créent des emplois. [...] »

DOC. 5

Les migrations pendulaires

Tous les jours, matin et soir, comme le pendule d'une horloge, des milliers de travailleurs et de travailleuses parcourent des kilomètres de leur lieu de résidence à leur lieu de travail et vice versa. On appelle ces déplacements des *migrations pendulaires*. Dans la région métropolitaine montréalaise, les migrations pendulaires sont fortement influencées par le fait que Montréal est une île. Ces migrations s'effectuent tant à l'intérieur de l'île que par les nombreux ponts.

A- UNE MÉTROPOLE AUX AMBITIONS INTERNATIONALES

1 Le cœur urbain du Québec

Deuxième ville du Canada, Montréal est de loin la principale agglomération urbaine québécoise (doc. 1). Son poids démographique domine largement le réseau urbain de la province, puisque la région métropolitaine de Montréal regroupe, avec plus de 3 millions de personnes, près de la moitié de la population du Québec. Outre la ville de Montréal, la région métropolitaine regroupe les villes de Laval et de Longueuil et les couronnes Nord et Sud.

2 Des ambitions internationales

Jean Drapeau, maire de Montréal de 1954 à 1957, puis de 1960 à 1986, souhaitait que Montréal devienne une métropole reconnue mondialement. Aidé de son équipe, il a fait en sorte que la ville puisse accueillir l'**Exposition universelle** de 1967 (doc. 2) et les Jeux olympiques de 1976 (doc. 4). Pour être à la hauteur de ces deux événements, la métropole montréalaise s'est dotée d'infrastructures adéquates: le métro, les boulevards Métropolitain, Décarie et Ville-Marie et le Stade olympique.

D'autres équipements sont venus par la suite s'ajouter à cet ensemble. Le réseau de métro a été prolongé et une véritable ville souterraine a été aménagée : Montréal possède le plus grand réseau piétonnier souterrain du monde, avec plus de 30 km de tunnels et de couloirs qui relient entre eux les grands centres commerciaux (1700 boutiques), les édifices à bureaux, quarante salles de spectacles et plusieurs stations de métro, d'autobus et de train (doc. 5).

Entreprise innovante
Entreprise qui, entre autres, œuvre dans un secteur d'activités nouveau et prometteur comme l'audionumérique ou l'aérospatiale.

Exposition universelle
Manifestation internationale au cours de laquelle les pays participants exposent à des millions de visiteuses et de visiteurs venus du monde entier les richesses de leur culture et les réussites de leur économie.

3 Une métropole *technoscientifique*

À partir du milieu des années 1980, le gouvernement du Québec et la ville de Montréal ont favorisé l'implantation d'**entreprises innovantes** dans des domaines de pointe comme la biopharmaceutique, l'aéronautique ou les technologies de l'information et de la communication. En leur offrant des ressources financières, intellectuelles et technologiques importantes, ils ont constitué un environnement favorable qui a permis à plusieurs d'entre elles d'atteindre un rayonnement international et de contribuer à donner à Montréal son statut de métropole technoscientifique (doc. 3).

Bien plus qu'une grande ville, Montréal est aujourd'hui un lieu de concentration de services et de pouvoirs, dont le rayonnement économique, culturel et politique dépasse largement les frontières du Québec et du Canada.

QUE NOUS APPRENNENT LE TEXTE ET LES DOCUMENTS ?

1. Fais une courte recherche pour trouver d'autres événements qui se sont déroulés depuis 1960 sur le site de l'Exposition universelle et qui traduisent la volonté d'ouverture de la métropole montréalaise sur le monde.

2. Selon toi, quelles sont les mesures que peut prendre une ville pour faciliter l'installation et le succès des entreprises ?

3. Observe le tableau (doc. 3) et fais une recherche pour nommer une entreprise connue de la région métropolitaine pour chacune des trois catégories.

T3 1 Population des villes du Québec

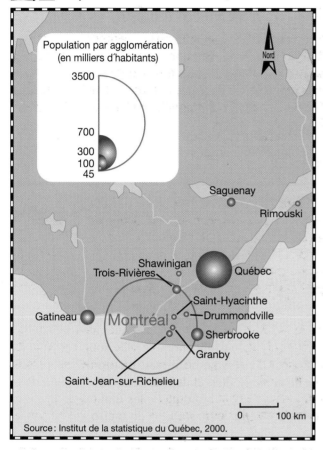

Population par agglomération
(en milliers d'habitants)

3500
700
300
100
45

Nord

Saguenay
Rimouski
Shawinigan
Trois-Rivières
Québec
Saint-Hyacinthe
Drummondville
Gatineau
Montréal
Sherbrooke
Granby
Saint-Jean-sur-Richelieu

0   100 km

Source : Institut de la statistique du Québec, 2000.

2 La Biosphère, pavillon des États-Unis pendant l'Exposition universelle de 1967 (Montréal). Une partie de l'île Sainte-Hélène et l'île Notre-Dame ont été créées artificiellement pour pouvoir accueillir cet événement international.

3

Nombre d'emplois dans des secteurs de pointe dans la région métropolitaine de Montréal, en 2003		
Secteur	**Emplois**	**Entreprises**
Technologies de l'information	61 000	1700
Aérospatiale	39 800	130
Sciences de la vie	29 515	274

Source des données : Montréal International, 2003.

4 Parmi les installations construites à l'occasion des Jeux olympiques de 1976, on trouve le Stade olympique, le Village olympique et le Vélodrome (reconverti en Biodôme).

5 Métro et train de banlieue

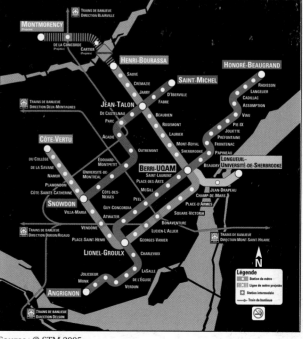

Source : © STM 2005.

B- UNE VILLE AUX PRISES AVEC L'ÉTALEMENT URBAIN

Densité de la population

⬭ Grande
⬭ Moyenne
◯ Faible
▭ Fleuve
　Saint-Laurent

1 Une densité de population inégalement répartie

L'agglomération montréalaise s'articule autour de l'île de Montréal (en ocre foncé dans le schéma) où l'on trouve la plus forte **densité de population**, notamment dans les secteurs centre et centre-ouest. Les édifices, le plus souvent en hauteur, y sont serrés. La population y profite de nombreux services, d'un important réseau de voies de communication et de transport en commun (autobus, métro, train de banlieue).

De part et d'autre de l'île de Montréal, les proches banlieues de Laval et de Longueuil (en ocre moyen dans le schéma) sont caractérisées par une densité de population moyenne, avec de grands **lotissements** qui attirent beaucoup de gens de la ville.

Les couronnes Nord et Sud (en beige dans le schéma), beaucoup moins densément peuplées, conservent encore un caractère agricole, qui est toutefois de plus en plus menacé par l'étalement urbain (doc. 6).

Expansion urbaine

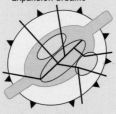

▶ Expansion territoriale
— Les axes routiers

2 Un étalement concentrique

Le taux de **croissance démographique** de l'île de Montréal était pratiquement nul en 2003. Par contre, celui des banlieues de Laval et de Longueuil a presque triplé en vingt ans et celui des couronnes Nord et Sud grimpe continuellement (doc. 6).

Cet étalement urbain a été facilité par la présence d'un vaste réseau d'axes routiers qui offre la possibilité aux gens de la banlieue et des couronnes Nord et Sud d'accéder à l'île de Montréal.

Migrations pendulaires

⟳ Vers Montréal
⟲ Vers les banlieues
Temps pris pour se déplacer

⏱ 45 minutes ⏱ 30 minutes ⏱ 20 minutes

3 Des déplacements problématiques

Le nombre des travailleurs et des travailleuses qui se déplacent matin et soir, vers l'île de Montréal et à l'intérieur de celle-ci, s'accroît sans cesse (doc. 7). Ces personnes utilisent surtout l'automobile, au détriment des transports en commun, comme le train, l'autobus et le métro. Aux heures de migrations pendulaires, le flot de véhicules provoque un accroissement du temps de transport sur tous les principaux axes routiers.

L'augmentation des coûts et du temps de transport concerne toute la région métropolitaine montréalaise. Sur l'île de Montréal, on attribue cette augmentation au fait que les principaux secteurs industriels des extrémités est et ouest de l'île ne sont pas desservis par le transport en commun. Dans les banlieues de Laval et de Longueuil ainsi que dans les couronnes Nord et Sud, elle est plutôt liée à la distance à parcourir et aux ponts à franchir.

QUE NOUS APPRENNENT LE TEXTE ET LES DOCUMENTS ?

1. Relis la partie 1 du texte. Quel phénomène décrit dans le texte est illustré par les différentes couleurs de la carte (doc. 6) ?

2. Quel rôle ont joué les grands axes routiers dans l'étalement urbain de la métropole montréalaise ?

3. À l'aide du document 6 et des données du document 8, élabore un tableau qui précisera la densité de population et le nombre d'habitants et d'habitantes en 2003 des villes de Montréal, de Laval et de Longueuil et des couronnes Nord et Sud.

T3 **6** Accroissement de la population de la région de Montréal et voies de communication

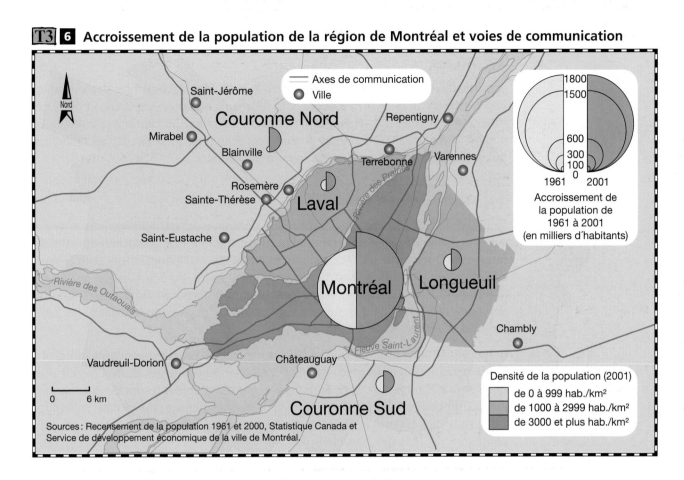

Axes de communication
Ville

Saint-Jérôme

Couronne Nord

Repentigny

Mirabel

Blainville

Terrebonne   Varennes

Rosemère
Sainte-Thérèse   Laval

Rivière des Prairies

Saint-Eustache

Montréal   Longueuil

Chambly

Fleuve Saint-Laurent

Rivière des Outaouais

Vaudreuil-Dorion   Châteauguay

0   6 km

Couronne Sud

1800
1500

600
300
100
0
1961   2001
Accroissement de
la population de
1961 à 2001
(en milliers d'habitants)

Densité de la population (2001)
de 0 à 999 hab./km²
de 1000 à 2999 hab./km²
de 3000 et plus hab./km²

Sources : Recensement de la population 1961 et 2000, Statistique Canada et
Service de développement économique de la ville de Montréal.

7 Échangeur Turcot (en 2003),
à Montréal, point de jonction
de la plupart des principaux
axes routiers de la métropole

8

| Répartition de la population de l'agglomération montréalaise en 2001 ||
Zone	Population
Couronne Nord	459 484
Laval	354 773
Montréal	1 838 474
Longueuil	386 229
Couronne Sud	397 183
Total	**3 436 143**

Source des données : Direction de l'inforoute municipale et
de la géométrie, ministère des Affaires municipales, du
Sport et du Loisir du Québec, 9 sept. 2003.

Croissance démographique Augmentation de la population
d'un espace quelconque (ville, région, pays, etc.).
Densité de population Nombre moyen d'habitants par unité de
surface (nombre d'habitants par kilomètre carré, par exemple).
Lotissement Partie d'un terrain divisé à des fins de
construction résidentielle.

C- LA CRISE DU LOGEMENT À MONTRÉAL

1 Au centre-ville

Au centre-ville, l'espace disponible pour le logement devient rare parce que les commerces et les entreprises de services (bureaux, banques, hôpitaux) et de loisirs (théâtres, cinémas, musées) cherchent à s'y installer. Le nombre d'édifices en hauteur et les coûts d'utilisation y augmentent sans cesse (doc. 9 et 12), au détriment du logement locatif et surtout des **logements sociaux**.

Prix des habitations

 Élevé
Moyen
Faible

2 Dans l'île de Montréal

Le manque de logements par rapport à la demande est particulièrement marqué sur l'île de Montréal. Selon l'Association provinciale des constructeurs d'habitations du Québec (APCHQ), il manquait, en 2002, 13 000 logements pour revenir à la situation d'équilibre, soit un taux d'inoccupation de 3 %. Chaque année, au début de juillet, la situation est présentée comme préoccupante et des familles doivent être hébergées d'urgence, faute d'avoir pu trouver un endroit où se loger (voir doc. 2, p. 14).

Il faut néanmoins préciser que cette pénurie, réelle, touche surtout les familles à faible revenu, notamment les familles monoparentales qui sont de plus en plus nombreuses. En effet, ce sont les loyers à coût abordable qui sont de plus en plus rares. Pour ceux et celles qui en ont les moyens, la situation à Montréal est au contraire plus intéressante qu'à Toronto ou à Vancouver, où une maison ou un loyer coûte plus de deux fois plus cher (doc. 9).

Mouvement des gens vers la périphérie

3 Dans les couronnes

Les conditions du logement sur l'île de Montréal ont tendance à favoriser un déplacement de population, notamment des ménages à faible et à moyen revenu, vers Laval et Longueuil et vers les couronnes Nord et Sud.

Parallèlement à ce mouvement lié à la disponibilité de logements à coût abordable (doc. 11), les emplois demeurent majoritairement concentrés dans l'île de Montréal. De plus, les migrations pendulaires se font chaque année plus problématiques, d'autant plus que le réseau de transport en commun dessert mal certaines parties de l'île et qu'il n'arrive pas à suivre le rythme de l'étalement urbain.

Logements sociaux Logements financés en partie par l'État, qui sont destinés aux personnes à faible revenu.

9

Coût moyen (en $) des appartements et des maisons dans les grandes régions métropolitaines du Canada		
Région métropolitaine	Coût mensuel d'un appartement 4 1/2	Valeur moyenne des maisons
Montréal	575	167 047
Ottawa	932	219 713
Toronto	1040	293 308
Vancouver	965	329 447
Ensemble du Canada		**167 047**

Source : SCHL (Société canadienne d'hypothèques et de logement), 2003 et
ACI (Association canadienne de l'immeuble), 2003.

10

Valeur moyenne des propriétés	
Zone	Valeur
Couronne Nord	165 127 $
Laval	188 695 $
Montréal	258 018 $
Longueuil	183 411 $
Couronne Sud	165 315 $

Source des données : SCHL (Société canadienne
d'hypothèques et de logement), 2003.

11 Maisons unifamiliales et édifices à logements à Laval, en banlieue de Montréal

12 Édifices en hauteur du centre commercial et des affaires de Montréal

QUE NOUS APPRENNENT LE TEXTE ET LES DOCUMENTS ?

1. Lis à nouveau la partie 2 du texte à la page 22. Rédige une phrase dans laquelle tu préciseras quelles sont les personnes qui ont de la difficulté à se loger dans l'île de Montréal.

2. Compare la situation du logement de la région métropolitaine montréalaise à celles des autres grandes villes canadiennes (doc. 9). Quelle constatation fais-tu ?

3. Explique comment le tableau (doc. 10) illustre la partie 3 du texte de la page 22.

LE POINT SUR
MONTRÉAL

Comme beaucoup d'autres métropoles dans le monde,
Montréal exerce une puissance organisatrice sur un territoire urbain
beaucoup plus large que la ville. On distingue trois grandes
zones d'influence : la première se limite à la ville de Montréal
elle-même, la seconde est constituée de deux pôles (Longueuil et Laval)
et la troisième forme une couronne extérieure (au Nord et au Sud).

La vie quotidienne des gens, tant au niveau de leurs déplacements
que de leur logement, est à l'origine de cette organisation
en même temps qu'elle en est le résultat.

T10 UNE AGGLOMÉRATION EN TROIS ZONES

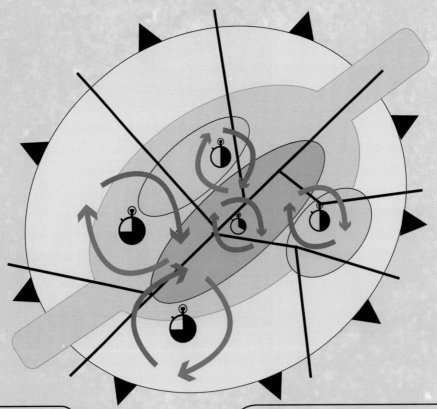

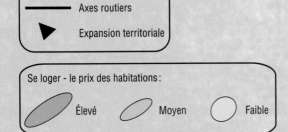

Fleuve Saint-Laurent

Axes routiers

Expansion territoriale

Se loger - le prix des habitations :

Élevé   Moyen   Faible

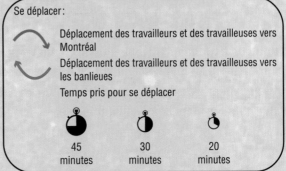

Se déplacer :

Déplacement des travailleurs et des travailleuses vers
Montréal

Déplacement des travailleurs et des travailleuses vers
les banlieues

Temps pris pour se déplacer

45 minutes   30 minutes   20 minutes

Réussir à se loger à Montréal : mission impossible ?

En 2002, le coût mensuel moyen d'une propriété à Montréal était de 906 $ et celui d'un logement locatif de 583 $. Ces coûts diminuaient plus on s'éloignait du cœur de la métropole. Le parc locatif le plus grand est situé sur l'île de Montréal et c'est aussi là que les prix sont les plus élevés.

Réussir à se loger près de son lieu de travail représente une difficulté pour les familles à revenu moyen qui doivent débourser entre le tiers et la moitié de leur revenu mensuel pour le faire. Plus on s'éloigne de l'île de Montréal vers les couronnes Nord et Sud, plus le coût de l'habitation diminue.

Une lueur d'espoir : les industries tendent aussi à s'installer dans les villes de Laval et de Longueuil et dans les couronnes Nord et Sud.

Peut-on se déplacer sans problèmes dans Montréal ?

Montréal est une île, ses voies de communication terrestres passent par de nombreux ponts. Les statistiques indiquent que le temps d'accès à la ville par les ponts augmente avec les années. Les services de transport en commun (autobus, métro, train de banlieue) sont peu utilisés : sur l'île de Montréal, 37,3 % des travailleurs et des travailleuses en font usage et, dans la grande région métropolitaine, ce pourcentage chute à 32,6 %.

De grandes zones industrielles et commerciales ne sont pas desservies par le métro sur l'île de Montréal. Même si la métropole reste le pôle d'emploi le plus important de la région, on constate, depuis 10 ans, une augmentation de 29 % du nombre de travailleurs et de travailleuses qui résident en banlieue.

Plus on s'éloigne de l'île de Montréal, plus le coût du transport en commun augmente.

À lire...

- des romans dont les intrigues te plongeront dans la ville de Montréal ;
- des ouvrages documentaires qui t'en apprendront davantage sur Montréal.

Fais une recherche à la bibliothèque pour trouver des ouvrages sur Montréal, ou demande à ton enseignante ou à ton enseignant de te suggérer des titres de livres traitant de Montréal.

ACTIVITÉ DE DISCUSSION

Où préféreriez-vous vivre ? Sur l'île de Montréal, à Laval, à Longueuil, dans la couronne Nord ou dans la couronne Sud ? Pourquoi ?

MEXICO

Quels impacts une métropole a-t-elle sur son environnement?

1 Édifice de la Bourse de Mexico sur le Paseo de la Reforma

2 Située à quelques kilomètres du centre de la cité de Mexico, la basilique Notre-Dame-de-la-Guadalupe est l'un des plus grands centres de pèlerinage du monde. Chaque année, plus de 20 millions de pèlerins s'y rendent.

 **3** Parc Chapultepec, lieu de plaisance du dimanche et « poumon » de la métropole

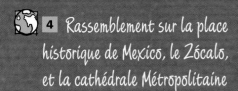 **4** Rassemblement sur la place historique de Mexico, le Zócalo, et la cathédrale Métropolitaine

5 Décharge publique habitée en permanence

6 Grand boulevard commercial de Mexico : Le Paseo de la Reforma

MEXICO

Une grande métropole bâtie en altitude (2250 mètres)

CONTINENT : Amérique (centrale)

PAYS : Mexique

POPULATION : 18 millions d'habitants en 2000 ; projection 2015, 20,4 millions

LANGUES PARLÉES : Espagnol, nahuatl et divers dialectes aztèques

Source :
ONU, 2003.

Mexico

EXPLORATION
DES ENJEUX 1

● Mexico, une métropole qui a soif !

mission

L'équilibre écologique de la région de Mexico est plus que menacé. Aujourd'hui, pour approvisionner la ville, on doit aller de plus en plus loin. On craint même que les réserves d'eau ne soient plus suffisantes en 2020 pour répondre aux besoins de la population. Prenez connaissance des documents des pages 28 et 29. Proposez des stratégies qui permettraient à tous les habitants de Mexico d'avoir encore de l'eau potable en 2020.

DOC. 1

Origine de l'eau potable à Mexico et répartition des coûts d'exploitation	
Origine de l'eau potable	**Répartition des coûts d'exploitation**
Eau de ruissellement	14 %
Pompage dans les nappes phréatiques	67 %
Aqueduc venant des États voisins	19 %

Adapté de : *Les métropoles dans le monde*, Les dossiers du CAPES et de l'Agrégation, sous la direction de Gabriel Wackermann, Éditions Ellipses, 2000, page 197.

DOC. 2 Tenochtitlán, à l'arrivée de Cortez, en 1519

Gravure ancienne de la capitale aztèque, Tenochtitlán, devenue Mexico. La ville, dès son origine, fut bâtie sur les îlots du lac Texcoco maintenant asséché. Elle est située dans un bassin à 2250 m d'altitude et est dominée par des volcans.

DOC. 3 Accès au réseau
d'eau potable à Mexico

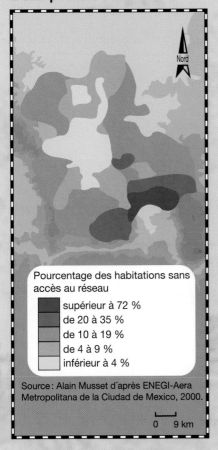

Pourcentage des habitations sans
accès au réseau

- supérieur à 72 %
- de 20 à 35 %
- de 10 à 19 %
- de 4 à 9 %
- inférieur à 4 %

Source : Alain Musset d'après ENEGI-Aera
Metropolitana de la Ciudad de Mexico, 2000.

0   9 km

DOC. 4 Évolution de la population
de Mexico (de 1950 à 2015)

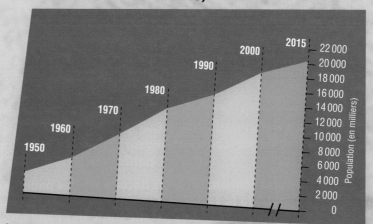

Source des données : Organisation des Nations Unies (ONU), 2003.

DOC. 5

Consommation de l'eau à Mexico et répartition des coûts d'utilisation	
Type de consommation	Répartition des coûts d'utilisation
Consommation domestique	67 %
Consommation industrielle	17 %
Consommation commerciale	16 %

Source des données : *Les métropoles dans le monde*, sous la direction de
Gabriel Wackermann, Éditions Ellipses, 2000, page 197.

T3 **DOC. 6** Une recherche d'eau potable de plus en plus lointaine

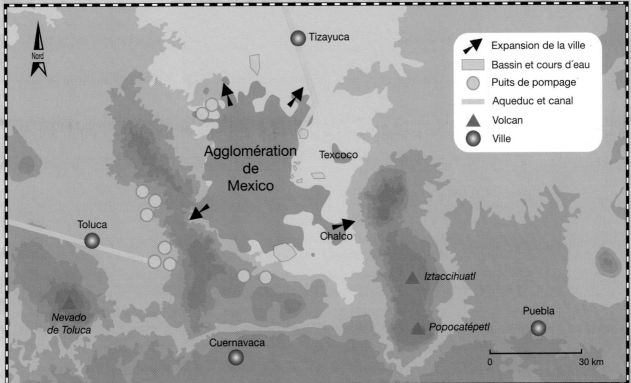

Légende :
- Expansion de la ville
- Bassin et cours d'eau
- Puits de pompage
- Aqueduc et canal
- Volcan
- Ville

EXPLORATION
DES ENJEUX **2**

🌐 Mexico, une métropole qui menace la santé?

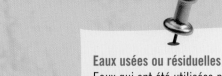

La concentration excessive de population dans la métropole de Mexico a des conséquences négatives sur l'environnement (pollution de l'air, traitement partiel des eaux usées, etc.).

Prenez connaissance des documents des pages 30 et 31. Préparez une affiche qui fera la synthèse de toutes les solutions pouvant être apportées pour améliorer la santé des habitants de Mexico.

MISSION MISSION MISSION MISSION MISSION MISSION MISSION MISSION MISSION MISSIO

DOC. 1 Mexico et la pollution

Selon les jours, la pollution de l'air est plus ou moins importante à Mexico. Certains jours, il y a tellement de monoxyde de carbone dans l'air qu'on ne peut pas voir le paysage environnant.

Eaux usées ou résiduelles
Eaux qui ont été utilisées pour les besoins domestiques dans les maisons.

Enceinte montagneuse ou amphithéâtre montagneux
Chaîne de montagnes disposées en arc de cercle autour d'un bassin.

Pathogène Qui peut provoquer une maladie.

DOC. 2

LE NON-TRAITEMENT DES EAUX USÉES, UNE SOURCE PERMANENTE DE MALADIE

À Mexico, seulement 15 % des **eaux usées ou résiduelles** sont traitées. Ces eaux sont acheminées vers les 37 usines d'épuration de la zone métropolitaine. Le reste est évacué vers des aires de décharge et des points de stockage dans le but d'éviter les inondations et sert à irriguer les champs cultivés. Le transport à ciel ouvert et l'utilisation des eaux usées pour l'irrigation des champs dans les vallées avoisinantes constituent une source permanente de maladie. Les régions irriguées présentent un nombre de cas de maladies gastro-intestinales de 14 à 20 fois plus élevé que les autres districts. Seulement un tiers de ces eaux ainsi importées, est utilisé pour les cultures, le reste réalimente les nappes en augmentant leur salinité et leurs teneurs en micro-organismes **pathogènes**.

Des usines polluantes au cœur de la population

Tous les jours, aux mêmes heures, au cœur de l'agglomération de Mexico, des savonneries et des usines d'aliments pour animaux dégagent des gaz toxiques qui provoquent des maux de tête et d'estomac et qui entraînent même la chute des cheveux.

Une situation géographique particulière

« Les conditions particulières du bassin de Mexico font de cette ville une championne de la pollution atmosphérique. Au cœur d'une enceinte montagneuse déboisée, la circulation de l'air est rare. [...] Seuls les beaux quartiers situés au-dessus de la couverture des fumées gardent une certaine pureté. [...] Certains secteurs pauvres, au nord de la ville accueillent les plus gros dépôts d'ordures, souvent incendiés et fumants. [...] »

Source : C. BATAILLON, J.-P. DELER et H. THÉRY, *Amérique latine*, Reclus, Géographie universelle sous la direction de Roger Brunet, Paris, Belin, 1991.

Des malaises respiratoires

« Selon le ministère de la Santé, environ la moitié des habitants de la capitale ont ressenti des malaises respiratoires, des picotements oculaires et des irritations à la gorge [...] plusieurs scientifiques [...] rendent la pollution responsable de 4000 à 5000 décès par an [...] »

Source : B. De la Grange, *Le Monde*, 23 septembre 1998.

DOC. 4 Plus de 20 millions de déplacements automobiles par jour !

Programa permanente de restricción vehicular

Día	Placa en terminación	
Lunes	5	6
Martes	7	8
Miércoles	3	4
Jueves	1	2
Viernes	9	0

y permisos provisionales de circulación.

Des affiches comme celle-ci informent la population des restrictions en vigueur concernant la circulation automobile. Selon les numéros de plaques d'immatriculation et selon les journées, les voitures n'ont pas le droit de circuler dans la ville. Ainsi, le lundi, ce sont les véhicules dont les plaques se terminent par 5 et 6 qui peuvent circuler, le mardi, par 7 et 8, etc.

DOC. 5 Évacuation des eaux usées à la sortie de la ville de Mexico. Les eaux des fortes pluies et les eaux usées de Mexico sont évacuées par d'immenses conduites d'égout en partie souterraines et en partie à ciel ouvert. Dans ces canalisations, se déversent aussi les rejets industriels, chimiques et hospitaliers.

DOC. 6 En 2000, le canal Aguas Negras (des Eaux Noires) a débordé et a envahi Chalco, un quartier situé à la sortie de la ville de Mexico. Près de 5000 personnes ont été touchées par cette inondation. Une autoroute a même été fermée à la circulation, l'eau atteignant deux mètres de hauteur à certains endroits.

EXPLORATION
DES ENJEUX 3

🌐 Les déchets vont-ils engloutir Mexico ?

MiSSiON

Imaginez que vous êtes des conseillères et des conseillers municipaux, à Mexico. Devant les problèmes posés par la gestion des déchets, vous décidez d'organiser une campagne de sensibilisation à la protection de l'environnement. Prenez connaissance des documents des pages 32 et 33 et créez une circulaire pour inciter la population à changer ses comportements.

DOC. 1

Une gestion des déchets problématique

« La ville émet par jour plus de 15 000 tonnes d'ordures de toutes sortes. Moins des deux tiers de cette véritable montagne sont ramassés et traités, ou "au moins déversés dans d'immenses dépôts où des centaines de familles tentent de récupérer ce qui peut encore servir et être vendu. [...] Le reste des ordures et détritus pourrit et se désagrège sur place dans des décharges improvisées ou à même les rues des lointains bidonvilles, et le vent se charge de répandre partout les poussières pestilentielles". » (Rudel, 1983)

Source : J.-P. AMAT et M. HOTYAT. Problèmes environnementaux dans les grandes métropoles, exemple de Mexico, *Les métropoles dans le monde*. Ellipses, Paris 2000, page 199.

DOC. 2 Récupération de déchets dans un dépotoir de Mexico

Et dans les **autres** métropoles ?

« [...] le Conseil municipal de Toronto a voté [...] pour transporter par chemin de fer des millions de tonnes de déchets à 587 kilomètres au nord, à la mine Adams, près de Kirkland Lake (Ontario). [...] La population de Toronto sait que c'est mal pour la Ville de se débarrasser de ses déchets dans le nord, surtout depuis que les citoyens du nord, autochtones et non-autochtones, ont dit très clairement qu'ils ne voulaient pas de nos déchets. [...] »

Source : Syndicat canadien de la fonction publique.

Les habitants de Mexico, pas plus pollueurs que les autres !

Les habitants de Mexico produisent la même quantité de déchets que les États-uniens ou que les Européens, soit 865 grammes par personne par jour ! Mais cette quantité, multipliée par plus de 20 millions d'habitants devient quotidiennement une énorme montagne...

MÉTROPOLIS * 2001

Les grandes métropoles du monde tentent de coordonner leurs efforts afin de mieux gérer le problème des déchets. Elles ont décidé d'explorer les pistes d'amélioration suivantes :

➲ les responsabilités des différents acteurs ;

➲ la mise en valeur des matières résiduelles ;

➲ la réduction à la source de la quantité de déchets produits ;

➲ le recyclage et la récupération ;

➲ le compostage organique ;

➲ l'incinération.

Touriste Un visiteur ou une visiteuse qui séjourne temporairement dans un lieu, au moins une journée, pour une activité de loisir.

* Le projet international Métropolis coordonne un ensemble de recherches universitaires sur la métropole.

Les **touristes** sont friands des objets d'artisanat mexicain créés à l'aide de matériaux de récupération. Ce tatou-chandelier a été fabriqué à l'aide de cannettes d'aluminium recyclées.

GROS PLAN SUR

A- UN AMÉNAGEMENT PROBLÉMATIQUE

1 Un milieu physique contraignant

Le site de Mexico, au cœur d'un bassin entouré de montagnes (plusieurs atteignent 5000 m d'altitude) rend difficiles les communications avec les centres urbains avoisinants (doc. 1 et 2).

Les axes routiers doivent se frayer un passage dans les cols montagneux (doc. 3).

Seuls six grands axes relient Mexico aux centres urbains avoisinants (doc. 3). Ce réseau ne favorise pas la fluidité de la circulation à Mexico et augmente la durée des déplacements de la périphérie vers le centre.

Mexico fait aussi face à de nombreuses menaces :

• un air raréfié en raison de l'altitude (Mexico est située à 2250 m d'altitude) ;

• des **volcans** actifs dont le Popocatépetl situé à seulement 60 km de la ville ;

• 🌀 des tremblements de terre importants ; celui de 1985 a fait près de 10 000 morts et 500 000 sinistrés ;

• en saison humide, des inondations favorisées par le déboisement ;

• des affaissements du sol argileux ;

• en saison sèche, un manque de précipitations qui oblige la ville à s'alimenter en eau par pompage ou dans les États voisins.

2 Un approvisionnement en eau potable difficile

La ville est bâtie au pied des massifs montagneux de la Sierra Madre dans un amphithéâtre naturel. Aucun cours d'eau à gros débit ne coule à proximité de l'agglomération de la capitale.

L'insuffisance des eaux de surface et des puits de pompage oblige la ville à bâtir à grands frais des aqueducs amenant l'eau des vallées de Toluca et de Bravo dans les États voisins sur une distance de plus de 200 km (doc. 4).

Des pompes doivent aussi être installées pour pomper l'eau des **nappes phréatiques** et l'accumuler dans des bassins de redistribution.

De plus, l'eau importée est fortement contaminée par le versement des eaux usées non traitées. Par exemple, la rivière Lerma reçoit des eaux usées non traitées et des déchets liquides et industriels de plus de 90 villes avant de se déverser dans le plus grand lac du pays, le Lago de Chalupa, où on puise l'eau potable. L'eau est aussi contaminée par l'utilisation excessive de produits chimiques : des pesticides en agriculture et des minéraux toxiques en industrie.

Contraintes physiques

○ Agglomération
— Axes routiers
▬ Cuvette montagneuse
▲ Volcan

Approvisionnement en eau

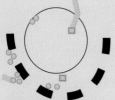

▫ Étendue d'eau
○ Station de pompage
▬ Aqueduc venant des États voisins

Nappe phréatique Nappe d'eau souterraine formée par l'accumulation des eaux de pluie et qui alimente les sources ou les puits.

Volcan Montagne qui émet ou a émis des matières en fusion.

MEXICO

T2 **1** Relief du Mexique

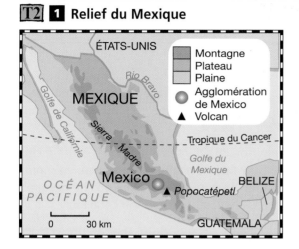

- Montagne
- Plateau
- Plaine
- ◯ Agglomération de Mexico
- ▲ Volcan

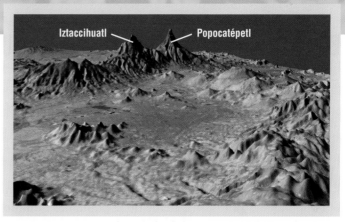

La ville de Mexico (en rosé) dans son amphithéâtre montagneux. Directement menacée par les volcans Popocatépetl et Iztaccihuatl, la ville s'étale au fond d'un bassin qui n'est traversé par aucun grand cours d'eau.

T3 **3** Temps d'accès au centre-ville de Mexico

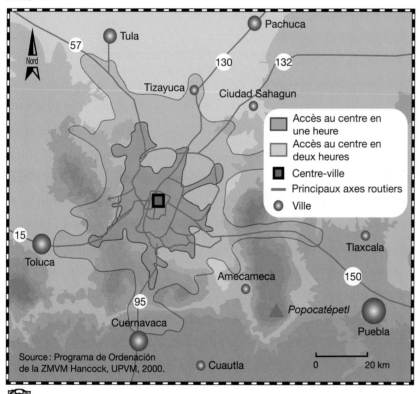

- ◼ Accès au centre en une heure
- ◻ Accès au centre en deux heures
- ◼ Centre-ville
- — Principaux axes routiers
- ◯ Ville

Source: Programa de Ordenación de la ZMVM Hancock, UPVM, 2000.

0 — 20 km

L'avenue Insurgentes, longue de plus de 30 km, traverse la ville de Mexico du Nord (route 130) au Sud (route 95).

4 Le coût de l'eau en haute altitude

« S'il est question d'assurer de façon durable l'approvisionnement en eau d'une ville, le premier élément à considérer concerne la disponibilité d'une eau de surface sûre, préférablement à la même altitude ou à une altitude plus élevée que la ville. Lorsqu'une source est située à une altitude moindre (Mexico, par exemple), les coûts montent en flèche. [...] mais la distance est également un facteur qui intervient dans les estimations. Il est certain alors que le coût d'acheminement de l'eau à partir d'une source à la fois éloignée et à une plus faible altitude devient prohibitif. »

Source: International Development Research Center, *Étancher la soif des villes.*

QUE NOUS APPRENNENT LE TEXTE ET LES DOCUMENTS ?

1. Quels risques naturels (séismes, éruptions volcaniques, etc.) menacent Mexico?

2. Consulte la carte (doc. 3) « Temps d'accès au centre-ville de Mexico ».

    a) Quels numéros les six principales voies de circulation portent-elles à Mexico?

    b) Quelles villes chacune de ces voies de communication relie-t-elle?

    c) Quelles voies de communication permettent de se rendre au centre de Mexico: en une heure? en deux heures?

    d) Quels indices sur la carte t'ont permis de trouver tes réponses?

3. Relis la partie 2 du texte à la page 34. Pourquoi la ville de Mexico doit-elle aller chercher l'eau potable de plus en plus loin?

4. Pourquoi l'eau potable acheminée vers Mexico est-elle souvent déjà contaminée?

Croissance urbaine

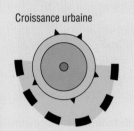

- ● Centre historique
- ◉ Zone urbanisée en 1960
- ○ Zone urbanisée en 1995
- ◀ Croissance spatiale

1 La croissance de Mexico

La ville de Mexico n'a pas cessé de grandir en dépit des montagnes environnantes et des étendues hostiles qui l'entourent. L'agglomération s'étend à présent sur 60 km du Nord au Sud et sur 40 km d'Est en Ouest.

L'agglomération de Mexico compte environ 20 millions d'habitants, soit un cinquième de la population du Mexique (voir doc. 4, p. 29). Elle a connu, en moins de 50 ans, une croissance démographique exceptionnelle. Alors qu'elle occupait 500 km² en 1940, la zone métropolitaine s'étend aujourd'hui sur 2400 km².

Les quartiers industriels et l'habitat populaire se sont plutôt développés vers les lagunes basses et asséchées du nord et de l'est de la métropole.

Les quartiers résidentiels et plus aisés se sont approprié les terrains plus élevés de l'Ouest, qui sont alimentés par des aqueducs (doc. 7).

Habitations sans accès au réseau d'eau potable

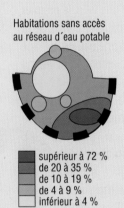

- ■ supérieur à 72 %
- ■ de 20 à 35 %
- ■ de 10 à 19 %
- ■ de 4 à 9 %
- □ inférieur à 4 %

2 L'accès à l'eau potable, un enjeu

À Mexico, la ségrégation urbaine est forte. Les quartiers aisés abritent de luxueuses résidences anciennes ou modernes et jouissent de tous les services, d'espaces verts et d'une densité de population plus faible. Par contre, les bidonvilles, pauvres et surpeuplés, se construisent avec des moyens très limités et s'organisent une fois installés seulement. On procède alors à grands frais à l'aménagement des voies de circulation, à la distribution de l'eau, à l'apport de l'électricité, à la construction d'écoles, à l'évacuation des déchets et des eaux usées.

Par exemple, la majorité des habitants du quartier de Netzahualcóyotl, près de l'aéroport, disposent aujourd'hui de tous les services essentiels : électricité, eau potable, drainage, etc. Il en va autrement de l'énorme bidonville de Chalco au sud-est de la métropole. Ce quartier souffre encore de plusieurs désavantages : inondations annuelles, manque d'eau potable, pollution atmosphérique et proximité d'un énorme dépôt d'ordures (doc. 5).

5 Accès au réseau d'eau potable à Mexico

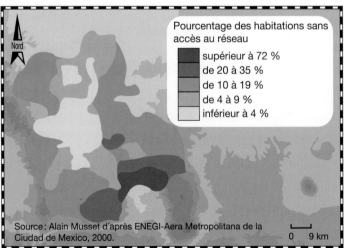

Pourcentage des habitations sans accès au réseau

- ■ supérieur à 72 %
- ■ de 20 à 35 %
- ■ de 10 à 19 %
- ■ de 4 à 9 %
- □ inférieur à 4 %

Source : Alain Musset d'après ENEGI-Aera Metropolitana de la Ciudad de Mexico, 2000.

0   9 km

6

Bidonville de Chalco (Mexico). Construit dans la partie la plus basse du bassin de Mexico, il est exposé à des inondations fréquentes.

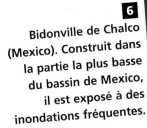 **7** Les quartiers de Mexico

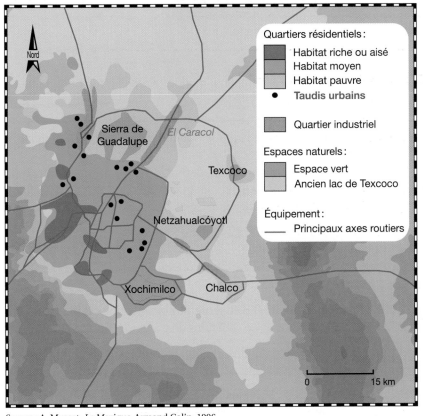

Quartiers résidentiels :
- ■ Habitat riche ou aisé
- ▨ Habitat moyen
- ☐ Habitat pauvre
- • **Taudis urbains**

- ▨ Quartier industriel

Espaces naturels :
- ▨ Espace vert
- ☐ Ancien lac de Texcoco

Équipement :
- — Principaux axes routiers

0   15 km

Source : A. Musset, *Le Mexique*, Armand Colin, 1996.

Bidonville Ensemble d'habitats non planifiés, censés être temporaires et construits de matériaux de fortune.

Taudis urbains Logements dégradés qui constituent des quartiers, souvent situés dans le centre des villes.

QUE NOUS APPRENNENT LE TEXTE ET LES DOCUMENTS ?

1. Utilise le graphique (doc. 4, page 29), pour expliquer l'expression « une croissance démographique exceptionnelle » employée dans la partie 1 du texte. Réponds à l'aide de une ou de deux phrases contenant aussi des chiffres.

2. Pourquoi, à Mexico, malgré les difficultés de construction et d'alimentation en services, les quartiers aisés se situent-ils davantage en altitude, sur le flanc des montagnes ?

3. Selon toi, quelles raisons poussent les gens à s'installer à Mexico et à habiter des quartiers précaires ?

C- UN ENVIRONNEMENT POLLUÉ

1 La pollution de l'air

Une épaisse couche de pollution couvre Mexico presque toute l'année. Entre janvier et mai, c'est-à-dire pendant la saison sèche, la situation empire. Les scientifiques y attribuent de 4000 à 5000 décès chaque année. Des mesures sont prises : réduction de la circulation automobile, arrêt de la production dans les usines les plus polluantes, fermeture de stations d'essence, interruption des travaux de voirie et annulation des activités de plein air dans les écoles. Pour tenter de réduire l'impact de la circulation automobile (doc. 8), les autorités ont établi des restrictions. Certains jours, par exemple, les voitures portant certains numéros de plaques d'immatriculation ne peuvent pas circuler (voir doc. 4, p. 31). Malheureusement, des familles ont déjoué l'interdiction en achetant une seconde auto. Le **parc automobile** a ainsi doublé.

La recherche de solutions viables doit donc se tourner vers l'amélioration du transport en commun.

Parc automobile Ensemble des automobiles qui circulent sur un territoire.

2 La contamination de l'eau

Que fait-on des eaux usées non traitées à Mexico ? Leur utilisation se fait de la manière suivante :

- 62 % du volume des eaux résiduelles ou usées sert à irriguer 90 000 hectares de jardins, de zones vertes et de zones agricoles dans la périphérie de Mexico (doc. 9) ;

- 20 % est utilisé pour la recharge de la nappe phréatique ;

- 13 % pour desservir 120 usines ;

- 5 % pour doter en eau de nombreux établissements commerciaux et de services, des installations de lavage d'autos et de véhicules de transport public.

Au total, dans toute la zone métropolitaine de Mexico, seulement 15 % des eaux usées sont épurées, ce qui a des conséquences sur la santé des gens.

L'affaissement du sol à Mexico est une autre source constante de pollution de la nappe phréatique, car il entraîne des bris fréquents des canalisations des eaux potables et des eaux usées.

3 La contamination du sol par les déchets domestiques

Plus de 15 000 tonnes d'ordures de toutes sortes sont produites chaque jour par la ville de Mexico. Moins des deux tiers de ces ordures sont ramassées et traitées. On déverse une partie des ordures non ramassées dans d'immenses dépôts à l'extérieur de la ville. Des milliers de familles y récupèrent ce qui peut encore servir et être vendu (doc. 10). Le reste des déchets pourrit dans des dépotoirs improvisés ou dans les rues. Durant certaines journées chaudes, le vent répand poussières et odeurs suffocantes, ce qui augmente la pollution déjà présente.

8 Pollution due à la densité de la circulation automobile dans la ville de Mexico

9 Décharge des eaux usées de la ville de Mexico vers des plaines agricoles

10 Un dépotoir sur le territoire de Mexico

QUE NOUS APPRENNENT LE TEXTE ET LES DOCUMENTS ?

1. Quelles sont les principales sources de pollution à Mexico ?

2. Que penses-tu des réactions des automobilistes de Mexico relativement aux mesures prises pour diminuer la pollution causée par la circulation automobile ?

3. Explique comment l'usage que l'on fait des eaux usées non traitées contribue à la contamination de l'eau potable.

4. Quel type de pollution les photographies 8, 9 et 10 illustrent-elles ?

LE POINT SUR
MEXICO

Mexico est une gigantesque métropole. Capitale du Mexique,
elle exerce une attraction sans égale sur l'espace national.
Cette concentration de population et de richesse a un impact négatif
sur l'environnement. Par exemple, pour satisfaire les besoins en eau de
sa population, Mexico doit avoir recours à des captages de plus en plus
lointains. Ceux-ci, d'ailleurs, posent parfois des problèmes aux États
voisins qui l'alimentent. L'accès à l'eau représente donc l'un des
facteurs importants d'organisation du territoire de Mexico.

T10 UN ACCÈS À L'EAU QUI ORGANISE LE TERRITOIRE

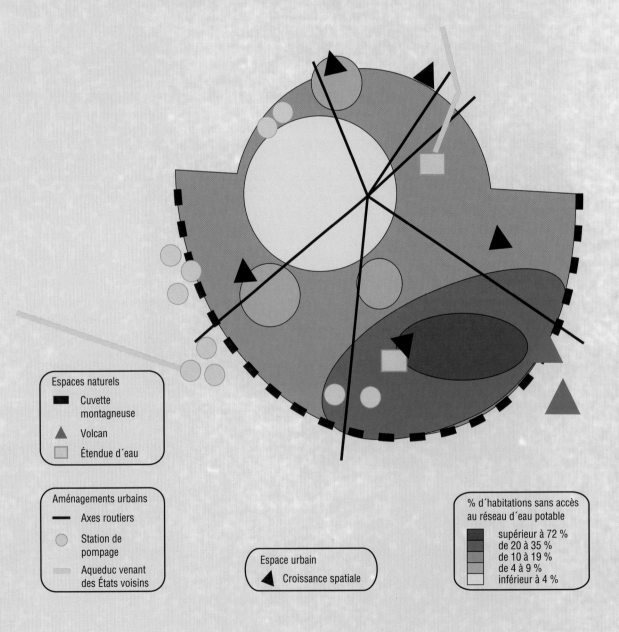

Espaces naturels
- Cuvette montagneuse
- Volcan
- Étendue d'eau

Aménagements urbains
- Axes routiers
- Station de pompage
- Aqueduc venant des États voisins

Espace urbain
- Croissance spatiale

% d'habitations sans accès au réseau d'eau potable
- supérieur à 72 %
- de 20 à 35 %
- de 10 à 19 %
- de 4 à 9 %
- inférieur à 4 %

Mexico, une métropole qui a soif!

Enclavée dans un amphithéâtre naturel qu'aucun cours d'eau important ne traverse, Mexico risque de ne plus pouvoir, en 2020, satisfaire les besoins en eau de sa population qui ne cesse de croître (6 millions d'habitants en 1950 et 20 millions en 2003). Pour satisfaire ces besoins, la métropole doit aller chercher son eau de plus en plus loin, augmentant ainsi son coût, puisqu'il faut la pomper de régions plus basses. De plus, cette stratégie suppose que les États voisins acceptent de partager cette eau parce qu'ils n'en auraient pas besoin pour eux-mêmes.

Mexico, une métropole qui menace la santé?

La ville de Mexico étant située en haute altitude, l'air y est plus rare, ce qui augmente les effets négatifs de la pollution principalement causée par plus de 20 millions de déplacements automobiles par jour. De plus, des usines polluantes dégagent aussi des gaz toxiques. Les maladies respiratoires causées par la pollution sont donc la cause de 4000 à 5000 décès par année. Les autorités municipales prennent cependant des moyens pour diminuer la circulation automobile.

La mauvaise qualité de l'eau constitue un autre risque pour la santé des habitants de Mexico. Seulement 15 % des eaux usées ou résiduelles sont traitées et ces eaux sont utilisées pour irriguer les champs. Il s'ensuit un nombre de maladies gastro-intestinales de 14 à 20 fois plus élevé dans ces régions ainsi irriguées.

Les déchets vont-ils engloutir Mexico?

Les habitants de la ville de Mexico produisent la même quantité de déchets que les États-uniens ou que les Européens, soit 865 grammes par personne par jour. Malgré cela, la ville produit quotidiennement plus de 15 000 tonnes d'ordures dont moins des deux tiers sont ramassés et traités, le reste est accumulé dans des décharges improvisées ou à même les rues des bidonvilles. Cette présence de déchets constitue aussi une grave menace pour la santé des personnes, particulièrement celle des plus pauvres.

À lire...

- des romans dont les aventures t'entraîneront au Mexique;
- des ouvrages documentaires qui t'en apprendront davantage sur la ville de Mexico.

Fais une recherche à la bibliothèque pour trouver des ouvrages sur Mexico, ou demande à ton enseignante ou à ton enseignant de te suggérer des titres de livres traitant de Mexico.

ACTIVITÉ DE DISCUSSION

Pensez-vous que les autorités de l'agglomération de Mexico peuvent trouver des solutions à court terme pour améliorer le sort de la population?

D'AUTRES MÉTROPOLES

Comment se loger et se déplacer dans une métropole?

PROJET

TERRITOIRE **3** LE CAIRE

Partie moderne du Caire
sur les bords du Nil, en Égypte

LE CAIRE

Depuis longtemps, la plus grande ville d'Afrique et du monde arabe

CONTINENT : Afrique

PAYS : Égypte

POPULATION : 9,5 millions d'habitants en 2000; projection 2015, 11,5 millions

LANGUE PARLÉE : Arabe

Source : ONU, 2003.

Le Caire

REGARDS

TERRITOIRE 4 NEW YORK

 T4 Manhattan, cœur économique et culturel de New York

NEW YORK

Métropole qui rayonne sur le monde

CONTINENT : Amérique (Nord)

PAYS : États-Unis

POPULATION : 16,7 millions d'habitants en 2000 ; projection 2015, 17,9 millions

LANGUES PARLÉES : Anglais, espagnol et 75 autres langues

Source : ONU, 2003.

DOSSIER

TERRITOIRE 5 SYDNEY

SYDNEY

Une ville bordée par la mer

CONTINENT : Océanie

PAYS : Australie

POPULATION : 3,9 millions d'habitants en 2000 ; projection 2015, 4,5 millions

LANGUE PARLÉE : Anglais

Source : ONU, 2003.

  T5 L'opéra de Sydney, en Australie. L'architecte danois Jørn Utzon aimait particulièrement construire ses bâtiments au bord de l'eau. C'est lui qui a conçu l'Opéra de Sydney que l'on voit sur la photo.

PROJET

🌍 Se loger et se déplacer dans une métropole

RÉALISER UN REPORTAGE PHOTOGRAPHIQUE

T2 **1** Organisation urbaine du Caire et de ses villes satellites

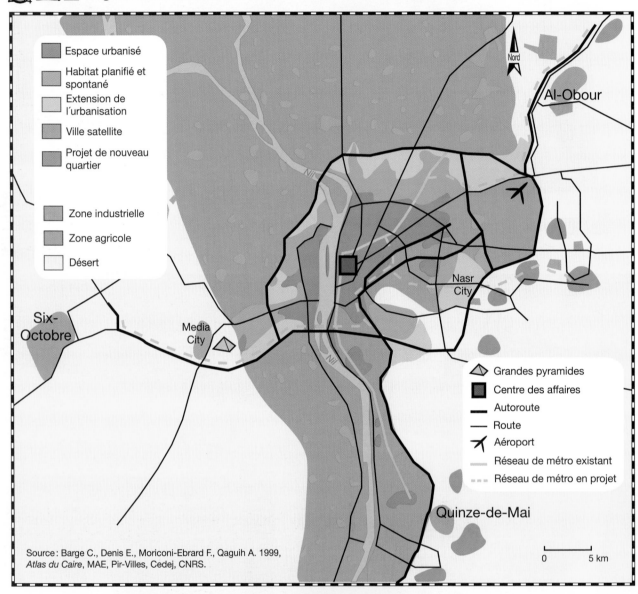

Espace urbanisé

Habitat planifié et spontané

Extension de l'urbanisation

Ville satellite

Projet de nouveau quartier

Zone industrielle

Zone agricole

Désert

Nord

Al-Obour

Nasr City

Six-Octobre

Media City

Quinze-de-Mai

Nil

Grandes pyramides

Centre des affaires

Autoroute

Route

Aéroport

Réseau de métro existant

Réseau de métro en projet

Source : Barge C., Denis E., Moriconi-Ebrard F., Qaguih A. 1999, *Atlas du Caire*, MAE, Pir-Villes, Cedej, CNRS.

0   5 km

2 L'agglomération de la ville du Caire étire ses tentacules jusqu'aux pieds du plateau de Guizeh surmonté des pyramides de Mykérinos, de Khéphren et de Khéops.

3 Témoignage

« [...] "Avant de rencontrer Rania, j'ai acheté un logement à une heure d'ici, dans le désert, raconte Amr. Mais c'est vraiment trop loin de notre travail, alors on cherche autre chose. " Le jeune couple travaille à Media City, le tout nouveau complexe de studios de cinéma créé par la radio-télévision égyptienne et situé juste à côté du Six-Octobre*.
[...] Ils sont jeunes, 27 et 25 ans, comme la plupart des salariés de Media City [...] gagnent relativement bien leur vie. [...] "À cause des trajets, on part tous les matins vers 6 heures 30 et on n'est pas rentrés chez nous avant 20 heures. On est très fatigués, alors en ce moment, on a décidé de vivre un peu chez ma mère, explique Rania, à Nasr City. C'est moins loin du travail. " Ils cherchent à se loger ailleurs, peut-être au Six-Octobre, peut-être pas. "Rania adore sa mère et elle ne veut pas s'en éloigner. Et puis, le jour où on aura notre enfant, il faudra bien que ce soit elle qui le garde. " [...] »

Rania et Amr, deux jeunes Cairotes cherchant un logement près de leur lieu de travail à Media City

Source : 2001, TV5,
Cités du monde.

* Six-Octobre est le nom d'un quartier du Caire.

T4 **4**
La citadelle de Saladin
et la mosquée Al-Azhar,
au Caire

OBJET DE LA RECHERCHE

Réaliser un reportage photographique sur Le Caire en faisant ressortir les problèmes de logement et de déplacement des Cairotes (habitants du Caire), particulièrement ceux de Rania et d'Amr.

LE CAIRE
PLAN DE RECHERCHE

1. Repérer sur la carte (doc. 1, p. 44) les éléments liés au logement ou au déplacement qui pourraient être illustrés par une ou des photographies.

2. Dans le témoignage de Rania et d'Amr (doc. 3, p. 45), relever les noms de lieux qui pourraient être illustrés par une ou des photographies.

3. Réaliser un reportage photographique sur un ou plusieurs lieux représentatifs des problèmes de logement ou de déplacement dans la ville du Caire.

DÉMARCHE DE RECHERCHE

RECUEILLIR L'INFORMATION

 Un atlas, des guides touristiques, une encyclopédie, un ouvrage documentaire sur Le Caire, ou autres.

Mots-clés : Égypte Le Caire, Égypte Le Caire Logement, Égypte Le Caire Déplacement, Égypte Le Caire métro, Cités du monde, etc.

➊ **Rassemblez** dans un dossier les photographies trouvées et accompagnez chacune d'un court texte qui la décrit.

5 Édifice de la radio et de la télévision égyptiennes au Caire

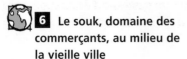 **6** Le souk, domaine des commerçants, au milieu de la vieille ville

TRAITER L'INFORMATION

② —ⓐ **Classez** vos photographies selon les lieux qu'elles représentent.

—ⓑ Parmi les photographies qui représentent le même lieu, **choisissez** celle qui se rapproche le plus du sujet de votre reportage.

—ⓒ **Rassemblez** en un dossier les photographies que vous désirez conserver pour votre reportage.

③ Pour chaque photographie, **rédigez** un bas de vignette qui précisera le lieu représenté ainsi que l'intention de la photographie et le message que le ou la photographe a voulu transmettre.

Avant de finaliser votre reportage photographique, consultez les critères qui vous seront remis et qui serviront à l'évaluer. Cela vous permettra de bien les respecter.

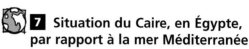
7 Situation du Caire, en Égypte, par rapport à la mer Méditerranée

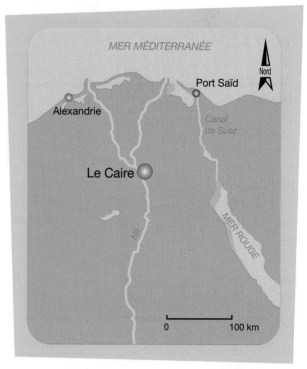

TECHNIQUE
Le reportage photographique

- Un reportage photographique devrait avoir un titre.
- Chaque photographie devrait être accompagnée d'un bas de vignette.
- Les photographies devraient être présentées dans un ordre déterminé en fonction du message qu'on veut transmettre.

ORGANISER L'INFORMATION

④ **Réalisez** maintenant votre reportage photographique.

COMMUNIQUER L'INFORMATION

⑤ Chaque élève ou chaque équipe présente son reportage photographique aux autres élèves.

ÉVALUATION DE LA DÉMARCHE

 Votre enseignant ou votre enseignante vous remettra un parcours d'évaluation de votre démarche. Vous pourrez ainsi découvrir vos forces et vos faiblesses, ce qui vous permettra de vous améliorer la prochaine fois.

 Conservez une copie de votre reportage photographique et de votre parcours d'évaluation dans votre portfolio d'apprentissage.

REGARDS

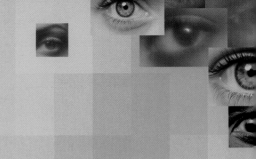

Ghetto Quartier d'une ville où se rassemblent des personnes d'une même ethnie.

Mégalopole Ensemble urbain de plusieurs millions de personnes vivant dans plusieurs villes échelonnées sur un millier de kilomètres.

PIB (produit intérieur brut) Total des richesses produites par un pays.

PUB (produit urbain brut) Total des richesses produites par une ville.

Ville multiethnique Ville formée de plusieurs ethnies.

A NEW YORK, LE SOMMET DU MONDE

1 Une concentration humaine spectaculaire

Avec une population de près de 17 millions d'habitants en 2001, New York est la plus grande agglomération urbaine des États-Unis. Elle occupe le quatrième rang dans le monde après Tokyo (plus de 26 millions), Mexico et São Paulo (environ 18 millions). Cette ville est au cœur d'une immense **mégalopole** de près de 80 millions d'habitants qui s'étend de Boston à Washington (doc. 4).

La métropole a grandi au rythme des immigrations. En 1920, on évaluait que 40 % de la population de New York était née à l'étranger. En 2000, ce chiffre était d'environ 28 %. On peut donc dire qu'un New-Yorkais sur quatre n'est pas né aux États-Unis. Les immigrants et les immigrantes viennent du monde entier (doc. 1). Alors que les siècles précédents ont été ceux de l'immigration européenne, la seconde moitié du 20e siècle a été celle des Asiatiques, puis des Hispaniques dans les dix dernières années. New York est donc une **ville multiethnique**.

2 La puissance économique de New York

La puissance économique de la métropole est telle que certains la nomment le sommet du monde. Le **PUB (produit urbain brut)** de la métropole new-yorkaise s'élevait en 1997 à plus de 800 milliards de dollars américains, soit une fois et demie le **PIB (produit intérieur brut)** du Canada. C'est la première place bancaire du monde avec 20 % du marché mondial : près de 500 banques étrangères y sont installées. C'est également la première bourse de la planète, plus de 40 % des valeurs boursières y sont échangées. New York est aussi un lieu où convergent les hommes et les marchandises : 4e aéroport du monde, 7e port de conteneurs de la planète. New York fait partie des métropoles qui occupent une place à part, car elle symbolise le « rêve américain », ce qui explique, en partie, la forte immigration vers New York.

3 New York, une métropole multiethnique

Métropole multiethnique, New York est une mosaïque de quartiers dominés par les différents groupes (Noirs, Hispaniques, etc.). Cette ségrégation n'est pas propre à New York, mais elle est ici très marquée, l'accès à ces quartiers étant particulièrement difficile pour les représentants d'un autre groupe, d'où la création de véritables **ghettos** (doc. 3).

QUE NOUS APPRENNENT LE TEXTE ET LES DOCUMENTS ?

1. Quelles villes et quelles métropoles font partie de la mégalopole new-yorkaise (doc. 4) ?

2. Fais une courte recherche et écris une phrase dans laquelle tu décriras sommairement ce que la statue de la Liberté symbolise (doc. 2).

3. a) Où se situent les ghettos ethniques par rapport à l'île de Manhattan (doc. 3) ?
   b) Quelle image de New York cette répartition donne-t-elle concernant les ethnies ?

4. À ton avis, quelles sont les causes des tensions qui existent entre les ethnies, que ce soit à New York ou ailleurs ?

1 **Origine des immigrants et des immigrantes à New York depuis les dix dernières années**

Amérique (Nord)
0,8 %

Asie
24 %

Europe
18 %

OCÉAN PACIFIQUE

New York

Afrique
3 %

Océanie
0,1 %

Amérique (Sud)
54 %

OCÉAN ATLANTIQUE

OCÉAN INDIEN

54 % : Pourcentage des immigrants et des immigrantes selon leur continent d'origine

2 **La statue de la Liberté, au confluent du fleuve Hudson et de l'East River**

T3 **3** **Répartition des groupes ethniques dans les districts de New York**

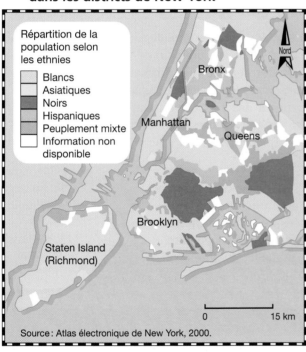

Répartition de la population selon les ethnies

- Blancs
- Asiatiques
- Noirs
- Hispaniques
- Peuplement mixte
- Information non disponible

Nord

Bronx

Manhattan

Queens

Brooklyn

Staten Island (Richmond)

0   15 km

Source : Atlas électronique de New York, 2000.

4 **La mégalopole de New York**

Nord

● Métropole
● Ville

CANADA

Maine

Vermont

New Hampshire

New York

Massachusetts ● Boston

Connecticut

New York

Rhode Island

Long Island

Pennsylvanie

New Jersey

Philadelphie

OCÉAN ATLANTIQUE

Maryland

Baltimore

Washington D.C.

Delaware

0   150 km

5 **Les multiples tours à bureaux dans Manhattan**

B SE LOGER DANS LA MÉTROPOLE NEW-YORKAISE

1 La crise du logement

En 2000, plus de 500 000 New-Yorkais et New-Yorkaises ont consacré au moins la moitié de leurs revenus pour se loger. À la fin de l'année 2001, le coût moyen mensuel d'un loyer était de 1025 $US, soit près de 1500 $CAN.

Différents facteurs contribuent à créer une véritable crise chronique du logement à New York :

• le coût élevé des logements, même si les assistés sociaux sont nombreux; en 2002, 600 000 personnes ou 120 000 familles ont été évincées de leur logement pour non-paiement du loyer ;

• la rareté des logements offerts en location alors que 73 % des New-Yorkais sont locataires (la moyenne nationale états-unienne est de 50 %); s'ajoutent à ces facteurs et accentuent la crise, plusieurs milliers de sans-abri qui n'ont pas la possibilité de trouver un logement.

6 L'Empire State Building à New York

2 La renaissance des vieux quartiers

Depuis 1980, dans les grandes métropoles mondiales, une revitalisation des centres-villes s'opère. Ces réaménagements ont pour but de stopper le délabrement immobilier. Des investisseurs transforment de vieux immeubles ou des entrepôts en logements locatifs tout en conservant leur valeur architecturale (doc. 9). Ces logements rénovés sont loués à des prix élevés, car, outre leur confort, ils offrent la possibilité à des travailleuses et à des travailleurs aisés de réduire leur temps de déplacement pour aller travailler.

À New York, la politique sécuritaire de l'ex-maire Rudolph Giuliani (doc. 11) a accentué le départ des populations les plus défavorisées de certains ghettos du centre, qui sont peu à peu remplacées par des populations plus aisées: c'est ce que les géographes appellent la « **gentrification** » (doc. 9).

> « Gentrification » Mot anglais désignant la rénovation et la réoccupation des centres-villes par les classes aisées. En français, on dit « embourgeoisement ».

QUE NOUS APPRENNENT LE TEXTE ET LES DOCUMENTS ?

1. a) Trouve trois mots pour caractériser les habitations du document 7 et trois autres mots pour caractériser celles du document 8.

   b) Dans lequel de ces quartiers préfèrerais-tu habiter ? Pourquoi ?

2. Sous l'angle du logement, quelles différences fais-tu entre le Harlem de 1990 et celui de 2003 (doc. 9) ?

3. Lis le document 10. Relève les passages qui te permettent de faire un rapprochement entre la deuxième photographie du document 9 et ce texte.

4. Donne les deux principales raisons qui font que les gens à faible revenu ont de la difficulté à se loger à New York.

7 Des habitations dans le Bronx, district pauvre de New York

8 Des maisons du quartier Greenwich Village, dans Manhattan

9 La renaissance du quartier de Harlem (1990 et 2003)

11 L'ex-maire de New York, Rudolph Giuliani, en pleine action lors des événements du 11 septembre 2001. Son intervention au cours de ce drame a fait de lui un héros national. On voit à ses côtés la sénatrice Hillary Clinton.

10

Bill Clinton s'installe à Harlem

COURRIER INTERNATIONAL,
19 octobre 2003.

«L'ancien président des États-Unis, très populaire dans la communauté afro-américaine, s'est aménagé des bureaux au cœur du quartier noir de New York. [...]

Lundi, sous une immense bannière clamant "*Harlem souhaite la bienvenue au président Clinton*", sur une estrade décorée de tournesols, toute la classe politique locale a donc célébré ce que plusieurs orateurs ont qualifié de "*jour historique dans l'histoire de Harlem*". Dans son discours, Bill Clinton a rappelé les initiatives prises pendant ses deux mandats en faveur des zones défavorisées, au premier rang desquelles figure Harlem.

[...] Les services de l'ancien président sont installés au qua-torzième étage d'une tour de bureaux, avec vue sur Central Park, pour un loyer annuel d'environ 200 000 dollars, à la charge des contribuables. [...] Depuis l'annonce [...], au printemps dernier, de l'installation de l'ancien chef de la Maison Blanche, les prix des loyers, déjà en forte hausse au cours des dernières années, ont fortement augmenté aux abords de la 125e rue. [...]»

C SE DÉPLACER À NEW YORK

1 Un site aux avantages contradictoires

New York est le troisième port des États-Unis. Construite sur plusieurs îles (dont la fameuse île de Manhattan qui abrite son quartier des affaires), à l'embouchure du fleuve Hudson et de l'East River, la ville possède un site qui est propice aux activités maritimes et portuaires (doc. 12 et 14). Ce site pose par contre bien des problèmes pour les déplacements automobiles, soumis à l'obligation de franchir l'un ou l'autre de ces fleuves. Aux **heures de pointe**, la circulation cause des embouteillages (doc. 13) particulièrement spectaculaires sur les ponts et dans les tunnels autoroutiers. De plus, stationner son automobile au centre-ville de New York est une mission quasi impossible.

2 Des lieux de travail éloignés des lieux de résidence

La crise du logement que connaît New York ainsi que la forte ségrégation urbaine ne contribuent pas à faciliter les choix d'un lieu de résidence. Cette rigidité rend particulièrement difficiles les migrations pendulaires dans la métropole, nombreux étant les gens forcés de vivre en banlieue, mais travaillant au centre-ville ou dans une autre banlieue.

Comme beaucoup de métropoles nord-américaines, New York possède une banlieue et une ceinture de villes périphériques très peuplées et très étendues. Cette agglomération bénéficie d'un important réseau de voies de communication qui relie les villes périphériques au centre-ville et entre elles. L'étalement urbain ne ralentit pas et atteint des couronnes de plus en plus éloignées. Les déplacements quotidiens y sont donc très importants et ont tendance à s'allonger année après année.

3 Des transports en commun essentiels

Dans un tel contexte, le rôle des transports en commun apparaît essentiel. Le métro de New York, par exemple, a été inauguré en 1865. Une partie importante de son réseau est aérien. Il compte aujourd'hui 25 lignes, il est le plus étendu de la planète et fonctionne jour et nuit, sept jours sur sept. Plus de 4 millions de voyageurs et de voyageuses l'utilisent chaque jour, principalement pour des migrations pendulaires. Il existe aussi un réseau de traversiers qui n'ont qu'un faible impact sur la diminution des migrations pendulaires.

Ces problèmes de déplacements, qui sont propres à la plupart des grandes métropoles du monde, sont donc aggravés par le site de la ville et par son statut de ville-monde qui la rend attrayante aux yeux du monde entier.

Heure de pointe Période de la journée où le nombre de personnes qui utilisent un moyen de transport pour aller au travail et en revenir est le plus élevé.

QUE NOUS APPRENNENT LE TEXTE ET LES DOCUMENTS ?

1. Explique en une courte phrase le titre de la partie 1 du texte en insistant sur le mot *contradictoires*.

2. Quelle caractéristique commune aux agglomérations de Montréal et de New York influence grandement les déplacements dans ces villes (doc. 12 et 14) ?

3. En quoi le fait que New York est une ville très populeuse peut-il aggraver le problème des déplacements dans cette ville ?

🌐 T2 **12** Le centre de New York

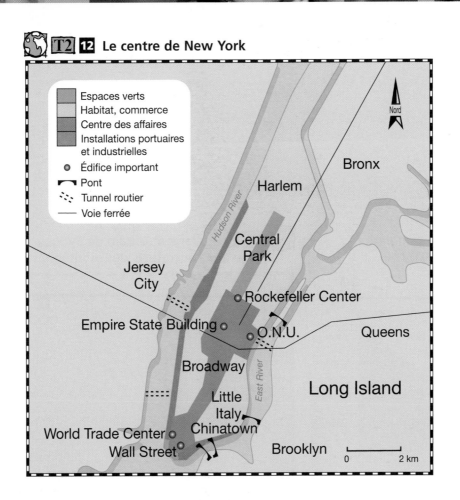

Légende :
- Espaces verts
- Habitat, commerce
- Centre des affaires
- Installations portuaires et industrielles
- ● Édifice important
- Pont
- Tunnel routier
- Voie ferrée

Nord

Hudson River

Harlem

Bronx

Jersey City

Central Park

○ Rockefeller Center

Empire State Building ○

○ O.N.U.

Queens

Broadway

East River

Long Island

Little Italy
Chinatown

World Trade Center ○

Wall Street ○

Brooklyn

0   2 km

13 La circulation est dense à New York et chaque jour, il y a des embouteillages.

14 Pont de Brooklyn, un des grands ponts qui traversent l'East River, à New York

TERRITOIRE 5 SYDNEY

🌐 A- Se loger à Sydney

1. UNE CROISSANCE URBAINE RAPIDE

1 Évolution de la population de Sydney (1950-2015)

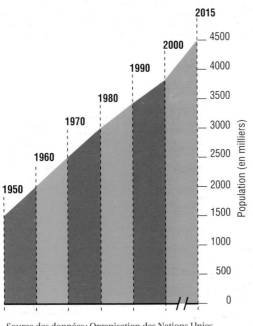

Source des données: Organisation des Nations Unies (ONU), 2003.

T3 2 Étalement urbain de Sydney jusqu'aux contreforts des montagnes Bleues

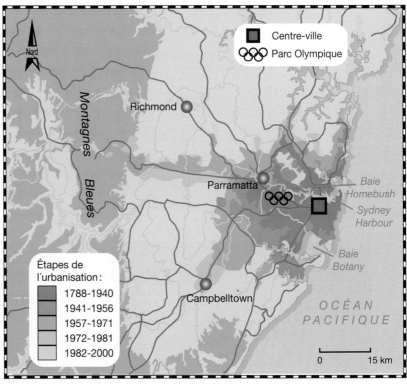

Source: Fraeme Aplein in J. Connell, Sydney, *The Emergence of a World City*.

3 Sydney, une métropole qui se marie avec l'océan.

4 Cet édifice en grès, qu'on appelle les Hyde Park Barracks, est l'œuvre de l'architecte australien Francis Greenway (1777-1837). Dès 1819, il a servi de dortoir aux prisonniers anglais condamnés aux travaux forcés. Par la suite, le bâtiment a abrité des orphelins et des femmes immigrantes célibataires qui venaient d'Irlande pour coloniser l'Australie. Restauré en 1990, le bâtiment est devenu un musée consacré à l'histoire de ses différents occupants. Sa visite permet de comprendre certaines étapes du peuplement de l'Australie.

D'après: *Australie*, Guide Voir © Éditions Libre Expression ltée, 1999, pour l'édition française au Canada.

2. UNE MÉTROPOLE À LA MODE OLYMPIQUE... LA FLAMBÉE DES PRIX

5

Maisons du Village olympique, revendues après les Jeux

« Depuis 1993, année où le CIO (Comité international olympique) a choisi Sydney comme ville hôte des jeux d'été 2000, la ville est le siège d'un véritable boom immobilier, évalué en milliards de dollars.

Le réseau routier est en cours d'amélioration, un tunnel ferroviaire entre l'aéroport et le centre-ville a été construit. De plus, le Parc olympique qui a été érigé sur un ancien site industriel, à 15 km de Sydney, sera transformé en quartier résidentiel après les Jeux olympiques.

[...] À Sydney, le prix des loyers a beaucoup augmenté et des expulsions forcées auraient eu lieu, en particulier dans la période précédant les Jeux olympiques.

La loi de 1987 sur les baux (contrats de location) à usage d'habitation de la Nouvelle-Galles-du-Sud n'assure pas suffisamment la sécurité de jouissance et la protection contre les expulsions et l'augmentation arbitraire des loyers. »

Source: Comité des droits économiques, sociaux et culturels, Organisation des Nations Unies (ONU), 2000.

6

« L'achat – et même la location – d'une maison dans plusieurs grandes villes est devenu inabordable pour la plupart des Australiens à faible revenu, selon une étude récente qui constate une dramatique hausse des ménages à faible revenu consacrant plus de 30 % de leur budget au logement (à Sydney, ce chiffre est passé de 67,3 % en 1986 à 80,7 % en 1996).

[...] Selon le premier rapport de cette étude, en juin 2000 aucun ménage à faible revenu ne pouvait s'acheter une maison de trois chambres de prix moyen à Sydney, à Melbourne ou à Adelaide. [...] Seule une très faible proportion de ces ménages pouvait payer le loyer d'un appartement à une chambre dans Melbourne ou Sydney.

Les prix des maisons et des loyers ont augmenté plus vite que les revenus dans les zones centrales de ces villes et [...] la possibilité de devenir propriétaire échappe à un nombre croissant de gens à faible revenu qui sont refoulés vers les banlieues lointaines.

Seuls 3 % des ménages à faible revenu de Sydney peuvent se permettre de louer une maison moyenne de trois chambres dans la banlieue ouest de Sydney (Outer Western Sydney). »

Source: Australian Housing and Urban Research Institute Media release, 22 septembre 2001.

🌐 B- Se déplacer à Sydney

1. LES JOIES DE LA NAVIGATION URBAINE

1 Un traversier de passagers dans le port de Sydney

T7 2 Image satellite de la baie de Sydney

- En vert, les espaces non bâtis
- En noir, la mer
- En bleu, la ville

3

«Les bacs, ou *ferries*, du port de Sydney offrent depuis plus d'un siècle un moyen pratique, pittoresque et agréable de circuler entre les différents quartiers et faubourgs bordant la baie. Ils sont toujours aussi populaires. Les bateaux-taxis sont un autre moyen de transport pratique et rapide, mais ils coûtent plus cher.

[...]

Petits et rapides, les bateaux-taxis sont un moyen très pratique de se déplacer dans le port, car ils prennent et débarquent leurs passagers à n'importe quel quai navigable. On peut même les arrêter au passage comme un taxi urbain.

[...]

Source: *Australie*, Guides Voir © Éditions Libre Expression ltée, 1999, pour l'édition française au Canada.

De 6 h 00 à 22 h 00, tous les jours, les bateaux de la *State Transit Authority* assurent des navettes entre le centre et la majorité des faubourgs du port et plusieurs débarcadères de la Panama River. »

Les bateaux-taxis à Sydney

2. LES AVANTAGES DU RAIL

4 Le monorail, une façon de voyager au-dessus de la ville sans encombrements !

3. POURTANT...

6 Évolution de la fréquentation automobile quotidienne sur le Harbour Bridge (1932 à 2000)

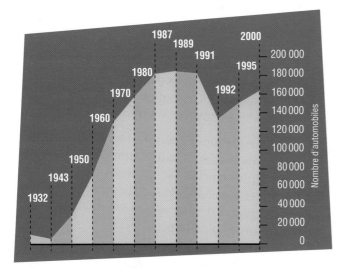

Source des données : Bridge Climb the Sydney Harbour Bridge.

5 Un réseau ferroviaire moderne et performant dessert la ville de Sydney et ses banlieues.

7 Le Harbour Bridge comprend huit voies pour les automobiles, deux voies ferrées, une piste cyclable et un trottoir pour les piétons. Depuis 1991, la circulation sur le pont a légèrement baissé grâce à la construction d'un tunnel, le Sydney Harbour Tunnel.

DOSSIER

🌐 C- Une gestion des déchets rigoureuse

1. UNE VILLE PROPRE, MAIS...

1

« Les images officielles de Sydney promettent un ciel bleu, des eaux côtières cristallines et de verdoyants corridors de végétation, avec au loin le miroitement des montagnes Bleues. Cette image n'est pas sans fondement. Mais la croissance économique a eu à la fois des aspects positifs et négatifs sur l'environnement : l'air est pollué, les routes encombrées, les voies d'eau dégradées et les niveaux de bruit élevés.

[...] Dans le même temps, la fermeture et la relocalisation d'industries polluantes situées au bord des voies d'eau, une plus stricte régulation des déversements de produits dans les rivières tributaires et même la campagne annuelle Nettoyons l'Australie (*Clean Up Australia*) ont ressuscité la plupart des rivières et les eaux de la baie. Les poissons (et même une baleine) sont revenus et les triathlètes olympiques pourront y nager sans craindre pour leur santé. Mais si la qualité de l'environnement de la baie s'est améliorée, les progrès enregistrés ailleurs sont moins impressionnants. [...] La gestion des déchets solides pose aussi des problèmes ; bien qu'une proportion croissante de déchets soit recyclée, la ville continue à en produire de plus en plus et à chercher des sites pour de nouvelles décharges jusqu'à Hunter Valley, située à plus de 100 km au nord. »

Source : Reproduced by permission of Oxford University Press Australia from *Sydney: The Evolution of a City* by John Connel © Oxford University Press.

2. DES JEUX À EFFETS POSITIFS

2

3 Bacs installés sur les sites olympiques pour la collecte sélective des déchets durant les Jeux de 2000

« Les Jeux de Sydney avaient été présentés comme les " Jeux verts ", offrant à la ville l'occasion de trouver des solutions écologiques en matière de consommation d'énergie et d'évacuation des déchets. On les avait également appelés les " Jeux propres ". Au petit matin, [...] une armée de travailleurs olympiques pénétrait dans les sites et les rues pour les nettoyer et y ramasser les ordures.

En l'espace de quelques heures, le centre-ville, d'une superficie égale à 600 terrains de football, était de nouveau propre. Au Parc olympique, l'équivalent de 150 camions d'ordures était ramassé chaque jour et acheminé vers un poste de transfert où était effectué le recyclage. En cette douzième journée, la ville olympique était une fois de plus impeccable.

Le Mouvement olympique a fait de l'environnement le " troisième pilier " de l'Olympisme. La promesse d'offrir des Jeux " verts " était une des raisons pour lesquelles Sydney fut sélectionnée pour organiser les Jeux du nouveau millénaire et le comité d'organisation définit plus de 100 objectifs pour des Jeux écologiques. Nombre de ces engagements furent respectés. »

Source : Games Info. L'état officiel de la XXVIIe Olympiade.

5

Sydney 2000 fut l'élément déclencheur d'un nettoyage approfondi de la baie de Homebush, qui servait depuis les années 1970 de vaste décharge non autorisée. Les anciens sites industriels dégradés et les terres en friche ont été nettoyés et réhabilités pour y établir le site du Parc olympique de Sydney. La réhabilitation continue avec la création des Parcs du Millénaire (Millennium Parklands).

T4 T5 **4** La rivière Haslams Creek, qui traverse le Parc olympique, a été nettoyée durant la réhabilitation de la baie de Homebush pour les Jeux olympiques.

3. UNE ORGANISATION BIEN RODÉE

6

« De grands progrès ont été réalisés quant à la réduction de la quantité de déchets produite en Nouvelle-Galles-du-Sud. Selon une évaluation des résultats de la Loi sur la minimisation et la gestion des déchets de 1995 (Waste Minimisation and Management Act 1995), la province produit 25 % moins de déchets liés à l'activité économique qu'il y a 10 ans. Cette réduction est plus marquée dans le secteur des déchets municipaux comparativement aux secteurs commercial/industriel et construction/démolition. Bien que les chiffres indiquent une réduction significative, on reste loin de l'objectif de réduction de 60 % fixé par la loi de 1995 et il demeure des volumes significatifs de déchets qui pourraient être évités ou réutilisés au lieu d'être destinés aux décharges comme c'est le cas maintenant.

[...] Par des politiques, des programmes de sensibilisation et d'éducation et des conditions préalables au développement, la Ville vise une gestion plus responsable des déchets sur l'ensemble de son territoire. Les services assurés par la ville de Sydney sont entre autres : la collecte et le recyclage des déchets résidentiels, des services de collecte des déchets de grande dimension résidentiels et commerciaux et le nettoyage des rues. »

Source : Ville de Sydney. Rapport sur l'environnement 2001-2002.

7

« Des rues et des avenues malpropres donnent une mauvaise image de votre quartier et de Sydney. Elles peuvent constituer un danger pour la santé.

Lorsque vous déposez votre bac à déchets dans un endroit public pour la collecte, vous devez respecter les instructions contenues dans la présente brochure. Si vous ne le faites pas, vous pouvez sur-le-champ recevoir une amende de 200 $. »

Texte tiré de la brochure *clean streets*.

Brochure distribuée par la ville de Sydney sur laquelle on peut lire « des rues propres sont bonnes pour le voisinage ».

ENJEU planétaire

Les fortes concentrations de population

Les métropoles et l'approvisionnement en eau à l'échelle planétaire

1 L'eau: des utilisations diverses, une demande croissante

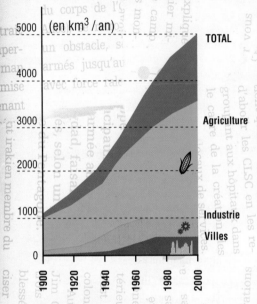

Source des données: J. Margat, J.-P. Tiercelin.
L'eau en question, Romillat, 1998,

2

Des coûts de l'eau de plus en plus exorbitants, même à Montréal

À Montréal, la consommation quotidienne d'eau potable d'une personne est de 1000 litres, soit l'équivalent de cinq baignoires. Comme cette eau est canalisée et traitée avant d'être consommée, cela entraîne des coûts qui sont assumés par les gouvernements, mais aussi de plus en plus par les consommateurs et les consommatrices.

Ainsi, chaque propriétaire paie une taxe forfaitaire d'environ 90 $ par année. À cette somme, s'ajoute éventuellement une facturation de 0,35 $ à 0,41 $ par 800 litres d'eau additionnels selon la consommation. Pour un service équivalent, il en coûte 1 $ ailleurs au Canada, 2,50 $ à San Francisco et 4,50 $ à Paris.

La ressource en eau de qualité devenant plus rare, la consommation ne cessant de croître, les coûts de traitement de l'eau augmentant, la facturation selon la consommation est peut-être le seul moyen pour faire en sorte que les gens ménagent cette ressource.

Source des données: Ville de Montréal.

4 Capacités mondiales de dessalement de l'eau de mer

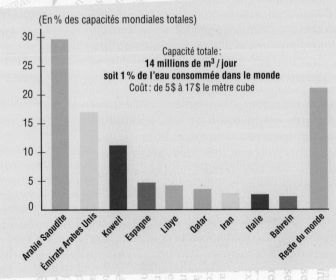

Source des données: *Le Monde*, 13 janvier 2000.

3 Dans certaines parties du monde, l'eau est rare et difficile d'accès.

5 Un quartier résidentiel de San Francisco, aux États-Unis

Remplir une piscine requiert en moyenne 48 000 litres d'eau.

Que faire pour que ça change ?

1. Prends conscience de l'utilisation *inutile* de l'eau potable dans ton environnement immédiat : arrosage des pelouses, lavage de voitures, nettoyage des trottoirs et des allées, etc.

2. Trouve et nomme trois gestes quotidiens que tu pourrais faire pour économiser l'eau potable.

3. Fais connaître ces gestes à tout ton entourage immédiat et essaie de les convaincre de faire de même.

6 L'eau dans la vie quotidienne des pays développés

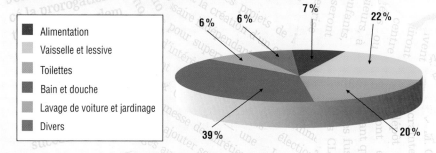

- Alimentation
- Vaisselle et lessive
- Toilettes
- Bain et douche
- Lavage de voiture et jardinage
- Divers

7 %   22 %   6 %   6 %   39 %   20 %

7

Une consommation effrénée de l'eau !

La forte croissance de la population mondiale et le développement de la production agricole et industrielle se traduisent par des besoins de plus en plus grands en eau douce.

La consommation de l'eau en agriculture a plus que doublé depuis 1960, mais l'explosion urbaine, avec une croissance de plus de cent millions de personnes par an, a multiplié par cinq la consommation de l'eau des villes depuis 1960.

Saviez-vous que

- Arroser une pelouse pendant une heure consomme jusqu'à 1000 litres d'eau.

- Laver la voiture avec un tuyau d'arrosage nécessite 400 litres d'eau tandis qu'un lavage manuel requiert entre 10 et 50 litres.

- Prendre une douche de cinq minutes avec une pomme de douche ordinaire consomme entre 90 et 135 litres d'eau.

Source : Groupe environnemental de la faculté de Génie de l'Université de Sherbrooke, 2004.

VILLES SOUMISES À DES RISQUES NATURELS

Comment composer avec un risque naturel?

« On kō chi shin » (« Bâtir le futur en tirant un enseignement du passé ») Proverbe japonais

SEARCHED

En octobre 1989, un séisme a causé des dommages importants dans la ville de San Francisco, aux États-Unis.

LES PRINCIPAUX RISQUES NATURELS DANS LE MONDE

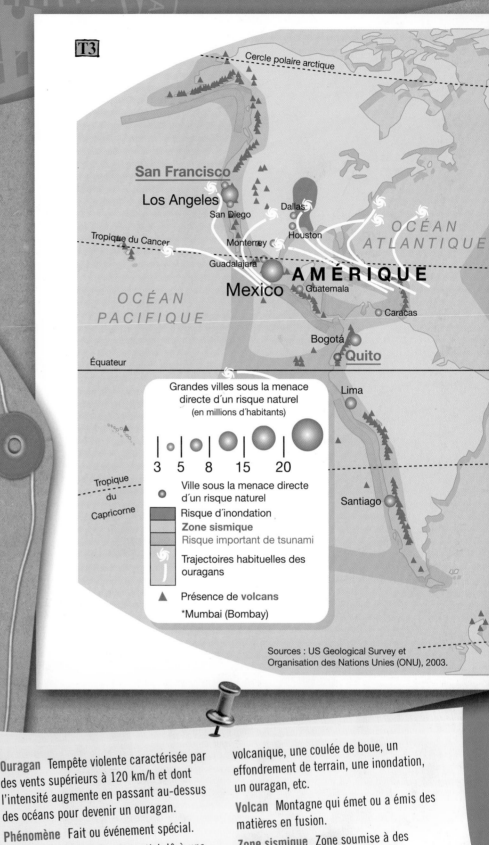

T3

Cercle polaire arctique

San Francisco

Los Angeles

San Diego

Dallas

Houston

OCÉAN ATLANTIQUE

Tropique du Cancer

Monterrey

Guadalajara

AMÉRIQUE

Mexico

Guatemala

Caracas

OCÉAN PACIFIQUE

Bogotá

Quito

Équateur

Lima

Grandes villes sous la menace directe d'un risque naturel
(en millions d'habitants)

3 5 8 15 20

Ville sous la menace directe d'un risque naturel

Risque d'inondation

Zone sismique

Risque important de tsunami

Trajectoires habituelles des ouragans

▲ Présence de **volcans**

*Mumbai (Bombay)

Tropique du Capricorne

Santiago

Sources : US Geological Survey et Organisation des Nations Unies (ONU), 2003.

Ouragan Tempête violente caractérisée par des vents supérieurs à 120 km/h et dont l'intensité augmente en passant au-dessus des océans pour devenir un ouragan.

Phénomène Fait ou événement spécial.

Risque naturel Danger potentiel dû à une cause naturelle, par exemple une éruption volcanique, une coulée de boue, un effondrement de terrain, une inondation, un ouragan, etc.

Volcan Montagne qui émet ou a émis des matières en fusion.

Zone sismique Zone soumise à des tremblements de terre.

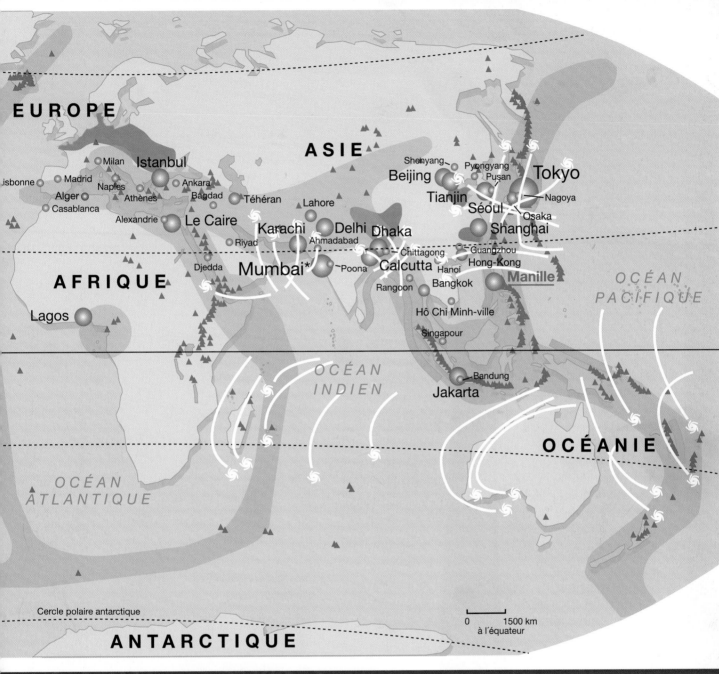

EUROPE

ASIE

Milan Istanbul
Lisbonne Madrid Shenyang Pyongyang
Alger Naples Ankara Beijing Pusan Tokyo
Casablanca Athènes Bagdad Tianjin Séoul Nagoya
Alexandrie Téhéran Lahore Shanghai Osaka
Le Caire Karachi Delhi Dhaka Guangzhou
Riyad Ahmadabad Chittagong Hong-Kong
Djedda Mumbai* Poona Calcutta Hanoi Manille
Rangoon Bangkok

AFRIQUE
Lagos
Hô Chi Minh-ville
Singapour
OCÉAN
PACIFIQUE

OCÉAN
INDIEN
Bandung
Jakarta
OCÉANIE

OCÉAN
ATLANTIQUE

Cercle polaire antarctique

0   1500 km
à l'équateur

ANTARCTIQUE

QUE NOUS APPREND LA CARTE ?

LE TITRE DE LA CARTE

1. Quel est l'espace cartographié ?

2. Quels **phénomènes** sont représentés sur la carte ?

LA LÉGENDE DE LA CARTE

3. Quels sont les principaux **risques naturels** auxquels sont exposées les villes dans le monde ?

LA CARTE ELLE-MÊME

4. a) Dans quelles régions du monde se superposent plusieurs catégories de risques naturels majeurs ?

   b) Ces régions sont-elles densément peuplées ?

5. Quelles régions sont particulièrement exposées aux **ouragans** ?

6. Quels risques naturels majeurs menacent chacune des villes suivantes : Alger, Lisbonne, Los Angeles, Manille, Naples, Quito, San Francisco ?

QUELS SONT LES RISQUES NATURELS AUXQUELS LES VILLES SONT EXPOSÉES ?

Catastrophe naturelle Une catastrophe est la rencontre entre un **risque** naturel et une situation humaine ; elle se produit soit parce qu'elle était inattendue et brutale, soit parce que la société n'a pas pris les mesures de protection qui étaient nécessaires.

Continent Vaste étendue de terre délimitée par un ou plusieurs océans. Traditionnellement, on distingue six continents : l'Europe, l'Asie, l'Afrique, l'Amérique, l'Océanie et l'Antarctique.

Métropole Agglomération urbaine importante qui exerce son influence sur un espace très étendu.

Risque Danger potentiel.

Vulnérabilité Fragilité, caractère de ce qui peut être atteint et endommagé. Le degré de vulnérabilité d'un lieu indique l'effet que les dangers potentiels (risques) peuvent avoir sur ses aménagements et ses populations.

1

Les plus grandes catastrophes naturelles en milieu urbain, depuis 1912		
Date et lieu	Catastrophe	Nombre de décès
1er septembre 1923 Tokyo, Japon	Séisme	143 000
Août 1912 Port de Wenzhou, Chine	Ouragan	50 000
19 décembre 1999 Vargas (État), Venezuela	Inondation	30 000
26 décembre 2003 Bam, Iran	Séisme	26 800
4 février 1976 Guatemala (ville), Guatemala	Séisme	23 000
17 août 1999 Izmit, Turquie	Séisme	17 000
28 août 1937 Hong-Kong, Chine	Ouragan	11 000
19 septembre 1985 Mexico, Mexique	Séisme	9 500
17 janvier 1995 Kobe, Japon	Séisme	5 300
10 octobre 1980 El Asnam, Algérie	Séisme	2 600
21 mai 2003 Alger, Algérie	Séisme	2 300

Source des données : CRED-EM DAT, 2004.

Note : Les tsunamis du 26 décembre 2004 en Asie du Sud-Est ont fait près de 300 000 morts (*La Presse*, 30 janvier 2005), tant en milieu rural qu'en milieu urbain.

ACTIVITÉS ACTIVITÉS ACTIVITÉS

ACTIVITÉS ACTIVITÉS ACTIVITÉS

QUE NOUS APPRENNENT LES DOCUMENTS ?

1. Fais la liste de tous les types de risques naturels mentionnés dans ces deux pages.

2. En connais-tu d'autres qui pourraient toucher les villes ? Pour répondre, consulte aussi la carte des pages 64 et 65.

3. a) Consulte la carte des pages 64 et 65 et, lorsque c'est possible, indique dans quel **continent** sont situées les villes qui ont été touchées par ces catastrophes.

b) Qu'as-tu découvert en localisant ces villes sur la mappemonde ? Écris une ou deux phrases pour l'expliquer.

4. Pourquoi ces catastrophes sont-elles particulièrement dévastatrices dans les villes ?

2 Nettoyage des rues à Tegucigalpa (un million d'habitants), capitale du Honduras, après le passage de l'ouragan Mitch en Amérique centrale, en 1998

3 Dégâts causés par le séisme de Kobe (plus d'un million d'habitants), au Japon (Asie), en 1995

4 Le tremblement de terre survenu à Taipei, en Taiwan (Asie), le 21 septembre 1999, a causé des dommages considérables.

5

Les villes, des territoires particulièrement menacés

« Les lieux de forte concentration de population, la ville notamment, ont un degré élevé de **vulnérabilité**. Ainsi, la multiplication des **métropoles** millionnaires ou plurimillionnaires dans les pays en développement explique l'augmentation du nombre des espaces à forte vulnérabilité. »

Source : Yvette Veyret-Mekdjian, « Géographie des risques naturels », *La Documentation photographique*, n° 8023, octobre 2001, page 6.

6 En 2003, le séisme d'Alger a été particulièrement meurtrier. Capitale de l'Algérie, cette ville compte environ un million et demi d'habitants.

QUELS SONT LES RISQUES TECHNOLOGIQUES AUXQUELS LES VILLES SONT EXPOSÉES ?

Corpusculaire Qui a rapport aux petites parcelles de matière (atome, molécule).

Radiation Énergie émise et propagée sous forme d'ondes de diverses natures (sonores, électro-magnétiques, **corpusculaires**).

1

Quelques catastrophes technologiques en milieu urbain

Lieu et date	Catastrophe	Nombre de victimes
Seveso, Italie 1976	Explosion d'une usine chimique	- 193 blessés - 190 000 sans-abri - 700 personnes affectées
Mississauga (Toronto), Canada 1979	Déraillement d'un convoi ferroviaire transportant des produits chimiques	- Aucun mort - 250 000 personnes évacuées
Bhopal, Inde 1984	Explosion d'une usine de pesticides	- 2 500 morts - 100 000 blessés - 200 000 personnes affectées
Tchernobyl, Ukraine 1986	Explosion d'un réacteur nucléaire	- 31 morts - 300 blessés - 135 000 personnes irradiées
Toulouse, France 2001	Explosion d'une usine chimique	- 29 morts - 2 500 blessés

Source des données : CRED-EM DAT, 2004.

2

Des risques technologiques liés au développement économique des villes

Au 20e siècle, l'industrialisation et l'augmentation des échanges à l'échelle mondiale ont accru les risques technologiques.

Les industries se sont souvent installées à la périphérie des villes anciennes, près des ports et des voies de communication, et des quartiers résidentiels se sont développés autour de ces industries. Si un accident technologique se produit, les dégâts matériels et le nombre de victimes causés par la catastrophe s'en trouvent alors accrus.

Certaines catastrophes ont des effets qui dépassent l'échelle locale et même régionale ; elles causent des dommages et font des victimes à la grandeur de la planète, comme ce fut le cas pour l'accident de Tchernobyl en 1986.

QUE NOUS APPRENNENT LES DOCUMENTS ?

1. Quels sont les différents types de risques technologiques présentés dans ces deux pages ?

2. En connais-tu d'autres qui pourraient toucher des villes ?

3. Peut-on prévoir ou prévenir ces risques ?

4. Pourquoi les accidents liés à ces risques sont-ils particulièrement dévastateurs dans les villes ?

TÉSACTIVITÉSACTIVIT

3 Les débris de l'usine AZF à Toulouse, en France

Le vendredi 21 septembre 2001, à 10 h 17, une terrible secousse ébranle l'agglomération de Toulouse, en France, et est suivie du bruit terrifiant d'une explosion. À l'usine chimique AZF, 300 tonnes de nitrate d'ammonium viennent d'exploser. La catastrophe fait 29 morts et plus de 2500 blessés.

Peu après minuit, le 2 décembre 1984, dans une usine de Bhopal, au centre de l'Inde, la température trop élevée d'un réservoir de gaz toxique provoque son explosion. Au petit matin, un nuage de fumée blanchâtre d'une trentaine de tonnes de MIC (arsenic) s'est étendu sur une zone de 40 km^2 et voyage au gré des vents. On dénombre près de 2500 morts et 100 000 blessés.

4 La fuite d'arsenic à l'usine de Bhopal en Inde a laissé des milliers d'animaux morts dans les champs.

5 La ville de Pripiat, près de la centrale de Tchernobyl, en Ukraine, a été abandonnée après l'explosion du 26 avril 1986.

Le 26 avril 1986, le réacteur de la centrale nucléaire de Tchernobyl, en Ukraine, explose. Par la suite, 300 personnes sont fortement contaminées et 31 autres décèdent rapidement. Les 135 000 travailleuses et travailleurs affectés au nettoyage du site sont irradiés (reçoivent des radiations). Aujourd'hui, 4 millions de personnes vivent dans une zone contaminée.

QUITO

Comment composer avec un risque naturel en milieu urbain?

1 Éruption du volcan Guagua Pichincha, le 7 octobre 1999, tôt le matin

T5 2 Au premier plan, un quartier luxueux de Quito situé au pied de la montagne. En arrière-plan, l'étalement urbain des bidonvilles sur le flanc de la montagne.

T5 **3** *L'espace est utilisé au maximum dans les quartiers pauvres en banlieue de Quito.*

QUITO

Située à 2850 mètres d'altitude et entourée de volcans

CONTINENT : Amérique (Sud)

PAYS : Équateur (situé sous le parallèle équateur)

POPULATION : 1,6 million d'habitants en 2000 ; projection 2015, 2,2 millions

LANGUES PARLÉES : Espagnol, langues amérindiennes (quechua, shuar)

Source : ONU, 2003.

Quito

4 *Centre historique colonial de Quito*

Une ville attractive malgré un site menaçant

mission

Consultez les documents présentés dans les pages 72 et 73.
Sur une affiche ou une grande feuille, faites la liste de toutes les raisons
qui expliqueraient que, malgré les risques qui la menacent,
la ville de Quito attire autant de personnes.

DOC. 1

Nombre de catastrophes et de victimes à Quito, de 1900 à 2000		
Type de catastrophe	Nombre de catastrophes	Nombre de victimes
Inondation	226	14 morts
Coulée boueuse	70	70 morts
Effondrement de la chaussée	36	Aucun mort
Éboulement	114	82 morts
Éruption volcanique (en 1999)	1	32 morts *

*Pendant l'évacuation.

Source des données : CRED-EM DAT, 2004.

Coulée boueuse Transport de boue sur de grandes distances causé par les pentes fortes, les précipitations abondantes et les tremblements de terre.

PNB (produit national brut) Résultat annuel des activités de production d'un pays, en terme de profits.

 DOC. 2

La ville de Quito est construite à proximité du volcan Guagua Pichincha qui est toujours actif.

Menaces sur la ville de Quito en cas d'éruption volcanique

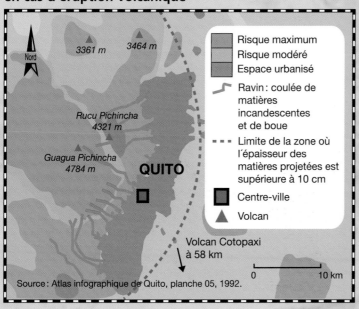

Source : Atlas infographique de Quito, planche 05, 1992.

Légende :
- Risque maximum
- Risque modéré
- Espace urbanisé
- Ravin : coulée de matières incandescentes et de boue
- Limite de la zone où l'épaisseur des matières projetées est supérieure à 10 cm
- Centre-ville
- Volcan

DOC. 4

L'importance **économique** de Quito

- ▣ Capitale de l'Équateur
- ▣ Population (1,6 million d'habitants) = 15 % de la population du pays (12 400 000 habitants) ; 2e ville en importance après Guayaquil (2,5 millions)
- ▣ Offre 30 % des emplois du pays
- ▣ Principales industries : textile, alimentation (64 % de l'agriculture industrielle d'exportation : fruits et fleurs), pneumatiques, ciment, artisanat, tourisme
- ▣ 19 % du PNB

T3 | DOC. 5 **Croissance du territoire de Quito (1760-1990)**

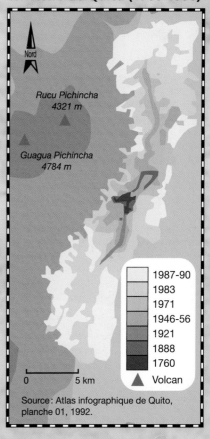

Légende :
- 1987-90
- 1983
- 1971
- 1946-56
- 1921
- 1888
- 1760
- Volcan

Source : Atlas infographique de Quito, planche 01, 1992.

DOC. 6 **Croissance démographique de Quito (1950-2015)**

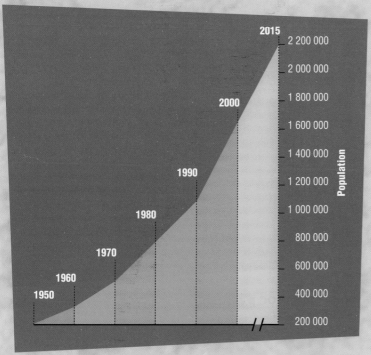

Source des données : CRED-EM DAT, 2004.

🌐 Plusieurs villes en une ?

MISSION

Prenez connaissance des documents des pages 74 et 75 qui montrent l'environnement du centre de Quito et du quartier Carapungo.

Imaginez, avec l'intention de les décrire (habillement, loisirs, moyens de transport, occupation, etc.), les gens qui habitent chacun de ces quartiers de la ville.

MISSION MISSION MISSION MISSION MISSION MISSION MISSION MISSION MISSION MISSIO

DOC. 1 Entrée d'un immeuble résidentiel au centre-ville de Quito

T5 **DOC. 2** La ville de Quito et ses quartiers résidentiels, la nuit

T4 **T5** **DOC. 3** Au premier plan, bidonville dans un quartier de Quito

Quebrada À Quito, ravin naturel creusé par les eaux de pluie qui s'écoulent du versant d'une montagne formée de cendres volcaniques.

DOC. 4 Maisons situées près d'une *quebrada* (à gauche sur la photographie) où on dépose des ordures, dans le quartier Carapungo

T3 **DOC. 5** Ségrégations socio-économiques à Quito

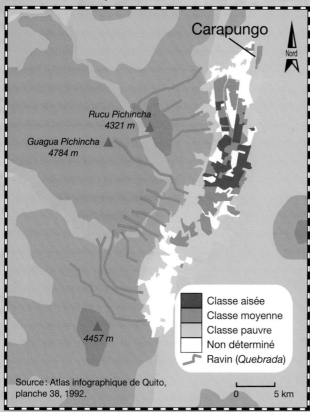

Carapungo

Nord

Rucu Pichincha
4321 m

Guagua Pichincha
4784 m

4457 m

Classe aisée
Classe moyenne
Classe pauvre
Non déterminé
Ravin (*Quebrada*)

Source : Atlas infographique de Quito, planche 38, 1992.

0   5 km

DOC. 6 Secteur résidentiel luxueux de Quito

◉ Comment faire face au risque des *quebradas*?

MiSSiOn

La ville de Quito a formé un comité pour améliorer les conditions de vie dans le quartier Carapungo. Dans ce comité, vous représentez soit la municipalité de Quito, soit la population de Carapungo, soit la Fondation Nature.

Vous devez remettre un rapport qui décrit trois points :

a) les causes des effondrements des *quebradas* ;

b) les responsabilités de chacune des parties en cause ;

c) des solutions au problème.

DOC. 1

La municipalité de Quito

Extraits des règlements municipaux

« Les biens d'usage public sont constitués [...] des *quebradas* et de leurs **talus**, des rivières et de leur lit dans la partie basse dans les zones urbaines ou leurs réserves [...] des superficies obtenues par remblaiement des *quebradas* [...]. »

• • •

« Les excréments, eaux usées, résidus industriels ne pourront être déversés directement ou indirectement dans les *quebradas*, *rios* [...] à moins que déchets et eaux usées ne soient préalablement traités par des méthodes qui les rendent inoffensifs pour la santé. »

• • •

ARTICLE 26

« Les cours d'eau qui croisent des centres peuplés seront canalisés par les municipalités dans des égouts. »

Source : Articles tirés du mémoire de maîtrise de Laura Martin Fontaine, « Les *quebradas* de Carapungo ».

DOC. 2

La « Fondation nature »

« La *Fondación Natura* (Fondation Nature) est une Organisation non gouvernementale (ONG), très connue en Équateur, fondée en 1979, qui agit à différents niveaux : maintien des ressources naturelles, éducation environnementale et protection des forêts tropicales.

Elle a dirigé son action en faveur de la réduction des risques liés aux *quebradas* à Carapungo entre 1995-1997. À partir des fonds versés par l'organisation internationale *Global Releaf* (Changement global), elle a mené des actions au niveau de la réduction du risque dans le secteur F avec l'implantation d'arbres pour limiter l'érosion et la mise en place d'un programme de gestion et de recyclage des déchets pour limiter le risque de contamination. »

Source : Laura Martin Fontaine, « Les *quebradas* de Carapungo, Genèse, représentations sociales et gestion des risques dans un quartier de Quito (Équateur) », 1999.

Talus Terrain en pente, très incliné, le long d'un ravin.

La population de Carapungo
DOC. 3

JANVIER 1995

Il y a 76 maisons qui risquent de s'effondrer.

Les habitants de Carapungo exigent que la ville prenne des mesures.

Maisons du quartier de Carapungo situées près d'une *quebrada*

Un séisme augmente l'inquiétude des habitants de Carapungo.

Quelques pièces au dossier

DOC. 4 Schéma des circonstances de l'accident dans le secteur F (1995)

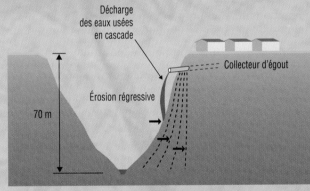

Décharge des eaux usées en cascade

Collecteur d'égout

Érosion régressive

70 m

Source des données : Laura Martin Fontaine, « Les *quebradas* de Carapungo », 1999, page 94.

T3 DOC. 5 Les menaces liées aux *quebradas* dans le quartier Carapungo

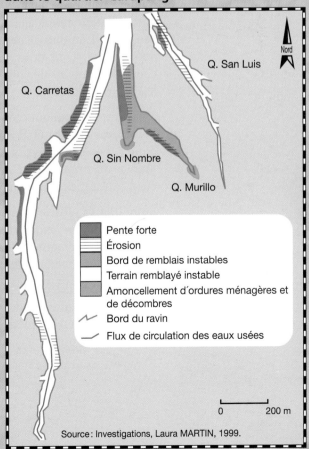

Nord

Q. San Luis

Q. Carretas

Q. Sin Nombre

Q. Murillo

Pente forte
Érosion
Bord de remblais instables
Terrain remblayé instable
Amoncellement d'ordures ménagères et de décombres
Bord du ravin
Flux de circulation des eaux usées

0   200 m

Source : Investigations, Laura MARTIN, 1999.

A- UN ENVIRONNEMENT INSTABLE

 1 **Un étalement urbain très rapide**

La ville de Quito est située à 2850 m d'altitude, pratiquement sous le parallèle équateur. Au pied du volcan Guagua Pichincha toujours actif (doc. 1 et 2), la cité occupe un plateau qui domine de 300 m la vallée nord-sud appelée *allée des volcans*. Cette vallée sépare la **Cordillère** orientale des Andes de la Cordillère occidentale.

Dès la première moitié du 20e siècle, Quito connaît un **étalement urbain** très rapide. De 1880 à 1980, sa superficie est multipliée par 40.

En 1950, l'espace urbanisé de Quito prend des proportions inquiétantes. Les habitants construisent des maisons sur les pentes de la montagne. Pour avoir plus d'espace à construire, ils remplissent aussi les ravins qui leur font obstacle (*quebradas*) et s'y installent.

La municipalité n'arrive pas à organiser des services adéquats pour toute la ville. Les *quebradas* non remplies sont alors utilisées pour y déposer en grande quantité des déchets domestiques et industriels, et ce, à proximité des résidences. Il en résulte une forte contamination du sol et de la **nappe phréatique**, et des odeurs pestilentielles flottent sur ces quartiers.

Les infrastructures urbaines, comme les égouts et les équipements pour le ramassage des déchets, tardent à être mises en place, si bien que tout cela se déverse dans les *quebradas*, provoquant une grande instabilité des terrains.

> **Remblaiement des *quebradas***
>
> **Demande de services**
>
> **Demande d'aménagement**
>
> **Glissements de terrain**

2 **L'instabilité des terrains**

Quito étant bâtie sur un ancien lac et sur le flanc d'une montagne volcanique, son sol est encore partiellement marécageux et est constitué de cendres volcaniques et de **tufs**. Les précipitations abondantes y ont donc facilement creusé une centaine de ravins (les *quebradas*) qui traversent le site urbain actuel.

Les *quebradas* qui ont été remblayées perturbent l'écoulement naturel des eaux de pluie abondantes. Les eaux usées sont déversées dans ces mêmes *quebradas* qui n'arrivent plus à tout évacuer, causant ainsi des glissements de terrain.

Entre 1900 et 1985, les journaux ont rapporté plus de 260 accidents : inondations, coulées boueuses (doc. 2), éboulements, effondrements causés par l'érosion des remblaiements des *quebradas*.

La population des quartiers touchés est de plus en plus consciente des dangers causés par l'érosion du remblaiement des *quebradas*.

> **Accidents**
>
> **Prise de conscience**

Cordillère Chaîne de montagnes allongée des Amériques.

Étalement urbain Expansion spatiale des grandes villes et des métropoles, aux dépens des autres usages du sol, notamment l'agriculture.

Nappe phréatique Nappe d'eau souterraine formée par l'accumulation des eaux de pluie et qui alimente les sources ou les puits.

Tuf Roche d'origine volcanique, légère et souvent friable.

1 Banlieue de Quito construite sur les pentes du volcan Guagua Pichincha

T2 **2** La situation vulnérable de Quito

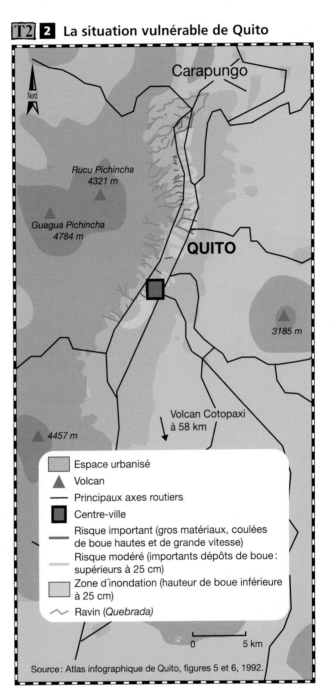

Source : Atlas infographique de Quito, figures 5 et 6, 1992.

QUE NOUS APPRENNENT LE TEXTE ET LES DOCUMENTS ?

1. Quels risques naturels rendent instable l'environnement de Quito ?

2. Relève dans le texte de la page 78 les passages qui pourraient t'aider à décrire l'image représentée sur la photographie (doc. 1). Rédige ensuite une phrase pour exprimer ce que tu ressens en regardant cette photographie.

3. Quels liens fais-tu entre les documents de la page 79 et la présence de risques à Quito ? Réponds par une phrase extraite du texte de la page 78.

B- UN DÉVELOPPEMENT NON PLANIFIÉ

Planification urbaine

Demandes de services

Décisions d'aménagement

Identification des problèmes

Analyse des accidents

1 Les autorités municipales

Quito s'étend sur 40 km et certains quartiers sont très éloignés du centre historique de la ville. De plus, la population s'est accrue très rapidement et de nouveaux quartiers se sont développés spontanément. C'est pourquoi la municipalité de Quito n'arrive pas à élaborer une planification urbaine adéquate qui permettrait d'offrir des services à tous et partout.

La population réclame donc des services : eau potable, assainissement des eaux, électricité et téléphone et protection des maisons construites trop près des *quebradas* que l'érosion des talus menace de faire tomber (doc. 3).

La municipalité doit donc intervenir dans la gestion des risques. Elle doit établir une **législation** qui précise les usages des *quebradas* (voir page 76, doc. 1) et des **mesures concertées** en informant la population et en faisant respecter les règlements d'utilisation des *quebradas* (doc. 4).

Législation Ensemble des lois, des normes juridiques d'un pays ou d'un domaine déterminé.

Mesure concertée Action qui résulte d'une entente commune entre plusieurs partenaires.

Prévention Ensemble de mesures qui visent à se protéger contre certains risques.

2 L'intervention des spécialistes

Les autorités municipales travaillent en collaboration avec des spécialistes qui proviennent de plusieurs pays et qui, depuis des années, surveillent l'activité des volcans dans cette partie du monde. Avec ces spécialistes, la municipalité a élaboré des plans d'évacuation et des cartes des risques possibles.

L'analyse des accidents a mis en évidence l'importance d'élaborer une coordination des efforts entre les décideurs et les décideuses politiques, les spécialistes et la population locale.

La croissance du nombre d'accidents augmente le sentiment d'insécurité de la population qui, dès lors, exige une meilleure **prévention**.

QUE NOUS APPRENNENT LE TEXTE ET LES DOCUMENTS ?

1. Que révèle le document 3 sur l'état des quartiers dans lesquels on trouve des *quebradas* ?

2. a) Qui travaille à améliorer la situation des quartiers précaires à Quito ?

   b) Résume en une phrase l'action de chaque groupe.

3. Observe bien le dépliant (doc. 4). Il donne des consignes de protection en cas d'éruption volcanique. Les mots espagnols *antes*, *durante* et *después* signifient « avant », « pendant » et « après ». Choisis un des moments (avant, pendant ou après). Rédige la phrase qui pourrait accompagner chacune des images.

3 Quartier près d'une *quebrada*, loin du centre historique de Quito

Qué es una Erupción Volcánica?
ES LA EXPULSION DE ROCA FUNDIDA (O MAGMA) DESDE EL INTERIOR DE LA TIERRA...

Preparémonos
PLAN DE EMERGENCIA

Como hacerle frente a una ERUPCION VOLCANICA

Qué debemos hacer?

antes	durante	después

EVITA VIVIR EN ZONAS DE ALTO RIESGO.

MANTEN LA CALMA.

QUEDATE EN UN LUGAR SEGURO.
REFUGIO

TEN A MANO TU EQUIPO DE SUPERVIVENCIA.
AGUA

EVACUA HACIA LAS ZONAS DE SEGURIDAD.
REFUGIO

MANTENTE INFORMADO.

UBICA LAS ZONAS DE SEGURIDAD Y PRACTICA CON TUS PADRES EL PLAN DE EVACUACION.
REFUGIO

PROTEGETE DE LA CENIZA CUBRIENDOTE LA NARIZ Y LA BOCA CON UN PAÑUELO HUMEDECIDO.
REFUGIO

AYUDA A LOS DEMAS

EQUIPO DE EMERGENCIA

4 Dépliant de la Défense civile de Quito destiné aux enfants (*Comment faire face à une éruption volcanique*).

C- LA PRÉVENTION DES ACCIDENTS

1 Prise de conscience de la population

Une enquête menée auprès des habitants du quartier Carapungo (doc. 6) indique qu'ils ne considèrent pas les *quebradas* comme étant la principale source de danger pour eux.

Lorsqu'on leur a posé la question «Qu'est-ce qu'une *quebrada*?», la majorité a répondu qu'il s'agissait d'un trou pour les ordures (doc. 7).

Pistes de solution

Les résultats de cette enquête renforcent la volonté de la municipalité de mettre sur pied un programme d'éducation de la population et des campagnes d'information dans les journaux. La ville veut ainsi renseigner la population sur les dangers liés au remblaiement des *quebradas* et l'inciter à respecter les règlements déjà en vigueur. Les médias, les autorités locales et les ONG (Organisations non gouvernementales) ont collaboré à cet effort.

Aménagement
L'aménagement d'un espace comprend la mise en place d'équipements et les travaux de construction nécessaires pour favoriser une activité économique.

2 Projets d'aménagement

Des projets d'aménagement ont aussi été réalisés: nettoyage et programmes de plantation d'arbres pour éviter les effondrements de talus, déménagement de la population riveraine menacée, construction de barrières-tampons pour retenir les coulées boueuses (doc. 5), construction de ponts enjambant les *quebradas*, travaux de canalisation du réseau d'égouts vers une usine de traitement des eaux, déménagement de certaines *quebradas* vers d'autres *quebradas* pourvues d'un meilleur système d'évacuation.

5 Croquis récapitulatif des aménagements réalisés dans une *quebrada* de Carapungo

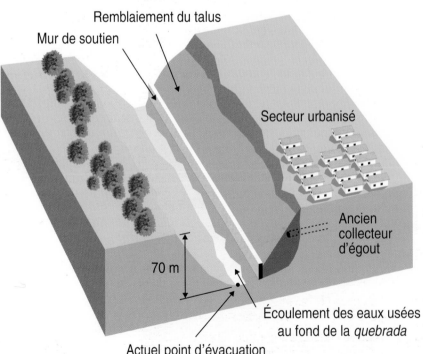

Source des données: Laura Martin Fontaine, «Les *quebradas* de Carapungo», 1999.

6 Réponses (en %) données par les habitants de Quito à la question : À quels risques pensez-vous être exposés ?

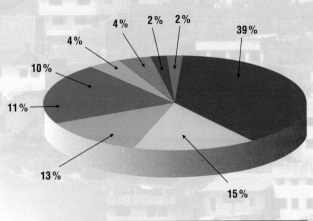

■ Délinquance	■ Aucun	■ Ne sais pas
■ Séisme	■ Éruption volcanique	■ Maladies
■ *Quebradas* (chute ou contamination)	■ Accidents de voiture	■ Autres

Source des données : Laura Martin Fontaine, « Les *quebradas* de Carapungo », 1999, page 107.

7 Réponses (en %) données par les habitants de Quito à la question : Dans votre quartier, il y a une *quebrada*. Qu'est-ce qu'une *quebrada* ?

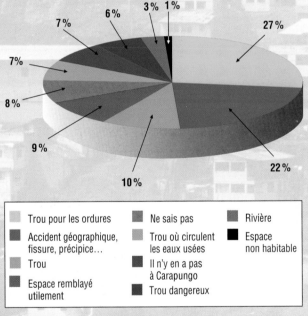

■ Trou pour les ordures	■ Ne sais pas	■ Rivière
■ Accident géographique, fissure, précipice…	■ Trou où circulent les eaux usées	■ Espace non habitable
■ Trou	■ Il n'y en a pas à Carapungo	
■ Espace remblayé utilement	■ Trou dangereux	

Source des données : Laura Martin Fontaine, « Les *quebradas* de Carapungo », 1999, page 105.

QUE NOUS APPRENNENT LE TEXTE ET LES DOCUMENTS ?

1. Observe les résultats d'enquête présentés dans le document 6. Selon toi, pourquoi les habitants du quartier Carapungo pensent-ils que la délinquance est le plus grand risque qui les menace ?

2. Observe les résultats d'enquête présentés dans le document 7. Relève, parmi les réponses données par la population de Carapungo, celles qui décrivent le mieux les *quebradas*.

3. Observe le document 5.

   Lis ensuite la partie 2 du texte de la page 82 (Projets d'aménagement).

   Associe chaque élément du schéma à l'un des projets d'aménagement présentés dans le texte.

LE POINT SUR
QUITO

Gérer les risques naturels dans un territoire urbain comme celui de Quito est particulièrement ardu. Les terrains y sont très instables et la croissance urbaine y est très forte. Les autorités municipales doivent composer avec le risque, sans pouvoir le réduire à zéro, et prendre les décisions qui s'imposent en se faisant conseiller par des spécialistes. Mais rien n'est possible sans l'éducation et la participation de la population.

MODÈLE DE GESTION DES RISQUES EN MILIEU URBAIN

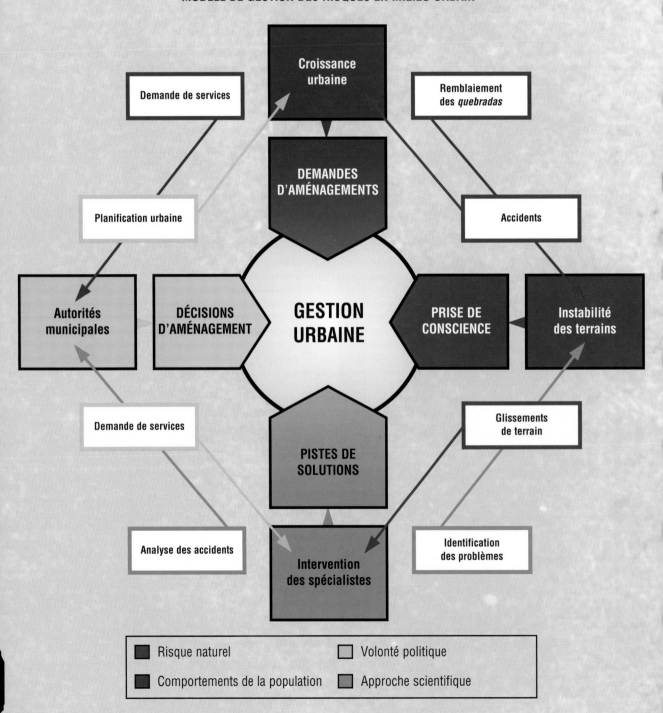

Une ville attractive malgré un site menaçant?

Les risques

Quito est située à proximité de deux volcans actifs: le Guagua Pichincha et le Cotopaxi. Ces volcans provoquent régulièrement des séismes, des éboulements et des pluies de cendres. Les fortes pluies provoquent également des inondations, des coulées boueuses et des glissements de terrain.

Le pouvoir d'attraction

La ville réunit 30 % des emplois et 15 % de la population active du pays. On y trouve des industries florissantes dans les domaines du textile, de l'agroalimentaire, de l'artisanat et du tourisme. Ces industries attirent les gens qui pensent trouver à Quito une meilleure qualité de vie.

Plusieurs villes en une?

Un centre-ville luxueux

Le quartier historique colonial de Quito est un site inscrit au patrimoine mondial de l'UNESCO. Ce quartier abrite des zones résidentielles cossues, de nombreux services et des espaces verts bien aménagés. Juste à côté, un quartier des affaires moderne s'est développé avec de hauts édifices de bureaux et de grandes surfaces commerciales.

Carapungo: un quartier fragile

Situé sur les flancs de la montagne, le quartier de Carapungo est densément peuplé et accueille des familles à plus faibles revenus que ceux des familles qui habitent le centre colonial de la ville. En plus de la présence de *quebradas*, les constructions sont parfois précaires et le quartier souffre d'une insuffisance, voire d'une absence, de services.

Comment faire face au risque des *quebradas*?

Ceux et celles qui habitent près des *quebradas* veulent les combler parce qu'elles représentent un danger pour les enfants, constituent des risques de glissements de terrain et sont utilisées comme des égouts et des dépotoirs à l'air libre.

Ceux et celles qui sont contre le remblaiement des *quebradas* disent qu'elles constituent des canalisations naturelles d'écoulement des eaux de montagnes et que, comblées et canalisées, elles deviennent des terrains propices aux inondations et aux glissements de terrain.

À lire...

- des romans dont les intrigues te plongeront dans la ville de Quito ou en Équateur;
- des ouvrages documentaires qui t'en apprendront davantage sur Quito ou l'Équateur.

Fais une recherche à la bibliothèque pour trouver des ouvrages sur Quito ou l'Équateur, ou demande à ton enseignante ou à ton enseignant de te suggérer des titres de livres traitant de Quito ou l'Équateur.

ACTIVITÉ DE DISCUSSION

Est-ce qu'il y a des villes au Québec qui sont soumises à des risques naturels? Si oui, lesquelles et comment les autorités réagissent-elles quand des catastrophes surviennent? Font-elles beaucoup de victimes et de dommages matériels?

D'AUTRES VILLES À RISQUES

Comment composer avec un risque naturel en milieu urbain?

TERRITOIRE 2 MANILLE

L'éruption du Pinatubo, en 1991, a recouvert la région de pierres ponces et de cendres qui ont détruit les moissons, les cultures et l'agriculture durant quelques années. Sous le poids de ces débris, des maisons se sont effondrées.

MANILLE

Capitale des Philippines

CONTINENT : Asie

PAYS : Philippines

POPULATION : 10 millions d'habitants en 2000 ; projection 2015, 12,6 millions

LANGUES PARLÉES :
Tagalog (Philippin), anglais

Source : ONU, 2003.

Manille

REGARDS

Une autoroute à deux étages s'est effondrée le 17 octobre 1989 dans l'agglomération de San Francisco.

SAN FRANCISCO

Une population en attente d'un terrible tremblement de terre, le *Big One*

CONTINENT : Amérique (Nord)

PAYS : États-Unis

POPULATION : 4,1 millions d'habitants en 2000 ; projection 2015, 4,5 millions

LANGUES PARLÉES : Anglais, espagnol

Source : ONU, 2003.

San Francisco

Séisme du 17 octobre 1989 à San Francisco. D'une magnitude de 7,1 à l'échelle de Richter, il a plongé la ville dans le noir et provoqué de nombreux incendies.

Comment composer avec un risque naturel
en milieu urbain?

RÉALISER UNE AFFICHE

T3 **1** La situation de Manille, capitale des Philippines

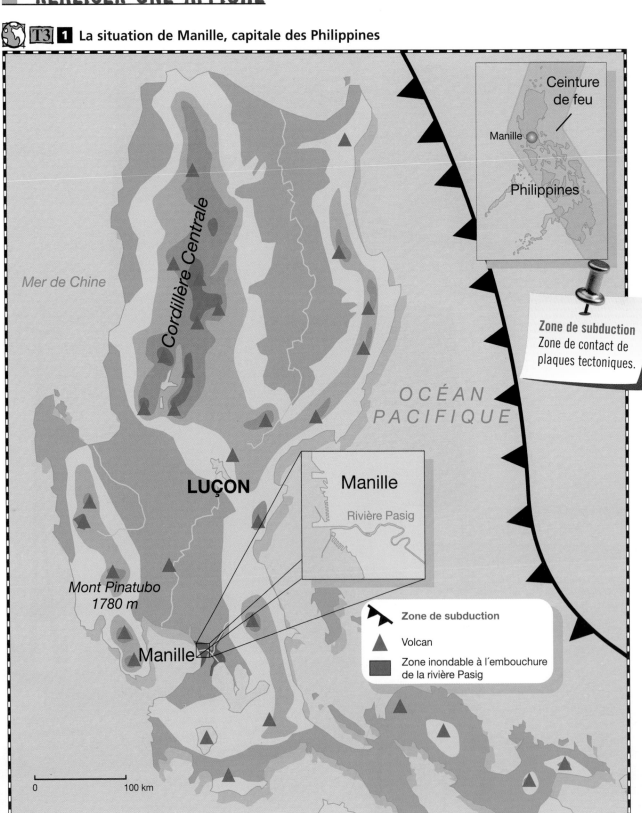

Ceinture
de feu

Manille

Philippines

Mer de Chine

Cordillère Centrale

OCÉAN
PACIFIQUE

Zone de subduction
Zone de contact de
plaques tectoniques.

LUÇON

Manille

Rivière Pasig

Mont Pinatubo
1780 m

Manille

Zone de subduction

Volcan

Zone inondable à l'embouchure
de la rivière Pasig

0   100 km

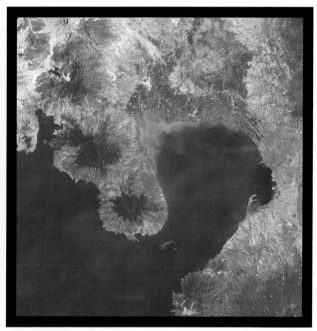

T7 **2** Image satellite prise le 13 avril 1994, montrant l'impact de l'éruption de 1991 sur le volcan Pinatubo. La couleur rouge indique les cendres déposées autour du cratère lors de l'éruption.

T7 **3** Baie de Manille, volcans autour de la baie et emplacement de la ville au fond de la baie

▨ OBJET DE LA RECHERCHE

Créer une affiche présentant les règlements que la municipalité de Manille aurait pu émettre avant l'éruption du volcan Pinatubo, le 15 juin 1991, pour en diminuer les conséquences sur la population.

PINATUBO – MANILLE
PLAN DE RECHERCHE

1. Établir le bilan (humain, économique, matériel) de cette catastrophe.

2. Rechercher les causes naturelles.

3. Rechercher les responsabilités des humains avant et après l'éruption.

4. Tirer des leçons.

DÉMARCHE DE RECHERCHE

RECUEILLIR L'INFORMATION

Un atlas (papier ou électronique), des guides touristiques, une encyclopédie, un ouvrage documentaire sur les volcans, etc.

Mots clés : Philippines, Manille, volcan Pinatubo, éruption, prévention.

1 Complétez les rubriques suivantes.

UNE GRANDE CATASTROPHE

Bilan humain :

Bilan matériel :

Intervention des secours :

L'AMPLEUR DE LA CATASTROPHE

Fréquence de l'éruption :

Violence de l'éruption :

Autres :

LES RESPONSABILITÉS HUMAINES

Individuelles : Avant l'éruption

Après l'éruption

Gouvernementales : Avant l'éruption

Après l'éruption

Autres : Avant l'éruption

Après l'éruption

2 Y a-t-il des leçons à tirer de la situation ? Si oui, quelles sont-elles ?

TRAITER L'INFORMATION

3 **Analysez** l'information recueillie aux numéros 1 et 2 de manière à faire ressortir les caractéristiques de la gestion de la crise par les autorités. Pour y arriver, **reproduisez** et **complétez** des fiches documentaires semblables aux suivantes.

PINATUBO — MANILLE
MESURES DE PRÉVENTION POUR LE FUTUR

Plan d'urgence et plan d'évacuation :

Éducation et entraînement
de la population :

Réglementation (occupation du sol,
identification du danger, normes
de construction, etc.) :

PINATUBO — MANILLE
GESTION DE LA CRISE

Gestion des secours :

Plan d'intervention :

Attitude par rapport à l'aide extérieure :

ORGANISER L'INFORMATION

❹ Parmi tous les renseignements accumulés, **retenez** ceux qui vous permettraient de réaliser une affiche.

Avant de réaliser votre affiche, consultez les critères d'évaluation que votre enseignant ou votre enseignante vous remettra. Cela vous permettra de vous assurer que vous les respectez tous.

COMMUNIQUER L'INFORMATION

❺ **Élaborez** maintenant votre affiche en tenant compte des composantes de la situation de communication.

- Destinateur : Les autorités de Manille.
- Destinataire : La population de Manille.
- Support : Une affiche d'un format minimum de 11 × 17 pouces (27,5 × 42,5 cm).
- Contrainte : Une affiche lisible à quelques mètres de distance et en couleurs.

ÉVALUATION DE LA DÉMARCHE

Votre enseignant ou votre enseignante vous remettra un parcours d'évaluation de votre démarche. Vous pourrez ainsi découvrir vos forces et vos faiblesses, ce qui vous permettra de vous améliorer la prochaine fois.

Conservez une copie de votre affiche et de votre parcours d'évaluation dans votre portfolio.

> ### TECHNIQUE
> *Une affiche sur la prévention*
>
> Une affiche sur la prévention devrait :
>
> - avoir un titre ;
> - cibler un ou des événements dangereux ;
> - présenter quelques règlements à suivre en vue de prévenir des conséquences catastrophiques en relation avec l'événement ;
> - proposer un mot d'ordre écrit et un élément visuel.
>
> L'affiche peut être créée à l'aide de symboles ou de textes écrits.

A UNE MÉTROPOLE FRAGILISÉE

Agglomération Espace urbanisé de façon continue autour d'un centre-ville.

Faille Fracture qui sépare l'écorce terrestre accompagnée d'un déplacement des deux blocs. Lors d'un séisme, les blocs peuvent glisser horizontalement ou verticalement l'un par rapport à l'autre.

Migrant (migration) Personne originaire d'un pays ou d'une région, qui s'installe dans un autre lieu pour trouver du travail.

Plaques tectoniques Morceaux rigides de l'écorce terrestre qui se déplacent les uns par rapport aux autres.

Sismologue Spécialiste qui étudie les tremblements de terre.

Tsunami Très grande vague causée par un séisme ou une éruption volcanique.

1 Une métropole attractive

San Francisco est la cinquième métropole des États-Unis, après New York, Los Angeles, Chicago et Washington (incluant la ville de Baltimore). Elle est l'un des grands pôles d'attraction de ce pays et le second de son état, la Californie. Cette **agglomération** occupe le bord d'une baie ouverte sur l'océan Pacifique. La population de la baie de San Francisco (*Bay Area*), s'élève à près de sept millions d'habitants, ce qui représente 20 % de celle de la Californie. L'agglomération comprend, en plus de la ville de San Francisco, les villes d'Oakland et de San Jose.

Un nombre important de **migrants** sont attirés par l'esprit d'entreprise, la haute technologie, la riche diversité culturelle et le climat qui caractérisent San Francisco. Au cours du 20e siècle, le pouvoir d'attraction de cette ville ne s'est jamais démenti : l'agglomération a vu sa population doubler au cours des 50 dernières années.

2 Une région à risques !

La région de San Francisco est soumise à deux risques naturels majeurs : les séismes et les **tsunamis**. Toute la région de San Francisco est découpée par de nombreuses **failles** (doc. 3) et aucun quartier de la métropole n'est à l'abri d'une catastrophe. Les multiples séismes que subit la région de San Francisco sont attribuables au fait que la **plaque tectonique** Pacifique se déplace lentement vers le nord, le long de la masse continentale américaine. La faille de San Andreas longe la jonction de ces deux plaques qui coulissent l'une par rapport à l'autre (doc. 1 et 2).

Une centaine de séismes de faible amplitude se produisent chaque année et ne provoquent pas de catastrophe. Mais le risque d'un très fort séisme, comme celui de 1989, est très élevé. Si les pertes matérielles du tremblement de terre de 1906 furent évaluées à 509 millions de dollars canadiens, celles de 1989 s'élevèrent à 8,9 milliards. On estime qu'un tremblement de terre de l'amplitude de celui de 1906 (8,25 sur l'échelle de Richter) occasionnerait aujourd'hui pour plus de 127 milliards de dollars de pertes matérielles et de nombreuses pertes humaines. On a surnommé ce tremblement de terre à venir *The Big One*. Les **sismologues** en sont venus à cette conclusion en analysant le comportement des failles (doc. 3).

1 Mouvement de la faille de San Andreas

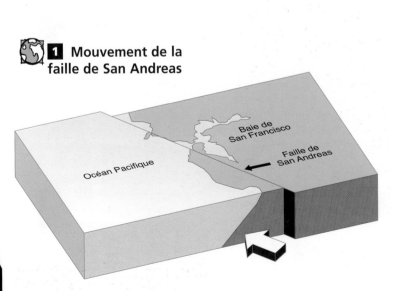

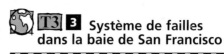

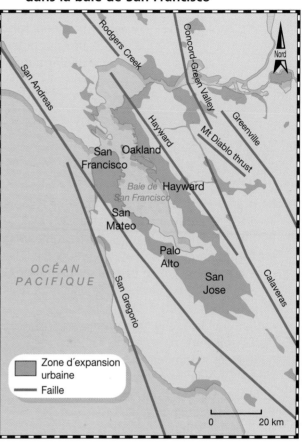

Zone d'expansion urbaine

Faille

0   20 km

2 La faille de San Andreas, photographiée à San Luis Obispo, traverse la baie de San Francisco.

4 Le *Cable Car*, tramway de San Francisco, avec, à l'arrière-plan, la célèbre prison d'Alcatraz

TÉSACTIVITÉSACTIVIT

QUE NOUS APPRENNENT LE TEXTE ET LES DOCUMENTS ?

1. À quel risque naturel principal la ville de San Francisco est-elle soumise (doc. 3) ?

2. Que craignent particulièrement les autorités de la ville de San Francisco ?

3. Pourquoi la population de San Francisco craint-elle aussi les tsunamis ?

4. Quel est le nom de la faille principale qui traverse la baie de San Francisco (doc. 1 et 2) ?

TÉSACTIVITÉSACTIVIT

B UN SIÈCLE DE SÉISMES !

La ville de San Francisco a connu, au cours du dernier siècle, plusieurs séismes importants qui ont marqué la mémoire de sa population. Ces événements constituent une base d'information importante pour la prévention des séismes, puisque leur prévision est quasi impossible.

1906

Le 18 avril 1906, à 5 h 12 du matin, une terrible secousse (8,25 de **magnitude** sur l'**échelle de Richter**) ébranle San Francisco. Des immeubles tombent comme des châteaux de cartes. Des canalisations de gaz se brisent un peu partout dans la ville et des incendies se déclarent. Des canalisations d'eau éclatent, ce qui complique la tâche des pompiers. Après trois jours d'incendies, les trois quarts des bâtiments sont détruits. L'hôtel de ville, que l'on voit sur la photographie, est un gros tas de cendres. On dénombre 800 morts et on évalue les dommages matériels à 509 millions de dollars canadiens.

Témoignages du tremblement de terre de 1906

« C'était en avril 1906, j'avais cinq ans et les secousses ont duré je ne sais combien de jours. Il y avait une pièce derrière la maison qui n'était plus horizontale, qui était toute penchée…

Il y avait des rues comme si on avait creusé des tranchées !

Tous les soirs, il fallait que l'on parte avec ce que l'on avait de plus précieux dans une petite valise, pour aller dormir dans les dunes, dans des tentes établies sur des collines… quand on partait le soir, on voyait toute la ville en flammes. »

(Madame Julien)

« […] ma mère m'a dit que ça a secoué pendant 6 mois après !… des secousses fortes qui faisaient s'échapper dehors les gens !

… chez moi, devant la maison, il y avait un énorme trou dans lequel il y avait une voiture de laitier ; les chevaux avaient coupé les traits, mais qu'était devenu le laitier ? »

(Madame Bourié)

Source : *Du Béarn aux Amériques, Histoires d'émigrants*, Association mémoire collective en Béarn, Archives départementales des Pyrénées – Atlantiques – 6400 – Pau (France), 1992.

QUE NOUS APPRENNENT LE TEXTE ET LES DOCUMENTS ?

1. À l'aide des documents des pages 92 à 95, dresse un tableau qui relatera l'histoire des tremblements de terre à San Francisco, de 1906 à 1989.

2. Observe ton tableau. Écris une phrase qui résumera tes constatations par rapport au nombre de victimes et à l'ampleur des pertes matérielles causées par ces séismes.

1957

Le 22 mars 1957, un tremblement de terre d'une magnitude de 5,3 sur l'échelle de Richter a secoué San Francisco. C'était le pire séisme à survenir depuis celui de 1906. Il n'a causé aucun décès, mais a fait des dommages considérables, notamment aux routes.

1971

En février 1971, le tremblement de terre de San Fernando secoue à nouveau la région de San Francisco. On dénombre 64 morts et les dégâts matériels s'élèvent à 1,3 milliard de dollars canadiens.

1989

Le 17 octobre 1989, une secousse de 7,1 sur l'échelle de Richter est enregistrée soudainement. Une section supérieure du pont de la baie d'Oakland s'effondre sur des automobilistes qui passaient en dessous. Dans la marina, des maisons anciennes s'écroulent également. Au moment du bilan, on dénombre 63 victimes et on évalue à 8,9 milliards les dégâts matériels.

Échelle de Richter Échelle numérotée jusqu'à 9 indiquant la force d'un tremblement de terre à partir des oscillations de l'aiguille sur un sismographe (appareil à mesurer les séismes).

Magnitude Nombre qui indique l'énergie totale dissipée par un tremblement de terre.

1 La prévention des séismes

Au cours du dernier siècle, les deux grandes métropoles californiennes (San Francisco et Los Angeles) ont été plusieurs fois touchées par des tremblements de terre. Elles vivent dans la crainte d'un grand séisme (*The Big One*) qui causerait d'énormes dommages. C'est pourquoi la Californie est aujourd'hui parmi les régions du monde les plus surveillées par les spécialistes. On compte plus de 3800 **capteurs d'ondes sismiques** dans la seule région de San Francisco.

Mais ce n'est pas tout : le défi consiste aussi à cartographier les zones fragiles de l'écorce terrestre dans ces régions. Depuis une trentaine d'années, les scientifiques ont entrepris de reporter sur des cartes toutes les petites failles, ce qui représente un travail gigantesque. De cette façon, ils peuvent repérer les quartiers particulièrement vulnérables et tenter de convaincre les gouvernements d'imposer des normes plus sévères pour les **constructions** dites **parasismiques** (doc. 6).

2 Les limites de la prévention

Malheureusement, les plus récents séismes ont chaque fois fait découvrir des failles jusque-là inconnues. De plus, les lois (doc. 6) qui imposent des normes parasismiques pour la construction dans la baie de San Francisco sont arrivées tard, alors que la ville s'était déjà étendue sur de vastes superficies. C'est ainsi que de nombreux établissements publics (écoles, hôpitaux et autoroutes), construits avant 1990 dans l'agglomération de San Francisco, ne respectent pas ces normes.

3 La nécessité de légiférer

Pour prévenir les catastrophes, on doit légiférer :

– en désignant les zones de risques ;

– en établissant des règles d'occupation et de construction parasismiques (doc. 6) ;

– en informant la population sur les dommages éventuels ;

– en diffusant des informations ponctuelles et en offrant des cours de survie ;

– en élaborant des plans d'évacuation ;

– en déterminant des lieux de protection.

Il faut aussi éduquer la population, voire l'entraîner, afin de diminuer les conséquences d'un éventuel séisme.

Capteur d'ondes sismiques
Appareil qui permet aux sismologues de surveiller les activités sismiques de l'écorce terrestre.

Construction parasismique
Construction qui peut résister aux secousses sismiques provoquées par un tremblement de terre.

QUE NOUS APPRENNENT LE TEXTE ET LES DOCUMENTS ?

1. Pourquoi la prévention demeure-t-elle le meilleur moyen de faire face à un séisme ?

2. Quelles pourraient être les conséquences d'un violent séisme sur le *Golden Gate* (doc. 7) ?

3. Traduis, avec ou sans l'aide d'une autre personne, l'affiche (doc. 5) de la page 97. Résume ensuite son message en une phrase.

4. Selon toi, pourquoi la prévention est-elle surtout mise en place dans les pays les plus riches (doc. 5 et 6) ?

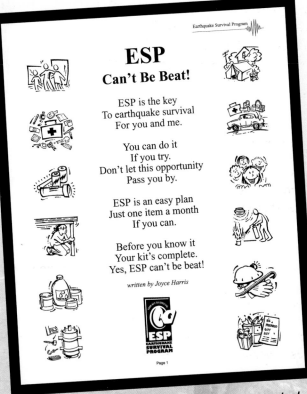

ESP
Can't Be Beat!

ESP is the key
To earthquake survival
For you and me.

You can do it
If you try.
Don't let this opportunity
Pass you by.

ESP is an easy plan
Just one item a month
If you can.

Before you know it
Your kit's complete.
Yes, ESP can't be beat!

written by Joyce Harris

Page 1

5 Affiche produite par le ESP (*Earthquake survival program* ou Programme de survie aux tremblements de terre) de San Francisco. Lorsqu'elle est distribuée aux enfants, cette affiche est accompagnée de jeux informatifs sur les tremblements de terre.

6 Des règles de construction parasismique

Pour prévenir les catastrophes causées par les tremblements de terre, la ville de San Francisco a légiféré en établissant des règles de construction parasismique (règlements liés à la construction des édifices afin de diminuer les dommages matériels et les pertes de vie). Voici les principales règles.

Éviter de construire:

- sur des versants escarpés;
- à proximité des failles;
- au pied des falaises.

Les constructions doivent:

- respecter les normes de symétrie;
- être liées par les fondations;
- avoir des cadres d'ouverture renforcés.

D'après *California Governor's Office of Emergency Services.*

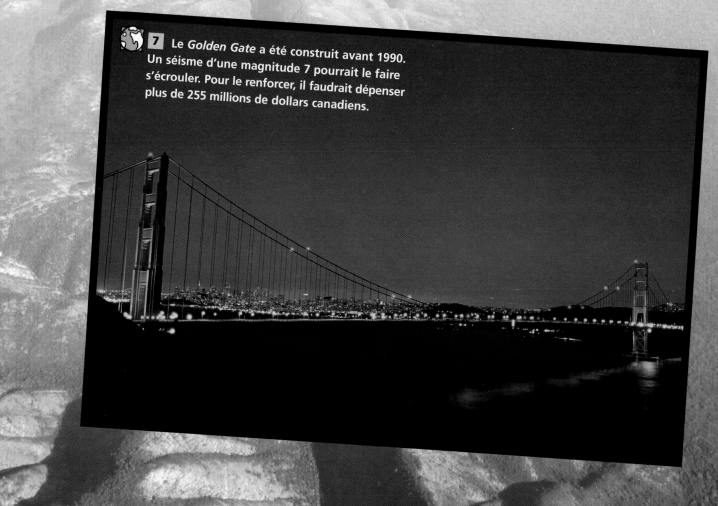

7 Le *Golden Gate* a été construit avant 1990. Un séisme d'une magnitude 7 pourrait le faire s'écrouler. Pour le renforcer, il faudrait dépenser plus de 255 millions de dollars canadiens.

ENJEU planétaire

Tous égaux devant les risques ?

SÉISME DE LOS ANGELES

Date :   17 janvier 1994

Risque :   Tremblement de terre

Magnitude :   6,6 sur l'échelle de Richter

PERTES

Humaines :   60 morts
                      7 000 blessés
                      20 000 sans-abri

Économiques : Évaluées à près de 21,7 milliards
               de dollars canadiens, à partir
               des réclamations faites aux
               compagnies d'assurances.

Source : CRED SIGMA, 2003.

SÉISME D'ALGER

Date :   21 mai 2003

Risque :   Tremblement de terre

Magnitude :   6,8 sur l'échelle de Richter

PERTES

Humaines :   2 266 morts
                      10 200 blessés
                      200 000 sans-abri

Économiques : Pertes matérielles importantes,
               mais difficiles à évaluer. En
               effet, la majorité des habitants
               des pays en développement ne
               sont pas assurés et c'est à partir
               des réclamations des coûts de
               reconstruction que l'on peut
               estimer ces pertes.

QUE NOUS APPRENNENT LES PHOTOGRAPHIES ET LES DONNÉES STATISTIQUES ?

1. Dans quels pays les villes d'Alger et de Los Angeles se trouvent-elles ?

2. Situe ces deux pays sur une carte du monde. À ton avis, sont-ils riches ou pauvres ?

3. Quelles données statistiques sur les deux tremblements de terre :
   a) se ressemblent ?

   b) sont les plus différentes ?

4. Observe les deux photographies de la page 98. Quelles différences et quelles ressemblances y remarques-tu ?

5. Quelle conclusion tires-tu des réponses trouvées aux activités 3 et 4 ? Justifie ta réponse.

Inégalités face aux risques

Entre 1960 et le milieu des années 1990, le nombre de catastrophes liées aux risques naturels a triplé !

Deux facteurs expliquent cette augmentation.

1er facteur : 40 des 50 plus grandes villes du monde sont construites dans des zones sismiques où on ne réussit pas à mettre en place des mesures de prévention et de prévision.

2e facteur : 10 des 20 villes de plus de 8,5 millions d'habitants sont construites en bordure de mer, dans les plaines et les deltas fluviaux, à la merci des inondations et des raz-de-marée.

On constate aussi que dans les pays en développement (PED), les catastrophes se chiffrent d'abord en pertes humaines. Dans les pays industrialisés développés (PID), elles se calculent surtout en pertes économiques.

Que faire pour que ça change ?

- Fais d'abord la liste des organismes humanitaires canadiens qui assistent les pays pauvres lors de grandes catastrophes.

- Contacte l'un de ces organismes pour demander ce que toi tu peux faire pour contribuer à ses actions humanitaires.

Photographie aérienne de la ville de Bam, en Iran, après le tremblement de terre de décembre 2003.

TERRITOIRES RÉGIONS TOURISTIQUES

Le tourisme, entre développement et acculturation

« Choisissez d'abord vos compagnons de voyage, et ensuite votre itinéraire » Proverbe arabe

La lagune de Venise : quand le passé et le présent se percutent. Bateaux de croisière, gondoles et *vaporetti* se côtoient sur le Grand Canal.

LA DIVERSITÉ DES TERRITOIRES TOURISTIQUES

Trois catégories de territoires attirent les **touristes** du monde entier:

- les territoires régions que nous étudions dans ce chapitre et qui sont dotés de caractéristiques naturelles aménagées et exploitées pour attirer les touristes;

- les territoires protégés (doc. 2), comme les **parcs nationaux** et les réserves naturelles;

- les territoires urbains (doc. 1) dotés d'un riche **patrimoine** souvent protégés eux aussi.

QUE NOUS APPRENNENT LES PHOTOGRAPHIES?

1. D'après les photographies, quel attrait majeur amène les touristes dans chacun de ces types de territoire (doc. 1, 2 et 3)?

2. Quels aménagements a-t-il fallu construire pour satisfaire les besoins des touristes? Les voit-on sur la photographie 1? Pourquoi?

3. Selon toi, quels effets peut produire la présence d'un grand nombre de touristes dans ces territoires?

Aménagement touristique Création d'un espace susceptible d'accueillir des touristes.

Parc national Territoire assez étendu, protégé par une loi nationale contre l'exploitation et l'occupation humaine en vue d'en préserver la nature, la flore et la faune.

Patrimoine Héritage collectif du passé.

Touriste Un visiteur ou une visiteuse qui séjourne temporairement dans un lieu, au moins une journée.

Certaines villes possèdent des quartiers chargés d'histoire et dotés d'une architecture tout à fait particulière. Ces lieux attirent les touristes. Il faut les protéger, les restaurer et les pourvoir d'équipements qui répondront aux besoins des visiteurs et des visiteuses.

1 Un territoire urbain : le centre historique de la ville de Prague, en République tchèque, en Europe

Un territoire protégé est un espace naturel qu'on a aménagé pour assurer à la fois sa protection et le développement économique de la région dans laquelle il est situé.

2 Le lac Louise (en Alberta, au Canada), son hôtel et ses aires de stationnement. Un territoire protégé est un espace naturel exceptionnel.

3 Un territoire région : la baie des Anges, près de Nice, sur la Côte d'Azur, en France

Les territoires touristiques présentent des caractéristiques naturelles particulières (mer, plages et soleil, ou montagne, forêt et neige) qui attirent les gens. On doit y effectuer des aménagements pour accueillir les touristes et répondre à leurs attentes.

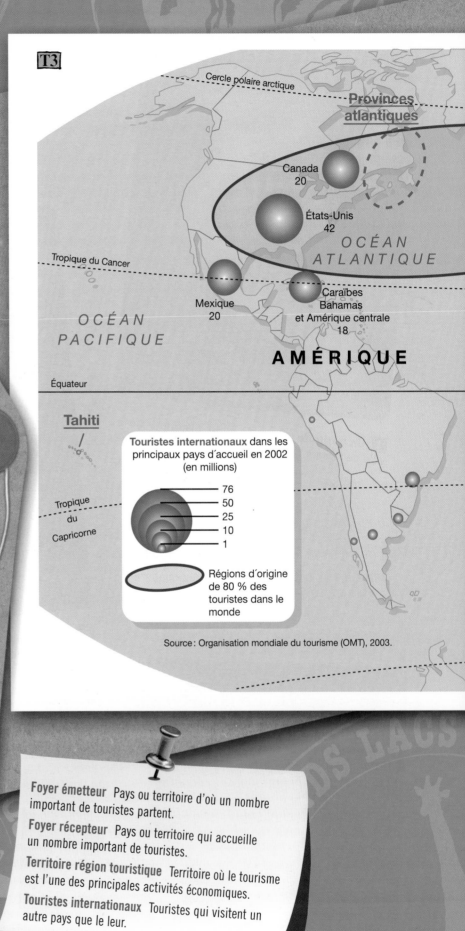

T3

Cercle polaire arctique

Provinces atlantiques

Canada
20

États-Unis
42

OCÉAN
ATLANTIQUE

Tropique du Cancer

Mexique
20

Caraïbes
Bahamas
et Amérique centrale
18

OCÉAN
PACIFIQUE

AMÉRIQUE

Équateur

Tahiti

Touristes internationaux dans les
principaux pays d'accueil en 2002
(en millions)

76
50
25
10
1

Régions d'origine
de 80 % des
touristes dans le
monde

Tropique
du
Capricorne

Source : Organisation mondiale du tourisme (OMT), 2003.

Foyer émetteur Pays ou territoire d'où un nombre
important de touristes partent.

Foyer récepteur Pays ou territoire qui accueille
un nombre important de touristes.

Territoire région touristique Territoire où le tourisme
est l'une des principales activités économiques.

Touristes internationaux Touristes qui visitent un
autre pays que le leur.

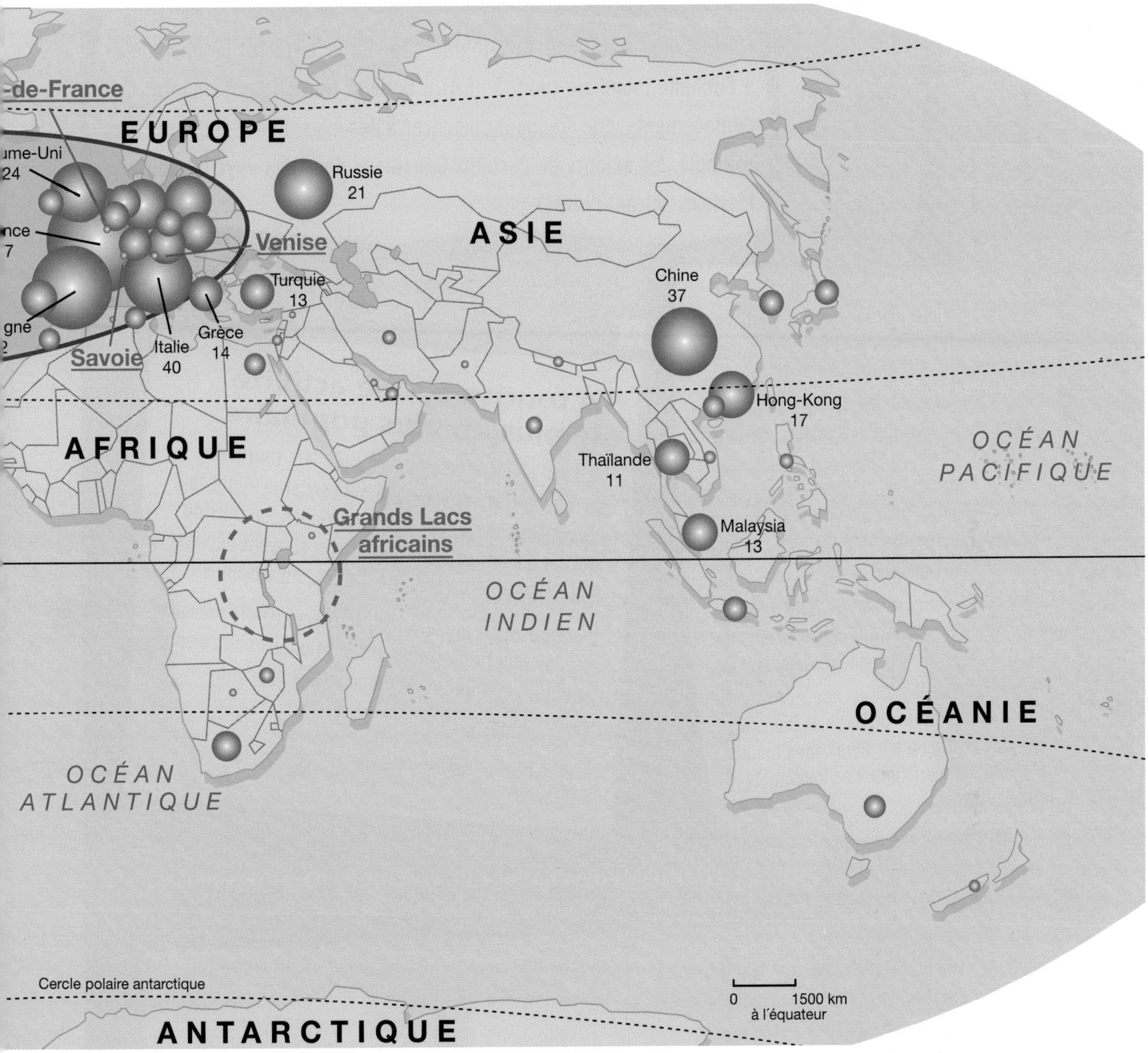

EUROPE

de-France

ume-Uni
24

Russie
21

ASIE

nce
7

Venise

Chine
37

gne

Turquie
13

Grèce
14

Savoie   Italie
40

Hong-Kong
17

AFRIQUE

OCÉAN
PACIFIQUE

Thaïlande
11

Grands Lacs
africains

Malaysia
13

OCÉAN
INDIEN

OCÉANIE

OCÉAN
ATLANTIQUE

Cercle polaire antarctique

0   1500 km
à l'équateur

ANTARCTIQUE

QUE NOUS APPREND LA CARTE ?

LE TITRE DE LA CARTE

1. De quel type de territoire la carte parle-t-elle ?

LA LÉGENDE DE LA CARTE

2. Quels sont les deux renseignements donnés à propos des **territoires régions touristiques** ?

LA CARTE ELLE-MÊME

3. Localisez et nommez les principaux territoires touristiques.

4. Quel continent accueille le plus de touristes dans le monde ?

5. Nommez deux pays qui sont à la fois des **foyers émetteurs** et des **foyers récepteurs** de touristes.

6. Nommez trois pays qui sont surtout des foyers récepteurs et très peu des foyers émetteurs de touristes.

LE TOURISME, UNE ACTIVITÉ ÉCONOMIQUE EN PLEIN DÉVELOPPEMENT

Le tourisme est l'une des toutes premières activités économiques à l'échelle mondiale (doc. 3 et 4). L'activité touristique comporte des déplacements, que l'on peut comparer à des migrations régulières (par exemple, les séjours de certains Canadiens dans des pays du Golfe du Mexique, durant l'hiver).

Flux touristique Mouvement des touristes depuis une région d'origine jusqu'à un foyer touristique.

Foyers touristiques Territoires du monde que visitent de très nombreux touristes; ce sont des régions d'accueil ou des foyers récepteurs. On parle aussi de foyers « émetteurs » pour les territoires d'où partent beaucoup de touristes.

Recettes touristiques Dépenses des touristes étrangers dans le pays.

Tourisme À l'origine, l'art de faire un tour. Aujourd'hui, ensemble des déplacements de loisirs et activités économiques résultant de ces déplacements.

Tourisme de masse On parle de tourisme de masse lorsqu'un territoire connaît une fréquentation touristique très importante numériquement.

1

Le tourisme, une activité de plus en plus populaire

« Le 20e siècle a vu se développer le « tourisme de masse », un phénomène qui concerne avant tout les couches moyennes des pays riches. Le taux de croissance annuel [du tourisme] a souvent dépassé les 10 % et reste voisin de 4 à 5 % en moyenne.

L'Organisation mondiale du tourisme (OMT) prévoit que les flux touristiques internationaux pourraient atteindre le milliard de personnes à l'horizon de 2010 [...]. »

Source : « De la villégiature au tourisme de masse », *L'Atlas du Monde diplomatique*, janvier 2003, page 18.

2 Principales destinations (foyers touristiques récepteurs) dans le monde, nombre de visiteurs et recettes

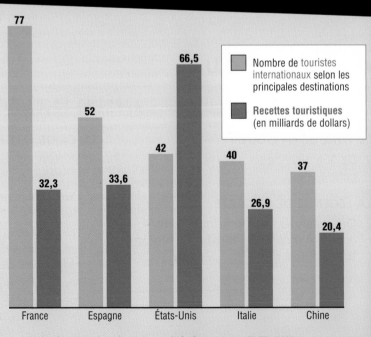

Légende :
- Nombre de touristes internationaux selon les principales destinations
- Recettes touristiques (en milliards de dollars)

Destination	Nombre de touristes internationaux	Recettes touristiques
France	77	32,3
Espagne	52	33,6
États-Unis	42	66,5
Italie	40	26,9
Chine	37	20,4

Source des données : Organisation mondiale du tourisme (OMT), 2002.

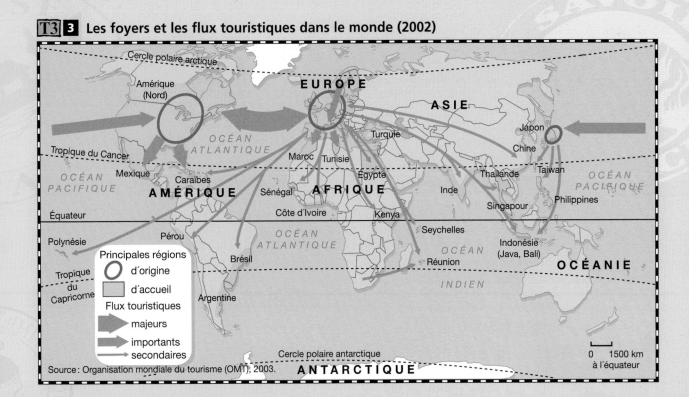

Source : Organisation mondiale du tourisme (OMT), 2003.

4

Le tourisme, une activité économique

« En 2000, les pays en développement ont enregistré 292,6 millions d'arrivées internationales, ce qui représente une progression de près de 95 % par rapport aux chiffres de 1990.

En outre, dans les pays les moins avancés (pays les plus pauvres de la planète), les arrivées internationales ont augmenté de 75 % en dix ans. Le tourisme est la principale source de recettes en devises dans les quarante-neuf pays les moins avancés. »

Source : Communiqué de presse de l'Organisation mondiale du tourisme (OMT), 22 septembre 2003.

5

POURQUOI DE PLUS EN PLUS DE TOURISTES ?

« Cette croissance spectaculaire [du tourisme] tient à plusieurs facteurs : c'est d'abord l'accès aux vacances et aux loisirs pour le plus grand nombre [...] dans les pays les plus riches d'Europe et d'Amérique du Nord, d'Asie (Japon, Taiwan) et d'Océanie (Australie, Nouvelle-Zélande) – soit un habitant sur six dans le monde. Les progrès des transports et des communications, conjugués à des offres de prix attractives, ont entraîné l'internationalisation de la fréquentation touristique, alors que se développaient des infrastructures représentant plusieurs dizaines de millions de lits (hôtels, gîtes...) dans le monde, dans des conditions d'hygiène et de sécurité améliorées. »

Source : « De la villégiature au tourisme de masse », *L'Atlas du Monde diplomatique,* janvier 2003, page 18.

QUE NOUS APPRENNENT LES DOCUMENTS ?

1. Quelles raisons peuvent expliquer que le tourisme est une activité de plus en plus populaire (doc. 1, 4 et 5) ?
2. a) Quels sont les principaux pays récepteurs de touristes (doc. 2) ?

   b) Quels sont les deux pays dans lesquels le tourisme génère le plus de recettes ?
3. Qu'est-ce qui explique que l'Amérique (Nord) et l'Europe sont des foyers à la fois émetteurs et récepteurs de touristes (doc. 3 et 5) ?

LES PROVINCES ATLANTIQUES

Un territoire compatible
avec le tourisme de masse ?

1 Forteresse de Louisbourg,
en Nouvelle-Écosse, reconstruite
comme au 18ᵉ siècle

2 Rochers de Hopewell,
au Nouveau-Brunswick

3 Piste cyclable le long de
l'ancienne voie ferrée à
l'Île-du-Prince-Édouard

4 Un des nombreux terrains de
golf des Provinces atlantiques

PROVINCES ATLANTIQUES

**Une côte très découpée et
de nombreuses traces du passé**

CONTINENT : Amérique (Nord)

PAYS : Canada

PROVINCES : Île-du-Prince-Édouard,
Nouveau-Brunswick, Nouvelle-Écosse,
Terre-Neuve-et-Labrador

SUPERFICIE : 539 000 km^2

POPULATION : 2,3 millions d'habitants

Source des données :
Statistique Canada, 2004.

Provinces atlantiques

 5 Bateau d'excursion amenant les touristes
observer les baleines dans la baie de Fundy

EXPLORATION
DES ENJEUX 1

🌐 Les Provinces atlantiques,
un territoire fait pour le tourisme ?

mission

Vous êtes membres de la Commission canadienne du tourisme. Vous souhaitez convaincre des touristes étrangers de venir visiter les Provinces atlantiques. À l'aide des documents des pages 110 et 111 et en consultant ceux des deux pages précédentes, préparez une petite brochure illustrée de vos dessins dans le but d'attirer les touristes.

MISSION MISSION MISSION MISSION MISSION MISSION MISSION MISSION MISSION MISSIO

DOC. 1 Deux Provinces atlantiques vues par les guides touristiques

« Pour tous ceux qui ne souhaitent pas retrouver leurs voisins de palier pendant leurs vacances : voici la province idéale ! Un vrai bout du monde, fait pour et par la mer. La Nouvelle-Écosse est belle, très belle même. »

Source : *Québec & Provinces maritimes*, le Guide du routard, Hachette, 2003-2004, page 416.

« Superbe et bucolique, l'Île-du-Prince-Édouard est célèbre pour ses paysages luxuriants. Ses chaudes couleurs, ses champs émeraude, ses routes de terre rouge et sa mer saphir se combinent à l'infini pour charmer le regard. [...] Cette île semble destinée à la découverte tranquille. »

Source : *Canada*, Guides Voir, © Éditions Libre Expression ltée, 2003, page 76, pour l'édition française au Canada.

DOC. 2

La « culture atlantique » : une valeur touristique ?

« Ce que l'on cherche, c'est autre chose : un rythme de vie moins trépidant, le sens du passé, une touche de pittoresque. [...] Les grandes routes serpentent autour des collines et des baies plutôt que de fendre la nature en droite ligne. C'est comme une plongée dans le bleu du passé. »

Source : *Géographie Universelle, États-Unis, Canada*, sous la direction de Roger Brunet, Éditions Belin-Reclus, 1992, page 348.

DOC. 3 Wood Islands, Île-du-Prince-Édouard

Littoral Bord, rivage.

Luxuriant Au sens propre, on utilise ce terme pour qualifier une végétation abondante; au sens figuré, pour décrire un paysage varié.

Pittoresque Original, charmant, intéressant, qui est digne d'être peint.

DOC. 4 « Cabot trail », route panoramique qui fait le tour de l'île du Cap-Breton, en Nouvelle-Écosse

T1 **DOC. 5** Les Provinces atlantiques, un littoral très découpé

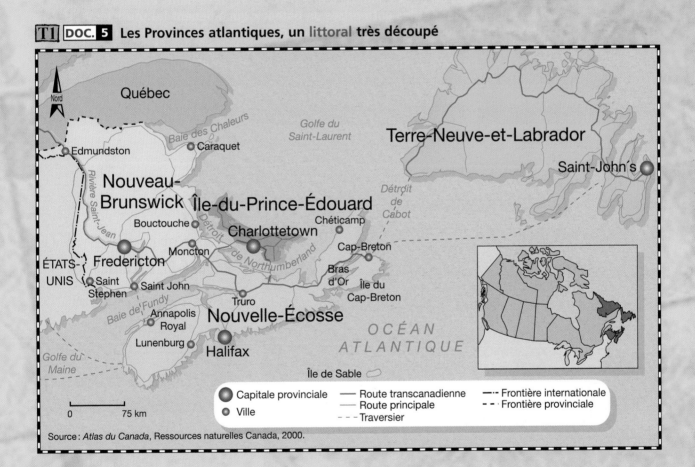

Source : *Atlas du Canada*, Ressources naturelles Canada, 2000.

DOC. 6 Les attraits des Provinces atlantiques

« Côtes rocheuses, *pittoresques* villages de pêcheurs, plages ensoleillées, auberges confortables et population accueillante ont forgé la réputation des provinces maritimes. Chacune a sa personnalité. »

Source: *Canada*, Guides Voir, © Éditions Libre Expression ltée, 2003, page 54, pour l'édition française au Canada.

« *Les Provinces atlantiques [...] forment une région pittoresque qui conjugue la splendeur de milliers de kilomètres de paysages côtiers à de riches traditions locales et à un art de vivre fascinant. [...] Mais l'attrait particulier des Provinces atlantiques tient aussi beaucoup à ces scènes toutes simples de la vie quotidienne, comme celles, par exemple, de ces flottes de navires multicolores quittant les petits ports de pêche de la côte, enveloppés d'un brouillard matinal.* »

Source : Benoit Prieur, *Provinces atlantiques du Canada*, Guides de voyage Ulysse, 2002, page 11.

🌐 La baleine franche, un attrait touristique majeur à long terme?

mission

À n'en pas douter, les baleines franches de la baie de Fundy attirent les touristes! Par contre, leur nombre diminue depuis quelques années. Quelles décisions devez-vous prendre par rapport à cette nouvelle réalité?

Divisez-vous en deux équipes: d'une part, les représentants et les représentantes des petites entreprises de bateaux qui amènent les touristes observer les baleines et, d'autre part, les représentants et les représentantes d'associations écologistes. Aidez-vous des documents des pages 112 et 113 pour trouver une solution commune au problème.

DOC. 2

LA BAIE DE FUNDY, REFUGE DE BALEINES

« Attirées par la promesse de riches aires d'alimentation, ces baleines suivent chaque été une voie migratoire ancienne le long de la côte est de l'Amérique (Nord), se dirigeant vers les eaux canadiennes depuis la Floride et les Bermudes. Du début de l'été à la fin de l'automne, on retrouve environ 70 à 85 % de la population dans les pouponnières primaires, les aires d'allaitement et d'accouplement près de l'embouchure de la baie de Fundy. »

Source: Fédération Canadienne de la Faune, site «Espace pour les espèces», 2003.

DOC. 1 Baleine dans la baie de Fundy

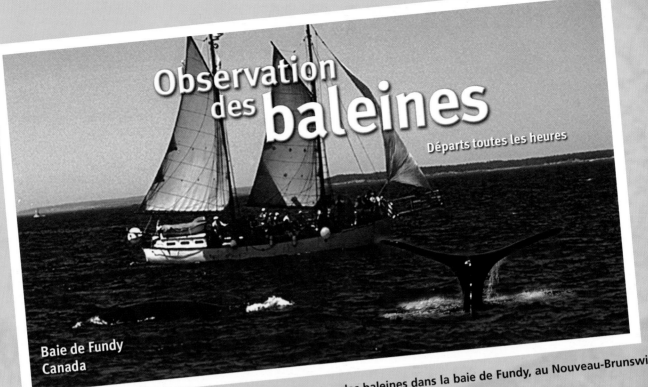

Observation des baleines

Départs toutes les heures

Baie de Fundy
Canada

DOC. 3 Reconstitution d'une publicité sur l'observation des baleines dans la baie de Fundy, au Nouveau-Brunswick

Australe Qui est au sud du globe terrestre, dans l'hémisphère Sud.

Pouponnière Aire de naissance des baleines.

Voie migratoire Route que les animaux utilisent régulièrement pour se déplacer d'une région à une autre.

DOC. 4

La baleine franche

« Longtemps considérée comme une ressource inépuisable, la baleine noire, aussi appelée baleine franche, est maintenant la grande baleine la plus menacée du monde. [...] Les scientifiques estiment que quelque 300 baleines noires peuplent maintenant l'Atlantique Nord et que la croissance de cette population est trois fois plus lente que celle d'une espèce cousine, la baleine franche australe. La baleine noire a presque disparu des côtes européennes. »

Source : Véronik de la Chenelière, GREMM (Groupe de recherche et d'éducation sur les mammifères marins).

T2 **DOC. 5** La baie de Fundy, lieu de rendez-vous des baleines franches

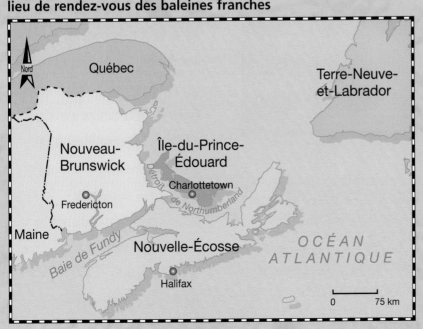

EXPLORATION
DES ENJEUX 3

🌐 L'histoire et la culture acadiennes, des attraits touristiques?

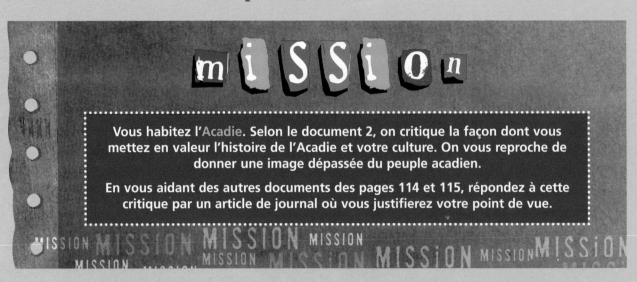

MISSiOn

Vous habitez l'Acadie. Selon le document 2, on critique la façon dont vous mettez en valeur l'histoire de l'Acadie et votre culture. On vous reproche de donner une image dépassée du peuple acadien.

En vous aidant des autres documents des pages 114 et 115, répondez à cette critique par un article de journal où vous justifierez votre point de vue.

 DOC. 1

LE VILLAGE HISTORIQUE ACADIEN, PRÈS DE CARAQUET, AU NOUVEAU-BRUNSWICK

« Site des plus authentiques en Amérique du Nord (gagnant du Phoenix Award et du prix Attractions Canada 2001/2002), le Village Historique Acadien se veut le reflet de la vie des Acadiens de 1770 à 1939. Plus de 40 bâtiments originaux sont habités par des interprètes en costumes d'époque qui font revivre les coutumes ancestrales et les métiers traditionnels. Chacun a une histoire à vous raconter. Un minimum de 3 heures pour une visite complète. »

Source : Village Historique Acadien, Nouveau-Brunswick, Canada.

DOC. 2

LES RISQUES D'ACCULTURATION POUR LE PEUPLE ACADIEN

« *Seuls, ensemble*, film de Paul-Émile d'Entremont, Canada, 2000. Ce film explore les causes de l'assimilation culturelle des Acadiens de la Nouvelle-Écosse par la culture anglophone nord-américaine. De plus en plus de ces Acadiens sont tentés d'adopter la langue et la culture anglaises, car ils ne se reconnaissent pas dans les stéréotypes démodés – le violoneux, le pêcheur, la Sagouine, etc. – encore trop rattachés à l'identité de leur peuple. »

Source : 3es Rencontres internationales du documentaire de Montréal, 19 novembre 2000.

T2 **DOC. 3** Les Acadiens et les Acadiennes dans les Provinces atlantiques

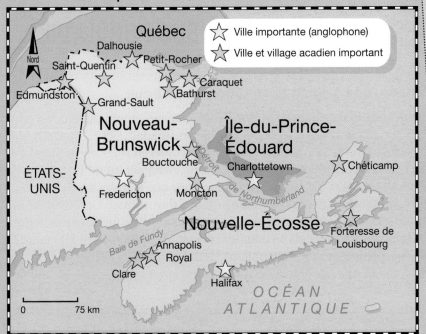

Québec

Dalhousie
Petit-Rocher
Saint-Quentin
Caraquet
Edmundston
Bathurst
Grand-Sault

Nouveau-Brunswick

Île-du-Prince-Édouard

Bouctouche
Charlottetown
Chéticamp

ÉTATS-UNIS

Fredericton
Moncton

Nouvelle-Écosse

Forteresse de Louisbourg

Baie de Fundy
Annapolis Royal
Clare
Halifax

OCÉAN ATLANTIQUE

Détroit de Northumberland

Nord

0   75 km

☆ Ville importante (anglophone)
☆ Ville et village acadien important

DOC. 4

Le Nouveau-Brunswick, terre acadienne

En 1755, les autorités anglaises déportent les Acadiens et les Acadiennes qui résistent à leur envahissement : c'est le Grand Dérangement ! Plus tard, un millier d'entre eux regagneront l'Acadie.

En 1763, la France cède l'ensemble de ses possessions en Amérique (Nord). Les Acadiennes et les Acadiens survivants sont autorisés à rester sur leurs terres. Une mince bande côtière, de la baie des Chaleurs à Moncton, devient alors, et est toujours, terre acadienne.

DOC. 5 Le pays de la Sagouine

LE PAYS DE LA SAGOUINE

Soupers-Théâtre
Le samedi

Le Ravesgon, chez Michel-Archange
Une soirée acadienne remplie de musique, de danse et de chansons avec Michel-Archange et ses invités. Le spectacle de variétés est un tout nouveau souper-théâtre à saveur acadienne. V'nez swinger, chanter et danser comme dans le bon vieux temps.

La Paneterie (Casse-croûte sur l'Île-aux-Puces)
Goûtez à nos fameuses poutines râpées ou savourez un cornet de crème glacée en profitant de la musique, du théâtre et des légendes de l'Île-aux-Puces. Un menu varié pour plaire à tous.

Source : Attractions Canada 2004.

Note : La Sagouine est le personnage principal d'une pièce de théâtre écrite par Antonine Maillet. Cette auteure, dramaturge et romancière acadienne est née à Bouctouche, au Nouveau-Brunswick, en 1929. Elle a remporté le prix Goncourt pour son roman *Pélagie-la-Charrette*, en 1979.

Acadie Partie du Canada qui correspond au Nouveau-Brunswick et à la Nouvelle-Écosse. Les Français y fondèrent Port-Royal en 1604. Objet de conflits entre la Grande-Bretagne et la France, elle fut divisée en deux en 1713, la Nouvelle-Écosse passant alors aux mains des Anglais.

Acculturation Processus par lequel un groupe humain perd sa propre culture pour adopter celle d'un autre groupe.

Stéréotype Vision démodée et figée, qui ne correspond plus à la réalité. Cliché.

DOC. 6 Tourisme dans les Provinces atlantiques (recettes et visites)

Revenus (en milliards de dollars canadiens)
Visites (en millions)

Revenus et visites

10
8
6
4
2
0

1996 1997 1998 1999 2000 2001 2002
Année

Source des données : Ministères du Tourisme (Terre-Neuve, Nouvelle-Écosse, Nouveau-Brunswick, Île-du-Prince-Édouard), 2003.

A- LE CANADA, UNE DESTINATION TOURISTIQUE POPULAIRE

1 Le Canada, une grande destination touristique

Le Canada est l'une des destinations préférées des touristes internationaux. En effet, près de 20 millions de touristes y viennent chaque année (doc. 1 et 3). En 2002, on y accueillait 3 % des touristes internationaux, ce qui lui **conférait** le 7ᵉ rang mondial. Les touristes états-uniens sont les plus nombreux. Ils ont effectué plus de 15 millions de voyages d'une nuit ou plus (ce qui est nécessaire pour que l'Organisation mondiale du tourisme comptabilise un voyage comme un flux touristique). La proximité des États-Unis et le niveau de vie élevé de ce pays expliquent cette forte fréquentation. Ils ne sont cependant pas les seuls à visiter le Canada. Les Britanniques, les Japonais, les Français, les Allemands et les Australiens viennent aussi séjourner au Canada. Bien sûr, les Canadiens visitent eux-mêmes leur propre pays : plus de 70 millions de voyages en 2002.

TÉS **ACTIVITÉS** ACTIVIT

QUE NOUS APPRENNENT LE TEXTE ET LES DOCUMENTS ?

1. a) Quelle place le Canada occupe-t-il dans le monde par rapport à la fréquentation touristique (doc. 3) ?

   b) Quel revenu, en milliard de dollars, la fréquentation touristique génère-t-elle au Canada ?

2. Repère sur la carte (doc. 1) et nomme les trois provinces canadiennes les plus visitées par les touristes. Justifie ta réponse.

3. À l'aide du texte et du document 2, fais la liste des raisons qui peuvent influencer à la baisse le taux de fréquentation touristique au Canada.

4. Quelles activités les touristes qui fréquentent le Canada pratiquent-ils généralement ?

TÉS **ACTIVITÉS** ACTIVIT

2 Une activité sensible

Le tourisme est une activité économique importante. À titre d'exemple, les touristes qui ont visité le Canada en 2002 y ont dépensé près de 10 milliards de dollars américains soit 12,7 milliards canadiens. Toutes les provinces canadiennes sont donc intéressées à attirer les touristes afin de bénéficier de ces revenus, mais aussi parce qu'elles espèrent ainsi créer des emplois (doc. 3).

Cette activité économique ne repose pas seulement sur les atouts dont dispose le territoire touristique, foyer récepteur des touristes. Elle dépend fortement de ce qu'on appelle la conjoncture, c'est-à-dire toute une série de facteurs qui peuvent inciter ou inquiéter le touriste étranger (doc. 2). À ce titre, les années 2002 et 2003 ont été mauvaises : guerre en Irak, syndrome respiratoire aigu sévère (SRAS) à Toronto et valeur élevée du dollar canadien par rapport au dollar américain. Les touristes venus en vacances au Canada ont préféré **différer** leur voyage ou raccourcir leur séjour et ils ont dépensé moins d'argent.

3 Les activités touristiques au Canada

Qu'est-ce qui peut inciter les touristes à visiter le Canada ? En d'autres mots, qu'est-ce qui peut expliquer leur intérêt pour «l'industrie touristique» canadienne ? En 2001, ces touristes ont déclaré utiliser leur temps de séjour – par ordre d'importance des réponses – pour le magasinage, des visites touristiques, des visites à des amis ou à des parents, des visites d'un parc naturel provincial ou national, d'un site historique, d'un musée, etc. Évidemment, ces activités peuvent s'additionner au cours d'un même voyage.

Conférer Donner, attribuer.
Différer Reporter, retarder, déplacer.

LES PROVINCES ATLANTIQUES

T3 **1** **Fréquentation touristique au Canada**

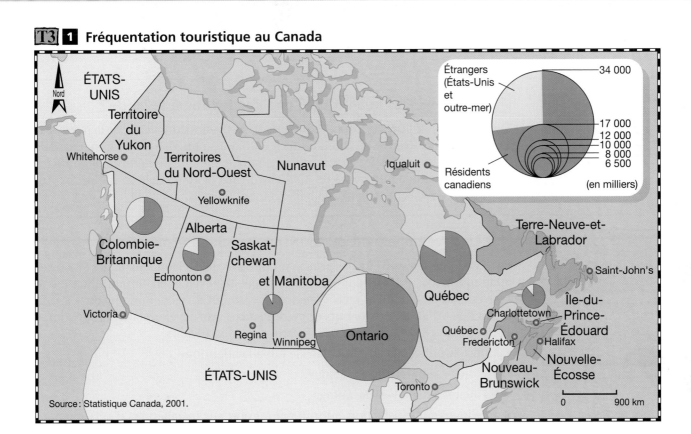

Source : Statistique Canada, 2001.

2 **Ralentissement du tourisme au Canada et dans le monde**

En 2003, le nombre de touristes internationaux a connu une forte baisse partout dans le monde.

« Le tourisme s'est trouvé en chute libre au deuxième trimestre 2003 en raison de la forte baisse de 14 % du nombre de visiteurs internationaux au Canada, en provenance des États-Unis et d'ailleurs. La baisse était attribuable à divers facteurs, dont les inquiétudes au sujet du SRAS, un dollar canadien plus fort par rapport au dollar américain, la guerre en Irak et un ralentissement du tourisme à l'échelle mondiale. Les dépenses des visiteurs internationaux ont enregistré une baisse de 13 %, s'établissant à leur niveau le plus faible depuis le premier trimestre de 1997. »

Source : Statistique Canada, Indicateurs nationaux du tourisme, deuxième trimestre 2003, catalogue n° 13-009, page vii.

3 **La place du Canada dans le monde, selon le nombre de touristes et les revenus engendrés**

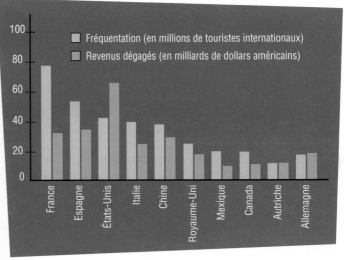

Source des données : Organisation mondiale du tourisme (OMT), 2003.

B- LE TOURISME, MOTEUR DU DÉVELOPPEMENT DES PROVINCES ATLANTIQUES?

Construire des installations d'hébergement

1 Les Provinces atlantiques : une destination à la mode ?

Les provinces de l'Île-du-Prince-Édouard, du Nouveau-Brunswick, de la Nouvelle-Écosse, de Terre-Neuve-et-Labrador ne sont pas les plus visitées au Canada. Mais la fréquentation touristique y est en forte hausse. En effet, le nombre de touristes dans cette région a augmenté de 57 % entre 1996 et 2002. Cela se traduit par un accroissement des installations d'hébergement (doc. 5).

Créer des emplois

Générer des revenus et des taxes

Augmenter la durée et le nombre de séjours

2 Le développement du tourisme, un enjeu économique

Le tourisme est devenu l'un des principaux moteurs du développement des Provinces atlantiques (doc. 6). Les enjeux économiques sont tellement importants que le gouvernement fédéral a créé l'Agence de promotion économique du Canada atlantique (APECA). Un des buts de cette agence est le développement touristique. Pour réussir, l'APECA se donne les quatre objectifs suivants :

- attirer de nouveaux visiteurs dans le Canada atlantique ;
- prolonger la durée de leur séjour ;
- les inciter à dépenser davantage ;
- améliorer leur satisfaction, surtout par rapport aux installations d'hébergement dans la région.

Construire des infrastructures pour le transport

3 Une mise en valeur du patrimoine

Si on veut attirer les touristes dans un territoire, il faut mettre en valeur les richesses de son **patrimoine**, faire la promotion de ces richesses et réaliser les aménagements nécessaires pour accueillir les visiteurs et les visiteuses (doc. 4 et 7).

Il faut aussi que les touristes puissent se déplacer facilement et rapidement dans ce territoire. La construction du pont de la Confédération (doc. 4) est l'un des exemples de ces équipements qui favorisent le développement touristique tout en profitant aux habitants. Dans le cas présent, le pont contribue à **désenclaver** l'île. Il sert non seulement aux touristes, mais aussi à la population de la province (exportation des pommes de terre de l'île, évacuation plus rapide par ambulance, etc.). La publicité qui encourage les touristes à utiliser le pont pose la question : *Pourquoi prenons-nous le pont ?* Réponse : *Nous serons à la plage plus rapidement !*

QUE NOUS APPRENNENT LE TEXTE ET LES DOCUMENTS ?

1. Trouve, dans le début du texte, une explication à l'augmentation considérable de l'hébergement dans les Provinces atlantiques entre 1991 et 2002 (doc. 5).

2. Explique en tes mots comment le College of Piping and Celtic Performing Arts of Canada contribue à l'augmentation de la fréquentation touristique de l'Île-du-Prince-Édouard (doc. 7).

3. Quel geste le gouvernement canadien a-t-il fait qui prouve que le tourisme est un enjeu économique important pour les Provinces atlantiques ?

4. Le texte parle d'une publicité encourageant les touristes à utiliser le pont de la Confédération. Explique comment cette publicité peut contribuer à augmenter le nombre de touristes à l'Île-du-Prince-Édouard (doc. 4).

4 Pont de la Confédération reliant l'Île-du-Prince-Édouard et le Nouveau-Brunswick. Au premier plan, les équipements (péage), au deuxième le pont et, en arrière-plan, le continent.

5 Évolution de l'hébergement dans les Provinces atlantiques (1991-2002)

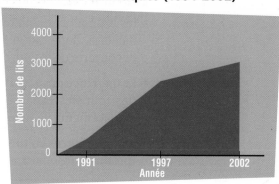

Source des données: Régie d'évaluation touristique des Provinces atlantiques (APECA), 2003.

Arts d'interprétation Arts de la scène, comme la musique, le théâtre, le ballet, etc.

Celtique Qui a rapport aux Celtes, civilisation très ancienne qui s'étendit sur l'Europe du 10ᵉ au 3ᵉ siècle av. J.-C. Plus de 70 % des habitants de l'Île-du-Prince-Édouard sont de descendance écossaise ou irlandaise influencée par cette culture.

Désenclaver Rompre l'isolement.

Patrimoine Héritage collectif du passé.

PIB (produit intérieur brut) Total des richesses produites par un pays.

6

Le tourisme (en chiffres) dans les Provinces atlantiques (APECA – 2001)	
Revenus engendrés	3,2 milliards $
Revenus fiscaux	500 millions $
Emplois	100 000
Part du **PIB**	5 % (2,5 % pour le Canada)

7 L'exemple du College of Piping and Celtic Performing Arts of Canada, Summerside, Île-du-Prince-Édouard

Fondé en 1990, cet établissement offre une formation sur les **arts d'interprétation celtiques**. Il est le seul de ce genre en Amérique du Nord.

Plus de 300 étudiants fréquentent cet établissement et y produisent des spectacles: leurs concerts ont attiré près de 8000 visiteurs et visiteuses en 2001. Ce projet a dû être financé par l'APECA, la ville de Summerside, le ministère provincial du Développement et d'autres investisseurs. Les résultats sont encourageants: cinq concerts hebdomadaires en été, 19 % de visites de plus en 2002 qu'en 2001, des recettes en hausse... Mais plus que cela, le collège offre aux touristes une occasion additionnelle de s'arrêter dans la ville de Summerside et il contribue à faire connaître l'Île-du-Prince-Édouard sur tout le continent: il figure désormais parmi les 100 meilleurs événements 2003 de l'American Bus Association.

D'après APECA, «Rapport quinquennal présenté au Parlement» en 1998.

C- LE TOURISME, AUX DÉPENS DE L'ENVIRONNEMENT ?

Faire connaître les richesses

1 Les attraits des Provinces atlantiques

La carte des trésors des Provinces atlantiques (doc. 8) met en évidence les attraits de cette région. Il faut les chercher et les mériter, comme on cherche une île aux trésors. Les promoteurs et les promotrices du tourisme ont compris qu'au-delà des richesses réelles d'un territoire touristique, il importe de les vendre en misant sur l'imagination des futurs visiteurs et visiteuses.

Le **potentiel touristique** des Provinces atlantiques repose sur deux axes majeurs : les paysages et la nature (les parcs) et l'histoire de ce territoire (particulièrement celle de l'Acadie). Dans son rapport, le ministère du Tourisme et des Parcs du Nouveau-Brunswick fixe ainsi ses **perspectives** pour les années 2003 à 2005, privilégier :

- les expériences côtières qui sont les préférées des vacanciers (observation des baleines, de la faune marine, consommation de homards et de fruits de mer, découverte de la côte et des plages et visite des îles côtières) ;

- l'expérience des « merveilles naturelles » qui est considérée par plus de la moitié des touristes canadiens et américains comme la raison principale de leurs déplacements (la baie de Fundy, les dunes et les **plages de découvertes**) ;

- les expériences culturelles et patrimoniales qui sont également très importantes (produits régionaux, arts, festivals et culture acadienne).

2 Les menaces qui pèsent sur la ressource touristique

Conséquences culturelles (acculturation)

Cela peut sembler étrange, mais la culture acadienne est placée, en tant que ressource touristique, au même rang que les produits régionaux, comme le homard ou les produits de la pêche en haute mer. On peut se demander si le souci de plaire, de satisfaire les désirs des touristes ne conduit pas les Acadiens et les Acadiennes à **édulcorer** leur propre culture pour en faire une ressource financière.

Conséquences sur les paysages (sols, relief et flore)

De la même façon, les richesses naturelles méritent d'être protégées pour elles-mêmes, mais aussi pour continuer à attirer les touristes. Les efforts d'aménagement, qui ont été fournis pour permettre à la fois la visite et la protection des parcs naturels, sont importants. L'aménagement de la dune de Bouctouche est, à ce titre, révélateur (doc. 10).

Conséquences sur les écosystèmes (pollution, etc.)

Dans la baie de Fundy, des efforts sont faits afin de ne pas trop **perturber** les baleines du sud de la baie, entre le Nouveau-Brunswick et la Nouvelle-Écosse (doc. 9). On craint que les baleines ne viennent plus régulièrement dans la baie. Une prise de conscience s'est faite et une charte de la baie de Fundy a été signée, après concertation des pouvoirs publics avec les agences qui organisent les visites en mer et les écologistes. Cette charte réglemente strictement le temps que chaque bateau peut consacrer à l'observation des baleines, ainsi que les distances à garder entre les bateaux et les baleines.

Code d'éthique Ensemble de règles qui déterminent la conduite morale dans un domaine particulier.

Édulcorer Affaiblir, retrancher les points les plus importants.

Perspectives Prévisions.

Perturber Déranger.

Plage de découverte Plage que les touristes peuvent visiter tout en s'initiant à la complexité des espaces côtiers.

Potentiel touristique Ensemble des attraits d'un territoire touristique, d'un foyer récepteur.

8 Trésors des Provinces atlantiques

1. Village Historique Acadien
2. Le pays de la Sagouine
3. Village historique de Kings Landing
4. Plage des rochers de Hopewell
5. Musée de la ferme Ross
6. Musée des pêches de l'Atlantique
7. Musée maritime de l'Atlantique
8. Citadelle d'Halifax
9. Quai-21
10. Lieu historique national de Grand-Pré
11. Village Sherbrooke
12. Forteresse de Louisbourg
13. Centre des arts de la Confédération
14. Salle des fondateurs ~ Pavillon de la naissance du Canada
15. Colonie d'Avalon
16. GEO CENTRE Johnson
17. Établissement Ryan
18. Propriétés historiques de Grenfell
19. L'Anse aux Meadows
20. Arrondissement historique de Battle Harbour

Source: Attractions remarquables du Canada Atlantique, 2003.

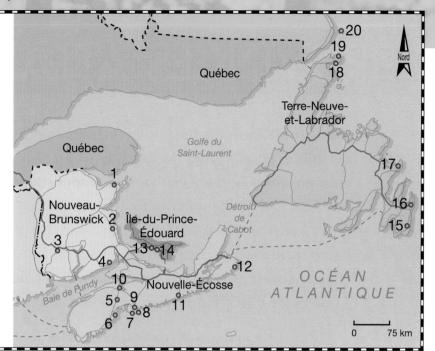

9

Les impacts négatifs du tourisme

Selon les biologistes, l'observation des baleines noires pourrait avoir des effets négatifs sur leur population nord-atlantique, car elles sont particulièrement vulnérables. En forte expansion dans la baie de Fundy, cette activité est l'une des formes de tourisme les plus populaires. Alors qu'en 1994, on comptait 4 bateaux d'excursion dans la baie, il y en avait 27 en 1997 et 15 en 2004.

Devant l'ampleur de cette popularité et pour réduire l'impact de l'observation de baleines dans l'aire estivale de la population, particulièrement durant la période de reproduction et d'élevage, l'organisation *East Coast Ecosystem* et les organisateurs d'excursion ont établi un code d'éthique.

10 Vue aérienne de la dune de Bouctouche, avec ses sentiers aménagés pour protéger la dune, et de son centre d'interprétation, au Nouveau-Brunswick.

QUE NOUS APPRENNENT LE TEXTE ET LES DOCUMENTS ?

1. Nomme les attraits touristiques sur lesquels repose le potentiel touristique des Provinces atlantiques (doc. 8).

2. Sur la carte des trésors (doc. 8), choisis trois lieux dont les noms te plaisent particulièrement. À l'aide des textes, des documents et des photographies des pages 108 à 121 de ton manuel, ou en faisant une recherche, décris brièvement ces lieux et leurs principaux attraits touristiques.

3. À partir du texte et du document 9, donne deux exemples qui prouvent que les habitants des Provinces atlantiques désirent protéger les richesses naturelles qui attirent les touristes. Justifie tes choix.

LE POINT SUR LES
PROVINCES ATLANTIQUES

Chaque territoire touristique a des attraits et des ressources qu'il faut à la fois utiliser pour amener les touristes et protéger pour qu'ils reviennent. L'équilibre entre les deux, ou l'optimum touristique, est difficile à trouver parce que toute fréquentation touristique met en péril ces attraits pour lesquels justement les touristes se déplacent. De plus, il n'est pas facile de savoir quand le tourisme nuit à un lieu, car les conséquences ne sont souvent perceptibles qu'à long terme. En même temps, le tourisme demeure une activité majeure de développement du territoire.

PROCESSUS MENANT À LA DÉFINITION DE L'OPTIMUM TOURISTIQUE POUR UN TERRITOIRE

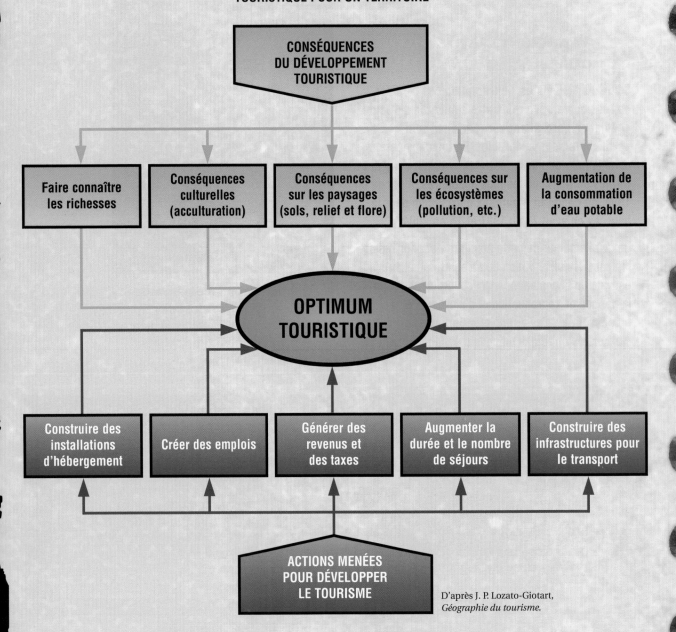

D'après J. P. Lozato-Giotart,
Géographie du tourisme.

Les Provinces atlantiques, un territoire fait pour le tourisme?

Le territoire des Provinces atlantiques offre des paysages moins grandioses, des événements culturels ou artistiques moins prestigieux que ceux d'autres territoires touristiques. Pourtant, ce territoire n'est pas sans atouts et il attire de plus en plus de touristes chaque année, même si on ne peut pas parler de tourisme de masse. Il est donc primordial de chercher à cerner ce qui plaît vraiment aux touristes et d'élaborer en conséquence la stratégie qu'utiliseront les agences de voyages et les ministères du Tourisme.

La baleine franche, un attrait touristique majeur à long terme?

Les côtes attirent particulièrement les touristes qui visitent les Provinces atlantiques. Plus que la plage, c'est l'observation des dauphins et des baleines qui suscite un engouement de plus en plus fort. La baie de Fundy n'est pas le seul endroit où l'on peut observer des baleines, mais c'en est un des principaux. Les touristes se pressent dans de petites villes côtières, les agences qui proposent des visites se multiplient ainsi que le nombre des bateaux d'excursion. Les gens qui vivent de ce tourisme, les pouvoirs publics et les associations de protection ont pris conscience du danger qui les guettait : le départ des baleines, dérangées par toute cette agitation !

L'histoire et la culture, des attraits touristiques?

La culture et l'histoire des Acadiens des Provinces atlantiques sont l'un des attraits sur lesquels les Acadiens ont décidé de baser leur activité touristique. Certains critiquent cette stratégie en faisant observer que la commercialisation de la culture acadienne peut contribuer à la dénaturer ou que la jeunesse acadienne ne se reconnaît pas dans cette histoire acadienne qui appartient au passé. Mais les Acadiens devraient-ils vivre repliés sur eux-mêmes pour préserver leur identité ?

À lire...

- des romans dont les intrigues te transporteront dans les Provinces atlantiques ;
- des ouvrages documentaires qui t'en apprendront davantage sur les Provinces atlantiques.

Fais une recherche à la bibliothèque pour trouver des ouvrages sur les Provinces atlantiques, ou demande à ton enseignante ou à ton enseignant de te suggérer des titres de livres traitant des Provinces atlantiques.

ACTIVITÉ DE DISCUSSION

En classe, discutez de la situation des baleines dans la baie de Fundy. Chaque fois qu'un ou une élève prend la parole, cette personne doit indiquer quel groupe elle représente : les écologistes, les propriétaires de bateaux d'excursion ou les représentants et les représentantes d'une association touristique.

LA RÉGION DES GRANDS LACS AFRICAINS

Comment développer le tourisme en préservant les particularités d'une région ?

1 Safari-photo en Afrique orientale

2 Membres de la tribu des Masaïs, au Kenya, en Afrique orientale

3 Girafes près de Nairobi, au Kenya

T7 **4** Image satellite de la région des Grands Lacs africains (en noir, les principaux lacs de ce territoire)

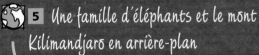 **5** Une famille d'éléphants et le mont Kilimandjaro en arrière-plan

LES GRANDS LACS AFRICAINS

Région montagneuse d'Afrique comportant plusieurs lacs, dont l'immense lac Victoria

CONTINENT : Afrique

PAYS : Burundi, Kenya, Malawi, Mozambique, Ouganda, Rwanda, République Démocratique du Congo, Tanzanie, Zambie

POPULATION : Près de 210 millions d'habitants

LANGUES PARLÉES : Plusieurs langues africaines, l'anglais et le français

Source : ONU, 2003.

Grands Lacs africains

EXPLORATION
DES ENJEUX **1**

🌐 Quels sont les attraits touristiques de la région des Grands Lacs africains ?

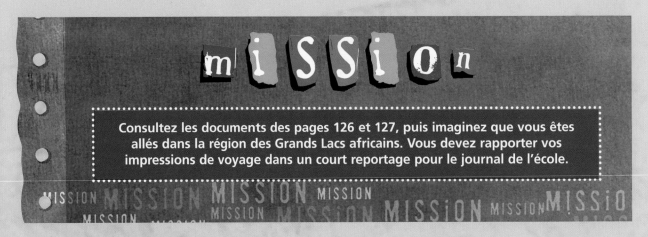

MISSION

Consultez les documents des pages 126 et 127, puis imaginez que vous êtes allés dans la région des Grands Lacs africains. Vous devez rapporter vos impressions de voyage dans un court reportage pour le journal de l'école.

T2 **DOC. 1** Les principaux Grands Lacs africains : Tanganyika, Kivu, Édouard, Albert et Victoria

SOUDAN — ÉTHIOPIE
Nord
Lac Albert
OUGANDA
Kampala
KENYA
Mont Kenya
Lac George
Lac Édouard
Nairobi
Kigali
Lac Victoria
Lac Kivu
RWANDA
Kilimandjaro
RÉPUBLIQUE DÉMOCRATIQUE DU CONGO
Bujumbura
BURUNDI
TANZANIE
Dodoma
Lac Tanganyika

Altitude (en mètres)
3000
2000
1000
500
▲ Volcan

ZAMBIE
0   250 km

Afrique subsaharienne Portion du continent africain située au sud du Sahara.

Aire protégée Espace que des autorités décident de préserver de la présence néfaste des humains.

Écosystème Ensemble constitué d'êtres vivants (animaux, végétaux et bactériens) et du milieu où ils vivent.

Originel Tel qu'il était à l'origine, sans intervention extérieure.

Potentiel faunistique Richesse et diversité de l'ensemble des animaux d'un territoire.

Safari Expédition de chasse aux gros animaux sauvages. Un safari-photo est une expédition destinée à photographier ou à filmer des animaux sauvages, et non à les chasser.

DOC. 2

Des territoires protégés

« La conservation de la nature en Afrique est essentiellement basée sur un vaste réseau d'**aires protégées**. Avant 1960, celui-ci visait presque exclusivement la sauvegarde de la grande faune des savanes. La conservation des **écosystèmes** ne vit le jour que dans les années 1970 et 1980. Les lions, éléphants, rhinocéros et gorilles continuèrent à focaliser l'attention et à drainer les fonds, mais progressivement, l'intérêt se porta sur la flore, la faune et leurs interdépendances. »

Source : Jean-Pierre Vande Weghe, « Refuges et conservation », article paru dans *Canopée*, n° 19, janvier 2001, Programme ECOFAC (Financement Union Européenne).

DOC. 3

Des paysages attirants

« Pour la majorité des touristes européens, l'attrait de l'**Afrique subsaharienne** réside essentiellement dans les paysages et la faune... Pour les habitants des grands pays industriels, l'image positive de l'Afrique réside pour l'essentiel dans celle d'un continent offrant l'image d'une nature **originelle**. [...] Cette image relève cependant en grande partie du mythe, car le continent africain a perdu, ces dernières décennies, une grande partie de son **potentiel faunistique**. »

Source : Géotourisme.

DOC. 4 Gorilles dans la « montagne des gorilles », en Ouganda

 DOC. 5 Safari-photo dans le parc de Serengeti, en Tanzanie

EXPLORATION
DES ENJEUX **2**

🌐 Le tourisme, aux dépens de l'environnement?
L'exemple de la Tanzanie

miSSiOn

À partir des documents des pages 128 et 129, vous allez imaginer
le safari de vos rêves! Vous en rendrez compte au reste de la classe
sous la forme d'un récit, comme si vous l'aviez vécu.

DOC. 1 Flotte de
tout-terrains partant
pour un safari

T2 **DOC. 2** Parcs nationaux **et** réserves naturelles **en Tanzanie**

Bivouac Campement temporaire
installé en plein air.

Parc national Territoire assez
étendu, protégé par une loi
nationale contre l'exploitation
et l'occupation humaine, en vue
d'en préserver la nature, la flore
et la faune.

Réserve naturelle Partie d'un
territoire qui contient des espèces
ou des milieux naturels ayant
un intérêt exceptionnel et qui
sont protégés par des mesures
spéciales.

TERRITOIRES RÉGIONS TOURISTIQUES

DOC. 3 Des exemples de safari

Combien de temps?

Pour un safari au lac Manyara, au cratère du N'Gorongoro et dans le parc de Serengeti : compter au minimum trois nuits et quatre jours. Si vous souhaitez visiter en plus le parc de Tarangire : comptez six jours et cinq nuits. Le minimum idéal, c'est en fait une bonne semaine. Le temps dépend de votre budget et de l'intérêt que vous portez à la vie sauvage.

DOC. 4

Tanganyika Expédition
c'est, en Tanzanie et en Europe,
une équipe d'une centaine de personnes :

- Bureaux de représentation en Europe
- Management et administration
- 1 équipe garage de 8 personnes
- 1 équipe de chauffeurs guides de 30 personnes
- 1 équipe camp et bivouacs d'une trentaine de personnes (responsables de camp, cuisiniers, serveurs, etc.)
- Des guides de haute montagne
- Plus, beaucoup de petits métiers, comme menuisiers, couturiers, jardiniers

Tanganyika Expédition
a développé au fil des années
ses moyens propres :

- 1 flotte d'une quarantaine de voitures safaris
- Des véhicules techniques
- 1 garage équipé
- Un important matériel de camp

Source : Tanganyika Expédition.

Les prix selon le type de safari

« • Les safaris en camion : les moins chers de tous les safaris. Ce sont des camping-safaris où les passagers montent à l'arrière de gros camions. Les tentes sont dressées chaque soir et défaites chaque matin, sauf quand on reste longtemps dans le même site.

• Les camping-safaris : il faut compter entre 100 et 130 $ CAN par personne et par jour.

• Les lodge-safaris : ce type de safari coûte aux alentours de 206 $ CAN par jour et par personne, soit 1854 $ CAN par personne pour une durée de 9 jours, tout compris (avion, hôtels, véhicule tout-terrain, guide). Soit autour de 3090 $ CAN pour 15 jours. »

Source : *Le Guide du routard*, Safari.

DOC. 5 Bivouac organisé par une agence spécialisée dans les safaris

EXPLORATION
DES ENJEUX  3

🌐 Les Masais, un peuple menacé d'acculturation ?

MISSION

Imaginez que vous êtes des Masais.

À la lecture des documents des pages 130 et 131, vous devez essayer
de trouver des solutions pour assurer un avenir à votre peuple.

Vous exposerez vos décisions dans un court texte
que vous lirez au reste de la classe.

DOC. 2 LE PAYS MASAI

« Des plaines d'Uasin-Gishu (au nord-ouest de Nairobi) jusqu'au cratère
de N'Gorongoro (à l'ouest d'Arusha, en Tanzanie), le pays Masai ancestral
ne connaissait pas de limites. Il a été réduit avec la création des frontières,
puis des aires protégées pour la biodiversité, où des activités traditionnelles, comme la chasse, sont exclues (zone protégée de N'Gorongoro et
parc national de Serengeti en Tanzanie, parc national de Tsavo et réserve
nationale de Masai Mara au Kenya). »

Source : Alain Zecchini, « Préserver la biodiversité – En pays masai, la lutte de
l'écologiste et du berger », *Le Monde diplomatique*, novembre 2000, pages 26-27.

DOC. 1

Les Masais deviennent sédentaires

« Les Masais vivent pauvrement
dans ce vaste espace, et leur
revenu annuel par tête est
inférieur à celui de la moyenne
nationale, déjà très faible. [...]
Pour ce peuple de pasteurs
aux nombreuses tribus, la
possession du bétail est une
nécessité économique et
sociale. [...] Mais les Masais
sont de plus en plus séden-
taires, et la possession de
la terre pour les cultures
est devenue prioritaire. »

Source : Alain Zecchini, « Préserver la
biodiversité – En pays masai, la lutte
de l'écologiste et du berger », *Le Monde
diplomatique*, novembre 2000, pages 26-27.

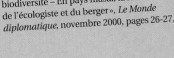 **DOC. 3** Danseuses Masais

DOC. 4

L'AGRICULTURE ET LE TOURISME ENTRENT EN CONCURRENCE

« La Banque mondiale a établi que, dans cette zone, le bétail assurait 60 schillings (soit 1,50 $CAN) l'hectare par an ; le tourisme, 443 schillings (12 $CAN) ; et l'agriculture, 17 500 schillings (265 $CAN). Ce dernier poste se développe donc de plus en plus, d'autant que le prix des terres et la consommation de céréales ne cessent d'augmenter. [...]. De fait, plus de 15 000 hectares sont déjà cultivés dans le district de Narok, et, à l'intérieur de la zone de Mara, les surfaces louées aux opérateurs (voyagistes) sont passées de 18 000 hectares en 1973 à plus de 27 000 hectares en 1987. »

Source : Alain Zecchini, « Préserver la biodiversité – En pays masai, la lutte de l'écologiste et du berger », *Le Monde diplomatique*, novembre 2000, pages 26-27.

Biodiversité Ensemble des êtres vivants (plantes et animaux) qui peuplent une région donnée et constituent la richesse environnementale de cette région.

Ethnologue Scientifique qui recueille et étudie des faits et des documents propres à des sociétés ou à des cultures.

« Folklorisation » Terme utilisé pour dire que le sens des coutumes et des rites est perdu, et que ceux-ci ne seraient plus utilisés que pour gagner de l'argent.

Masai Peuple de pasteurs (bergers) nomades du Kenya et de la Tanzanie.

DOC. 5 Un village Masai, dans la réserve de Mara, au Kenya

DOC. 6 Croissance des activités touristiques dans le territoire Mara des Masais du Kenya (1965-1997)

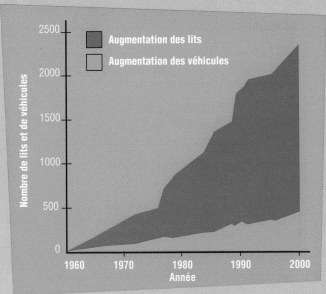

- Augmentation des lits
- Augmentation des véhicules

(Axe vertical : Nombre de lits et de véhicules — 0, 500, 1000, 1500, 2000, 2500)
(Axe horizontal : Année — 1960, 1970, 1980, 1990, 2000)

DOC. 7

L'acculturation des Masais

« Ces Masais du Kenya et de Tanzanie conservent leurs vêtements traditionnels et leurs quelques activités artisanales et coutumes à l'unique intention des touristes. Ils se produisent comme des professionnels du spectacle en reproduisant leurs danses et leurs cérémonies traditionnelles devant les regards des touristes. [...] au même titre que les animaux sauvages du safari, ils font partie du décor qu'un touriste se doit d'avoir vu avant de quitter le pays. C'est ce que les ethnologues appellent la "folklorisation" des populations. »

Source : Mémoire sur le tourisme équitable présenté par Françoise El Alaoui à l'École supérieure de gestion de Paris, en 1999.

GROS PLAN SUR

A- UNE RÉGION MYTHIQUE !

1 Un territoire longtemps mystérieux

L'Afrique des Grands Lacs a été très longtemps difficile d'accès. Elle était considérée comme une terre sauvage, presque libre de la présence humaine et regorgeant d'animaux sauvages. Bref, elle était considérée comme le paradis du chasseur.

L'Afrique des Grands Lacs a donc été longtemps le théâtre des grandes explorations. L'anecdote de Livingstone, retrouvé par Stanley, est restée dans les mémoires (doc. 1). Comme la région des Grands Lacs africains du 19e siècle était un ensemble de colonies que se partageaient le Royaume-Uni et la Belgique, les lieux importants portent le plus souvent des noms européens, à moins qu'on ne les ait rebaptisés après l'indépendance des États de cette région.

Après la grande période des explorateurs, l'Afrique des Grands Lacs va devenir le terrain de prédilection des chasseurs européens et américains qui financent des safaris et rapportent chez eux des trophées (doc. 3). C'est la première forme de tourisme que va connaître cette région, qui est au centre de films comme *Hatari!* (doc. 2) ou *Tarzan*, dans lequel on voit le héros s'opposer à des chasseurs sans scrupules.

2 Les Grands Lacs

Cette région de l'Afrique est parcourue par une faille qui a creusé un fossé, nommé **rift** est-africain. Ce fossé est occupé par de nombreux et vastes lacs : Victoria (68 000 km^2), Tanganyika (39 000 km^2), Albert (6800 km^2), Kivu (2700 km^2) et Édouard (2325 km^2). Ces lacs sont à cheval sur plusieurs États à la fois (voir la carte à la page 126). À cause de cette faille, l'Afrique de l'Est se détache progressivement du reste du continent, entraînant des effondrements de terrain et une forte activité volcanique. Les volcans sont nombreux (tels les monts Kilimandjaro et Kenya) et de plus en plus de touristes sont attirés par leur ascension. Ce relief tout à fait particulier a permis la préservation de nombreuses espèces animales et offre de magnifiques paysages. C'est pourquoi l'UNESCO a décidé de protéger tout particulièrement certains territoires qui ont été transformés en parcs nationaux.

Brousse Zone éloignée de toute civilisation.

Mythique Légendaire, imaginaire et qui fait rêver.

Rift Cassure de l'écorce terrestre qui parcourt l'Afrique orientale et qui se traduit par des bassins d'effondrement en partie remplis par des lacs.

Les sites de la région des Grands Lacs africains classés au patrimoine mondial de l'UNESCO	
Pays	**Année et site**
Kenya	1997 et 2001 : Parcs nationaux du lac Turkana 1997 : Parc national / Forêt naturelle du mont Kenya 2001 : Vieille ville de Lamu
Ouganda	1994 : Forêt impénétrable de Bwindi 1994 : Monts Rwenzori 1994 : Tombes des rois du Buganda, à Kasubi
Malawi	1984 : Parc national du lac Malawi
République Démocratique du Congo	1979 : Parc national des Virunga 1980 : Parc national de la Garamba 1980 : Parc national de Kahuzi-Biega 1984 : Parc national de la Salonga 1996 : Réserve de faune à okapis

Source des données : UNESCO (Organisation des Nations Unies pour l'éducation, la science et la culture), août 2003.

« Docteur Livingstone I presume ? »

Le 28 octobre 1871, un jeune journaliste du nom de Henry M. Stanley arrive à Ujiji, un village en bordure du lac Tanganyika, en Tanzanie. Depuis un an, il était à la recherche d'un missionnaire écossais dont personne n'avait eu de nouvelles depuis au moins cinq ans. Entouré de curieux qui lui font la fête, il aperçoit un autre Blanc qui sort d'une case et se dirige lentement vers lui. Il remarque la pâleur de son visage et son air de fatigue.

Le journaliste enlève alors son chapeau et, prenant son courage à deux mains, lui lance : « Dr Livingstone, I presume ? » (Vous êtes sans doute le Dr Livingstone ?).

Le docteur David Livingstone (58 ans), qui explorait l'Afrique depuis l'âge de 27 ans, venait d'être retrouvé par ce jeune journaliste.

D'après Natacha Henry, « Livingstone, l'Africain », dans la revue *Notre Histoire*, n° 163, 1999.

Rencontre du docteur David Livingstone et du journaliste Henry M. Stanley en Afrique orientale, en 1871

2 Affiche annonçant le film *Hatari !*, dont l'action se déroulait en Afrique orientale

Histoire du safari

« La première société spécialisée dans l'organisation de safaris a vu le jour [...] en 1905. Elle fournissait à une riche clientèle européenne et américaine tout le nécessaire (porteurs, matériel, guide de chasse) pour s'enfoncer en pleine **brousse** avec les meilleures chances de succès. L'Afrique orientale était alors un territoire à peu près vierge, au climat malsain, où des colons cherchaient à s'implanter avec difficulté. [...] Le mot "safari" désigne en swahili (langue africaine) n'importe quelle sorte de voyage. »

Source : Article d'Éric de Saint Angel, dans *Le Nouvel Observateur*.

QUE NOUS APPRENNENT LE TEXTE ET LES DOCUMENTS ?

1. À l'aide d'un dictionnaire des noms propres, trouve la ou les raisons qui expliquent la présence du Dr Livingstone en Afrique.

2. Dans le texte et le document 3, relève des mots et des expressions qui révèlent le caractère aventureux des safaris.

3. Pourquoi l'UNESCO a-t-elle classé dans la *Liste du patrimoine mondial* de nombreux parcs de la région des Grands Lacs africains ?

B- UNE AFRIQUE MISE EN « RÉSERVES » ?

1 Les réserves naturelles de l'Afrique des Grands Lacs

Les réserves naturelles d'Afrique orientale (doc. 6) ont d'abord été créées avec le souci de protéger la nature (doc. 7). On avait fini par prendre conscience que si la chasse, pratiquée par les Européens, continuait à se développer, les animaux seraient menacés de disparition. Les premières réserves ont donc été mises en place avec l'idée qu'une chasse **excessive** menaçait les animaux. Par contre, la création de réserves naturelles visait aussi les populations locales. En effet, on pointait aussi les pasteurs, par exemple, dont les troupeaux étaient accusés de prélever trop d'herbe qui manquait alors aux herbivores des parcs.

À partir de 1940, les premières réserves naturelles apparurent, comme le parc de Serengeti ou celui de Masai Mara. Mais des milliers d'Africains habitaient déjà dans ces régions, et ce, depuis des millénaires. Les régions de ces parcs étaient celles qui possédaient les meilleurs pâturages et les réserves en eau. Les habitants perdirent une grande partie de leurs richesses, particulièrement les Masais. On se rend compte aujourd'hui que ces peuples ne constituaient pas une menace pour les animaux sauvages au contact desquels ils vivaient depuis longtemps, précisément puisque c'est là que les plus grands troupeaux avaient été préservés.

2 Une pratique touristique originale

Depuis quelques années, l'idée d'une préservation totale a été abandonnée au profit d'un tourisme safari-photo, où la chasse photographique remplace la chasse tout court (doc. 4). Le Kenya est particulièrement favorisé par des espaces immenses et une présence humaine faible. La réserve de Masai Mara, entre Nairobi (la capitale) à l'est, et le lac Victoria à l'ouest, accueille plusieurs milliers de touristes étrangers chaque année.

Ces safaris se font à partir de minibus spécialement destinés à cette forme de tourisme d'observation qui nécessite une participation active des touristes pour se déplacer et photographier les animaux sauvages. Bien qu'encore limité à des flux touristiques internationaux faibles, le tourisme safari apparaît comme un facteur d'attrait original.

Biosphère Ensemble des êtres vivants (plantes et animaux) qui se développent sur la Terre.

Écotourisme Forme nouvelle de tourisme qui se préoccupe de respecter les territoires visités ainsi que les populations qui y vivent.

Excessive Dans le présent contexte, signifie : qui ne permet pas la survie de l'espèce animale chassée.

3 Le projet BRAAF

Financé par l'Allemagne, en collaboration avec l'UNESCO, le projet BRAAF (Biosphere Reserves for Biodiversity Conservation and Sustainable Development in Anglophone Africa) a été réalisé de juin 1995 à décembre 1998. Il avait pour but d'assurer la conservation à long terme de la biodiversité au sein d'un réseau de réserves de la **biosphère** (doc. 5) en Afrique, en mettant l'accent sur les besoins des populations rurales.

Ainsi, tout en respectant leurs besoins particuliers, les Masais ont reçu de l'aide pour faciliter leur approvisionnement en eau et ont été informés de l'importance de la réserve qu'ils habitent.

Le projet BRAAF a aussi permis aux communautés de la réserve du Lac Manyara en Tanzanie de développer l'**écotourisme** et la pratique de l'apiculture, deux activités qui pourraient générer des revenus tout en étant conformes aux exigences de la protection de la biosphère.

4

Du chasseur d'animaux au chasseur de photos !

« À partir des années 60, inversion du mythe – les chasseurs deviennent des criminels – et fin d'une époque, où l'harmonie entre les espèces n'avait pas encore subi de dommages irréparables, où la croissance démographique des populations humaines n'avait pas confiné les animaux à l'intérieur de barrières électrifiées. »

Source : Article d'Éric de Saint Angel, dans *Le Nouvel Observateur*.

7 **La réserve naturelle du N'Gorongoro, en Tanzanie**

5

QUE SONT LES RÉSERVES DE LA BIOSPHÈRE ?

Les réserves de la biosphère sont des zones d'écosystèmes terrestres et côtiers/marins. On associe la conservation et la biodiversité de ces écosystèmes à l'utilisation durable des ressources naturelles dans l'intérêt des habitants qui vivent dans ces réserves. On y pratique des activités de recherche, de surveillance, d'éducation et de formation.

T3 **6** **Les réserves naturelles en Afrique orientale**

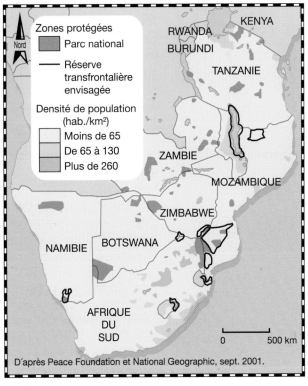

D'après Peace Foundation et National Geographic, sept. 2001.

---

1. Lis la partie 2 du texte de la page 134 et rédige quelques phrases pour expliquer le titre du document 4.

2. Dans le deuxième paragraphe de la partie 1 du texte, page 134, trouve un exemple pour bien faire comprendre le document 5.

3. Comment peut-on dire que le projet BRAAF s'inscrit dans un développement durable en Afrique ?

4. Les parcs nationaux africains sont-ils très habités ? Réponds à l'aide de la carte (doc. 6) ci-dessus.

ACTIVITÉS ACTIVITÉ

ACTIVITÉS ACTIVITÉ

C- QUELS IMPACTS LE TOURISME A-T-IL SUR LES SOCIÉTÉS ?

1 Le tourisme, un outil de développement économique ?

Le développement du tourisme en Afrique profite d'abord aux compagnies aériennes, aux chaînes hôtelières (doc. 9) et aux agences de voyages occidentales (voyagistes). On estime que près de 75 % des bénéfices échappent aux populations locales. Si bien que certains pays, comme la Tanzanie ou la Zambie, ont privatisé des réserves et font payer des taxes aux compagnies qui les exploitent (doc. 10). Mais il y a parfois loin des promesses aux résultats : « *Quand l'Ouganda ouvre, en 1993, le parc de la forêt de Bwindi, les autorités promettent 8 % des droits d'observation des gorilles aux villages voisins. Cinq ans plus tard, la part ainsi allouée a été réduite à la portion congrue. Le tourisme est aussi un gros gâteau qui attire les gourmands.*» (Marion Urban, Radio France internationale, 1er février 2001.)

Certains responsables africains prennent conscience des erreurs qui ont été faites : on a construit des hôtels (doc. 9), attiré des touristes, organisé des visites, sans que les populations locales en profitent. En Tanzanie, par exemple, les autorités ont rendu pratiquement obligatoire la coopération entre les communautés locales et les voyagistes : ceux-ci payent directement les familles qui acceptent de servir de guides aux touristes et les hôteliers doivent construire des dispensaires qui pourront profiter aux communautés locales. Parfois même, on propose des visites et des séjours dans les villages afin que les touristes ne repartent pas du pays en n'ayant rencontré que la faune ou la flore de l'Afrique des Grands Lacs.

2 Le tourisme, un danger pour les sociétés d'accueil ?

« Prenez uniquement des photos, ne laissez que vos empreintes de pas, » tel est le slogan des associations des professionnels de l'écotourisme. Ne pas gaspiller l'eau précieuse pour les communautés, rétribuer correctement les populations, respecter leurs droits territoriaux, ne se rendre dans certaines régions qu'avec leur autorisation, emporter ses propres déchets... Autant d'éléments présents dans la « Charte éthique du voyageur » que plusieurs agences de voyage ont adoptée.

L'activité touristique change peu à peu de nature : l'écotourisme se développe rapidement, puisque sa part dans les revenus du tourisme en Afrique croît plus vite que les autres formes. Cette forme de tourisme essaie d'avoir le souci, selon l'Organisation mondiale du tourisme, du respect non seulement de l'environnement, mais aussi des sociétés d'accueil. Il faut également que les Africains et les Africaines prennent conscience de leurs richesses, des meilleures façons de les gérer, sans les épuiser (doc. 10 et 11).

Portion congrue Portion petite qui suffit à peine à satisfaire les besoins de la population ; ici la plus petite part.

Peut-on éliminer les risques d'une acculturation des sociétés d'accueil ? Tout dépend des pratiques touristiques. Se contente-t-on de rendre visite à ces populations en les prenant en photographie ou bien leur rend-on visite pour mieux les comprendre et leur faire comprendre qui sont leurs visiteurs (doc. 8) ? Peut-on parler la même langue ? Les nouvelles agences d'écotourisme semblent se préoccuper de plus en plus de ces questions. Il est certain que seules des pratiques touristiques différentes permettent d'envisager le développement du tourisme dans cette partie de l'Afrique comme dans le reste du monde.

9 Un hôtel appartenant à une multinationale a été construit au sommet du cratère du N'Gorongoro, en Tanzanie.

8 Un touriste et un habitant de la région visitée : quels rapports peut-il y avoir entre eux ?

10

Un tourisme qui ne profite pas aux Africains

Les chercheurs ont constaté que les gens qui vivent dans les zones touristiques ou à proximité ne bénéficient guère des retombées économiques dont profite l'industrie. Moins de 2 % de l'argent dépensé dans la réserve faunique Masai Mara (réputée dans le monde entier) retourne à la population locale. Le gros des recettes va aux hôtels de luxe, aux services de transport et aux voyagistes étrangers qui proposent des forfaits vacances. Même les recettes provenant des droits d'entrée au parc national (jusqu'à 34 $CAN par jour) vont directement engraisser le Trésor public.

D'après Mike Crawley du CRDI (Centre de recherches pour le développement international), 2000.

11

DES TERRITOIRES TOURISTIQUES MARGINAUX

« La réserve naturelle africaine est largement ouverte sur le milieu environnant (des tribus continuent à y vivre) [...] malgré une stricte réglementation de protection de la faune et de la flore. Le maintien d'une vie tribale traditionnelle et la faiblesse du tourisme (rares structures d'accueil et d'héberge-ment) font des réserves naturelles africaines des espaces touristiques marginaux au sein du tourisme mondial. »

Source : J.-P. Lozato-Giotart, *Géographie du tourisme*, 2003, page 190.

ACTIVITÉS ACTIVITÉS ACTIVITÉS

QUE NOUS APPRENNENT LE TEXTE ET LES DOCUMENTS ?

1. Dis si chacun des énoncés suivants est VRAI ou FAUX, puis justifie ta réponse par un extrait du texte de la page 136 ou d'un des documents ci-dessus.

   a) L'industrie touristique enrichit toujours les populations locales.

   b) En Tanzanie, les lois obligent la coopération entre les voyagistes et la population locale.

   c) Les agences de voyages ne se soucient aucunement de l'environnement des parcs de la région des Grands Lacs africains.

2. Selon toi, à quelles conditions le dévelop-pement du tourisme peut-il se faire dans la compréhension et le respect mutuels, en Afrique comme dans le reste du monde ? Avant de répondre, lis le dernier paragraphe du texte de la page 136.

LE POINT SUR

LA RÉGION DES

GRANDS LACS AFRICAINS

L'attrait principal de l'Afrique des Grands Lacs tient à sa nature que les
autorités locales tentent de préserver dans les parcs nationaux qui sont
autant de réserves naturelles. En même temps, ce sont ces lieux qui attirent
les touristes que les agences de voyages amènent. Les populations locales
d'accueil ne profitent pas vraiment du tourisme et ont besoin d'espace pour
développer leur agriculture et leur élevage. Les États, enfin, veulent
à la fois favoriser le tourisme et aider au développement des populations.
Tout un nœud d'intérêts contradictoires et de conflits se forme autour
de l'usage de ces parcs naturels dans cette région de l'Afrique.

**LES DIFFÉRENTS USAGES DU PARC-RÉSERVE
DANS L'AFRIQUE DES GRANDS LACS**

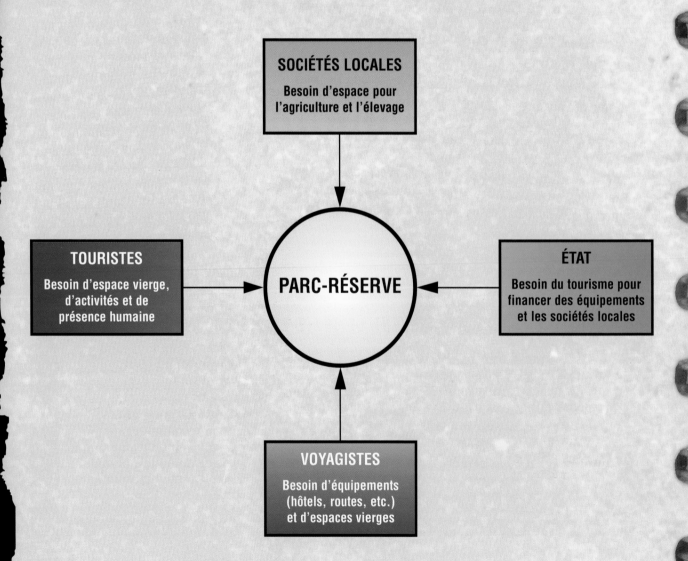

Quels sont les attraits touristiques de la région des Grands Lacs africains ?

Les touristes commencent à être attirés par l'Afrique des Grands Lacs, moins par ses lacs que par les réserves et les parcs naturels qui sont très nombreux dans cette région. Les animaux d'Afrique, menacés de disparition, sont, à l'intérieur de ces réserves, l'attraction principale des touristes internationaux. Le nombre croissant de touristes n'est pas sans créer des nuisances contradictoires avec l'idée même de réserves « naturelles » et de protection de la nature.

Le tourisme aux dépens de l'environnement ? L'exemple de la Tanzanie

Le tourisme dans la région des Grands Lacs africains est surtout centré sur l'observation de la nature et des animaux. La pratique du safari-photo a remplacé celle du safari-chasse tout court. Néanmoins, cette pratique n'est pas sans conséquence sur l'environnement : la multiplication des routes, des voitures, des hôtels ou des campements finit par poser problème.

Les Masais, un peuple menacé d'acculturation ?

Depuis des millénaires, les Masais habitaient certaines régions que les autorités ont décidé de transformer en réserves naturelles. Le développement du tourisme, pour l'instant, se fait sans eux, voire contre eux. Leur exclusion de ces réserves les conduit à se sédentariser. Si bien qu'ils se tournent vers l'agriculture, qui nécessite de plus en plus d'espace, et ils entrent ainsi en concurrence avec les objectifs de préservation de la nature.

À lire...

- des romans dont les intrigues te plongeront au cœur de la région des Grands Lacs africains ;
- des ouvrages documentaires qui t'en apprendront davantage sur la région des Grands Lacs africains.

Fais une recherche à la bibliothèque pour trouver des ouvrages sur la région des Grands Lacs africains, ou demande à ton enseignante ou à ton enseignant de te suggérer des titres de livres traitant de la région des Grands Lacs africains.

ACTIVITÉ DE DISCUSSION

Votre classe constitue le gouvernement d'un pays où se situe l'une des plus grandes réserves naturelles d'Afrique. Vous devez discuter des avantages et des inconvénients causés à votre pays par cette réserve.

D'AUTRES TERRITOIRES
RÉGIONS TOURISTIQUES

PROJET

TERRITOIRE 3 ÎLE-DE-FRANCE

ÎLE-DE-FRANCE

Une des premières destinations touristiques au monde

CONTINENT : Europe

PAYS : France

POPULATION : 11,1 millions d'habitants

SUPERFICIE : 12 012 km²

SOURCE : INSEE (Institut national de la statistique et des études économiques), 2003.

Île-de-France

 Paris, centre de la région Île-de-France

REGARDS

TERRITOIRE 4 LA SAVOIE

Val Thorens, station de sports d'hiver, en Savoie

LA SAVOIE

La Savoie, célèbre région de ski des Alpes

CONTINENT : Europe

PAYS : France

POPULATION
Savoie : 386 000 habitants
Haute Savoie : 663 000 habitants

SUPERFICIE
Savoie : 6028 km²
Haute Savoie : 4388 km²

LANGUE : Français

CLIMAT : Climat de montagne, froid (avec de la neige) l'hiver ; chaud l'été

Source : INSEE (Institut national de la statistique et des études économiques), 2003.

Savoie

TERRITOIRE 5 — LA LAGUNE DE VENISE

LA LAGUNE DE VENISE

Venise est une ville qui transporte les voyageurs dans le passé.

CONTINENT : Europe

PAYS : Italie (4ᵉ port d'Italie avec Marghera)

POPULATION : 334 000 habitants

SUPERFICIE : 50 000 km²

LANGUE : Italien

SOURCE : OVPM (Organisation des villes du patrimoine mondial), 2004.

Bateau de croisière entrant dans la lagune de Venise

TERRITOIRE 6 — TAHITI

TAHITI

La plus grande île de la Polynésie-Française

CONTINENT : Océanie (au milieu de l'Océan Pacifique)

PAYS : France

POPULATION : 115 820 habitants

SUPERFICIE
Île : 1042 km²
Territoire marin : 2,5 millions de km²

LANGUE OFFICIELLE : Français

CLIMAT
Deux saisons :
• de décembre à février, 27° à 35°
• de mars à novembre, 21° à 27°

SOURCE : INSEE (Institut national de la statistique et des études économiques), 2003.

Île Bora Bora, Tahiti, archipel de la Société.

■ PARTICIPER À UN DÉBAT SUR DISNEYLAND PARIS

1RE PARTIE :
RÉALISER UN CARNET DE VOYAGE

1 La région Île-de-France*

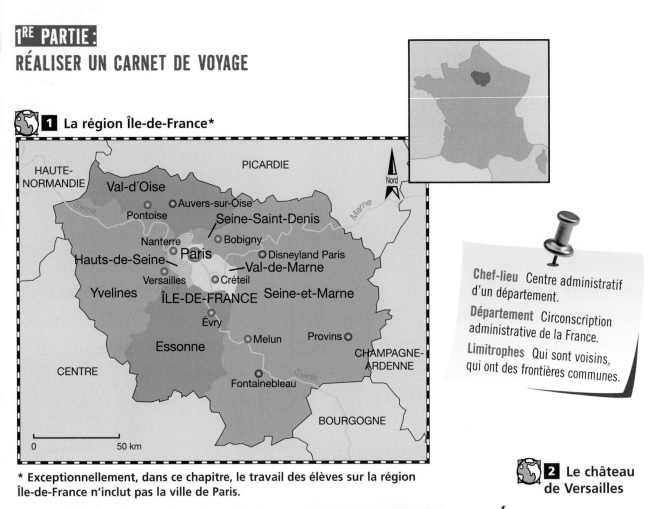

Chef-lieu Centre administratif d'un département.

Département Circonscription administrative de la France.

Limitrophes Qui sont voisins, qui ont des frontières communes.

* Exceptionnellement, dans ce chapitre, le travail des élèves sur la région Île-de-France n'inclut pas la ville de Paris.

2 Le château de Versailles

■ OBJET DE LA RECHERCHE

LA RICHESSE DE LA RÉGION TOURISTIQUE ÎLE-DE-FRANCE

■ DÉMARCHE DE RECHERCHE

RECUEILLIR L'INFORMATION

 À l'aide de la carte, imaginez l'itinéraire d'un voyage que vous aimeriez faire en Île-de-France, qui comprendrait la visite de dix des sites énumérés ci-dessous.

 Abbaye de Royaumont (95)* – Stade de France (93) – Château de Vincennes (94) – Disneyland Paris (94) – Château de Fontainebleau (77) – Grande Arche de la Défense (92) – Château de Vaux-le-Vicomte (77) – Domaine national de Saint-Cloud (92) – Basilique de Saint-Denis (93) – Château de Versailles (78) – Barbizon (77) – Provins (cité médiévale) (77) – Musée des Antiquités nationales de Saint-Germain-en-Laye (78) – Auvers-sur-Oise (95).

 Dans un moteur de recherche, **tapez** les mots « Paris Île-de-France tourisme », y compris les guillemets.

Les premières adresses qui seront données sont celles du site du comité régional du tourisme.

Accédez à ce site et, dans la fenêtre, **cherchez** des photographies et des notes sur les dix sites retenus pour votre itinéraire. **Notez** ces renseignements sur des fiches portant chacune le nom du site visité.

---

* Les nombres entre parenthèses indiquent le département dans lequel est situé le site.

3 La région Île-de-France

L'Île-de-France est une région administrative du centre-nord de la France. Région capitale, au riche passé historique, c'est la plus petite (superficie : 12 012 km²), mais la plus peuplée et la plus riche des régions françaises.

La région Île-de-France comprend huit **départements**. Son **chef-lieu**, Paris, forme à lui seul le département de La Seine. Les trois départements **limitrophes** de Paris, appelés « Petite Couronne », sont les Hauts-de-Seine (chef-lieu : Nanterre), le Val-de-Marne (chef-lieu : Créteil) et La Seine-Saint-Denis (chef-lieu : Bobigny).

Les quatre départements les plus éloignés, appelés « Grande Couronne », sont l'Essonne (chef-lieu : Évry), La Seine-et-Marne (chef-lieu : Melun), le Val-d'Oise (chef-lieu : Cergy-Pontoise) et les Yvelines (chef-lieu : Versailles).

ORGANISER L'INFORMATION

Constituez votre carnet de voyage à l'aide des photographies des lieux que vous désirez visiter et accompagnez ces photographies de notes informatives. Ne retenez que les notes qui vous incitent à visiter ce lieu, celles qui vous surprennent.

Votre carnet peut prendre la forme d'une affiche, d'un dépliant, d'un diaporama, etc.

 Conservez votre carnet de voyage dans votre portfolio. Vous en aurez besoin à la fin de la deuxième partie du projet.

2ᴱ PARTIE :
ENQUÊTER SUR L'IMPACT DE DISNEYLAND PARIS

OBJET DE LA RECHERCHE

L'IMPACT DE DISNEYLAND PARIS SUR LE TOURISME EN ÎLE-DE-FRANCE

DÉMARCHE DE RECHERCHE

TRAITER ET ORGANISER L'INFORMATION

❶ **Préparez** un tableau semblable au suivant dans lequel vous pourrez prendre des notes.

Phénomènes liés à Disneyland Paris	Conséquences positives sur le tourisme en Île-de-France	Conséquences négatives sur le tourisme en Île-de-France

❷ **Lisez** les documents 5, 6 et 7. Au fil de la lecture, **notez** dans la première colonne du tableau, les **phénomènes** qui pourraient nuire au tourisme, ou l'aider, dans les autres sites de l'Île-de-France que vous avez explorés dans la première partie du projet.

❸ Au fur et à mesure, dans les deuxième et troisième colonnes du tableau, **décrivez** brièvement les conséquences de chaque phénomène.

6 Le cas de Disneyland Paris

« Au bout de cinq ans d'existence, Walt Disney comprend alors que l'adaptation "européenne" est la clé de la réussite Disneyland. Transposer un parc d'un pays à l'autre sans modification ne peut que dérouter le visiteur européen. [...] Le nom du parc est modifié pour l'identifier à Paris dont il est l'un des pendants touristiques majeurs. Certaines attractions sont créées (Space Mountain) afin que le public puisse puiser dans ses propres références culturelles (ici, le lien est fait avec Jules Verne), tout en rendant hommage à l'histoire américaine (Buffalo Bill). Le parc développe des attractions toujours plus impressionnantes, car dans sa logique de prise de pouvoir du marché du loisir, Disney est prêt à jouer dans la surenchère, notamment vis-à-vis du concurrent principal, bien gaulois celui-là : Astérix. »

Source : Mélinda Razet, « 10 ans de Disneyland Paris », *L'Idéaliste*, 2002.

Phénomène
Fait ou événement spécial.

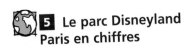

5 Le parc Disneyland Paris en chiffres

- Première destination touristique européenne avec 12,2 millions de visiteurs en 2001

- Site de 1943 hectares

- Cinquième voyagiste français

- 60 % de visiteurs étrangers

- Plus de 110 millions de visiteurs depuis l'ouverture

- Plus de 11 000 employés (moyenne annuelle)

- 725 métiers représentés

- Le plus grand site hôtelier d'Europe : 7 hôtels à thèmes (5800 chambres, 1 748 000 nuitées en 2000)

- Le « plus grand restaurant de France » : 69 lieux de restauration (29,8 millions de repas servis en 2001, jusqu'à 150 000 repas servis par jour en période de pointe).

- Leader européen du tourisme d'affaires, avec deux centres de congrès.

Source : Secrétariat d'État au Tourisme, Gouvernement français, dossier Parcs de loisirs, 1ᵉʳ décembre 2003.

7

Une catastrophe culturelle ?

ÉMILIE RIVE
L'HUMANITÉ, 16 MARS 2002.

« [...] sous le spectaculaire et le monde virtuel, ne se cache pas seulement un "méchant employeur, gentil divertisseur", mais l'instrument d'une vassalisation (acculturation) volontaire de l'Europe, par un "serial killer en puissance", une entreprise d'infantilisation et véritable initiation au capitalisme totalitaire. Disney répond à une tendance lourde de la société moderne caractérisée par l'effacement du Moi (l'identité personnelle) au profit d'une succession de rôles, liés à la commercialisation de marques, analyse Paul Ariès. »

COMMUNIQUER L'INFORMATION

Formez des équipes de six élèves :

- trois élèves adopteront un point de vue favorable à la présence de Disneyland Paris en Île-de-France ;

- trois élèves adopteront un point de vue défavorable à la présence de Disneyland Paris en Île-de-France.

À l'aide des carnets de voyage et des tableaux élaborés dans la 1re partie du projet, chaque équipe doit préparer une liste de trois raisons qui justifient son point de vue.

Selon les indications de votre enseignant ou de votre enseignante, les différents points de vue sont présentés.

La classe doit arriver à un consensus.

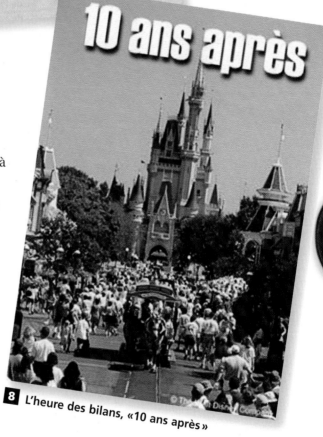

8 L'heure des bilans, «10 ans après»

ÉVALUATION DE LA DÉMARCHE

Votre enseignant ou votre enseignante vous remettra un parcours d'évaluation qui vous permettra d'évaluer votre démarche de réalisation du projet et d'en découvrir les forces et les faiblesses. Cette évaluation vous permettra de vous améliorer.

Conservez dans votre portfolio une copie de votre carnet de voyage et du tableau que vous avez complété.

REGARDS

A UNE MONTAGNE TRÈS ATTRACTIVE

1 Quel territoire touristique ?

 La Savoie est un territoire touristique situé en France dans le massif des Alpes (doc. 3). C'est donc principalement le domaine de la montagne, mais aussi de vallées et de petits massifs qui précèdent les Alpes. Le nom Savoie désigne deux entités : le seul département de Savoie (doc. 4) ou la Savoie historique, qui correspond à peu près aux deux départements de Savoie et de Haute-Savoie et, donc, à la région administrative Alpes Pays de Savoie. Quoi qu'il en soit, les attraits et les activités touristiques y sont semblables.

2 Quels attraits touristiques ?

En Savoie, les attraits touristiques sont nombreux et ne se limitent pas seulement au ski, l'hiver, et aux randonnées, l'été. Les loisirs sont multiples tout au long de l'année.

La Savoie dispose de 60 stations de ski alpin, de 1022 remontées mécaniques et de 17 stations de ski de fond. D'autres activités peuvent y être facilement pratiquées, comme la raquette ou la marche.

Le **tourisme vert** y est en expansion, car la Savoie possède de grands parcs naturels. Du parc national de la Vanoise aux parcs naturels régionaux des Bauges ou de la Chartreuse, les randonneurs peuvent admirer la diversité des paysages sur 3000 km de sentiers balisés. On peut y pratiquer l'escalade, le golf, la randonnée et le **cyclotourisme**.

Le **tourisme nautique**, lié aux grands lacs (lac du Bourget ou d'Aiguebelette-le-Lac pour le département de Savoie) et aux petits lacs de montagnes, attire de nombreux touristes pour les croisières et les sportifs adeptes de voile, d'aviron ou de plongée (doc. 5).

Le **tourisme thermal** est important, car le massif alpin compte de nombreuses stations thermales qui ont accueilli plus de 60 000 **curistes** en 2001.

Le **tourisme culturel** est aussi très développé, car la Savoie compte de nombreux musées et châteaux. De plus, elle a été le théâtre des Jeux olympiques d'hiver en 1992 et bénéficie des équipements installés pour cet événement. Certains d'entre eux, comme la Halle olympique d'Albertville, attirent encore les curieux (doc. 1).

3 La fréquentation touristique

Ces multiples atouts placent la Savoie parmi les premiers départements touristiques français. La fréquentation internationale est de taille : 41 % en hiver et 28 % en été. Des équipements ont été installés pour faciliter l'accès des touristes (aéroports, trains à grande vitesse, autoroutes) et pour connecter la Savoie au reste de l'Europe (doc. 2).

Curiste Personne qui fréquente une station thermale.

Cyclotourisme Tourisme à bicyclette.

Tourisme culturel Tourisme fondé sur la découverte d'une culture (architecture, théâtre, etc.).

Tourisme nautique Tourisme fondé sur l'attrait de l'eau pour des loisirs et des sports spéciaux.

Tourisme thermal Utilisation des eaux chaudes naturelles, souvent pour se soigner.

Tourisme vert Tourisme de randonnée dans le respect de la nature.

QUE NOUS APPRENNENT LE TEXTE ET LES DOCUMENTS ?

1. Sur la carte « Le tourisme en Savoie » (doc. 4), localise les endroits où l'on peut pratiquer le ski. Dresse une liste de ces lieux.

2. En tes mots, explique comment le phénomène représenté par le document 2 peut faire augmenter la fréquentation touristique en Savoie.

3. Rédige au moins deux phrases contenant des statistiques pour décrire l'importance touristique de la Savoie.

1 La vasque et la halle olympique d'Albertville, en Savoie

T2 **2** La Savoie, un territoire connecté aux grands centres urbains européens

Nord

Hambourg
Londres   Bruxelles   Berlin   Varsovie
Paris   Francfort   Prague
Munich   Vienne
Genève   Budapest
Lyon   **Savoie**
Turin   Milan   Zagreb
Lisbonne   Madrid
Barcelone   Rome
Athènes

Axes de communication

0   600 km

3

Les pays de Savoie

Sept provinces ou territoires constituent les « pays de Savoie » :

- le Chablais, l'une des terres les plus riches (stations de ski, stations thermales d'Évian-les-Bains et de Thonon-les-Bains) ;

- le Faucigny, prospère grâce aux stations de ski ;

- le Genevois qui attire les touristes par son joyau « Annecy » ;

- la Savoie proprement dite avec Chambéry ;

- la Maurienne, vallée agricole et industrielle ;

- la Tarentaise qui représente l'axe touristique majeur des Alpes ;

- le Beaufortin, que le guide-écrivain Frison-Roche décrit comme « la dernière vallée heureuse ».

D'après la revue *GEO*, N° 289, mars 2003.

T2 **4** Le tourisme en Savoie

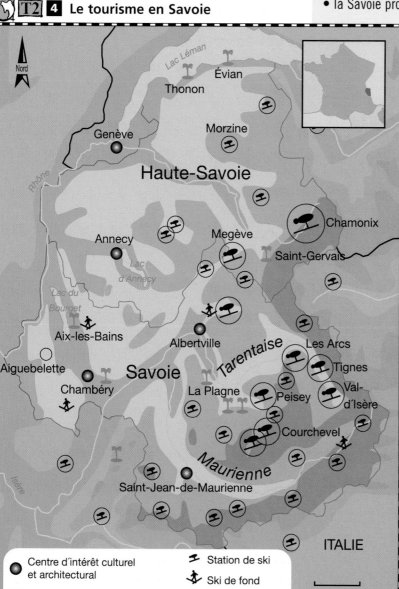

Nord

Lac Léman
Évian
Thonon
Genève   Morzine

Haute-Savoie

Rhône

Chamonix
Annecy   Megève
Lac d'Annecy   Saint-Gervais
Lac du Bourget

Aix-les-Bains
Albertville   *Tarentaise*   Les Arcs
Aiguebelette   **Savoie**   Tignes
Chambéry   La Plagne   Peisey   Val-d'Isère
Courchevel
Maurienne
Saint-Jean-de-Maurienne

ITALIE

Isère

Centre d'intérêt culturel et architectural
Centre touristique
Station de ski
Ski de fond
Station thermale

0   10 km

🌐 T4 T5 **5** Le lac du Bourget avec l'abbaye médiévale de Hautecombe

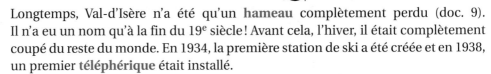

B VAL-D'ISÈRE, DU VILLAGE À LA STATION DE SKI INTERNATIONALE!

1 Le ski, facteur de développement 🌍

Longtemps, Val-d'Isère n'a été qu'un **hameau** complètement perdu (doc. 9). Il n'a eu un nom qu'à la fin du 19e siècle! Avant cela, l'hiver, il était complètement coupé du reste du monde. En 1934, la première station de ski a été créée et en 1938, un premier **téléphérique** était installé.

La station de ski aurait pu rester inconnue, mais des «enfants du pays» vont la rendre célèbre. Ainsi, Henri Oreiller devient champion olympique de descente en 1955, puis les sœurs Christine et Marielle Goitschel réalisent le même exploit aux Jeux olympiques de 1964. Finalement, quatre ans plus tard, Jean-Claude Killy remporte trois médailles d'or aux Jeux olympiques de Grenoble. Dès lors, Val-d'Isère avait acquis une réputation mondiale (doc. 8).

En 1992, les Jeux olympiques sont organisés en Savoie, principalement à Albertville. Val-d'Isère accueille toutes les épreuves de ski alpin hommes, slalom excepté. Val-d'Isère espère organiser les championnats du monde de ski alpin de 2009, 75 ans après la création de la station de ski.

Funiculaire Moyen de transport suspendu pour remonter les pentes de ski. Ressemble à un autobus, mais fonctionne par un système de câbles.

Hameau Petit village de campagne qui ne compte que quelques maisons.

Téléphérique Moyen de transport par cabines suspendues à un câble, utilisé pour remonter les pentes de ski.

Télésiège Système de remontée mécanique constitué de sièges suspendus à un câble.

2 Une station très équipée

Val-d'Isère offre un domaine skiable, l'espace Killy (doc. 7 et 10), particulièrement bien équipé: 2 **funiculaires**, 4 téléphériques, et 48 **télésièges**. Ces installations lui permettent d'accueillir 135 000 skieurs et skieuses par heure, l'équivalent de la population d'une ville! Bien évidemment, le domaine skiable est vaste: plus de 300 km de pistes de ski avec la possibilité d'aller skier dans la station voisine de Tignes et d'en revenir.

Cependant, une station de cette taille ne doit pas seulement penser au ski, mais aussi aux loisirs après la journée de ski (patinoire, piscine, salle de sport, sauna, etc.) et à l'hébergement: plus de 40 hôtels sans compter les résidences de tourisme (doc. 6).

3 Une station internationale

À Val-d'Isère, les visiteurs passent chaque année plus de deux millions de nuitées, dont 57,5 % sont des nuitées d'étrangers. La fréquentation touristique est régulièrement en hausse, près de 2,5 % par an, en moyenne, depuis 1998.

QUE NOUS APPRENNENT LE TEXTE ET LES DOCUMENTS?

1. Sur la carte de la Savoie (doc. 4, page 147), localise Val-d'Isère.

2. Relève les différences entre les deux photographies du document 9, à la page 149.

3. Qu'est-ce qui a permis à Val-d'Isère de sortir de l'anonymat?

4. À l'aide du texte et des documents 6 et 8, donne les caractéristiques qui font de Val-d'Isère une station de ski de réputation internationale.

7 Station de ski de Val-d'Isère, en Savoie

6 Village de Val-d'Isère, la nuit, une station de ski internationale, en Savoie

8 Origine des touristes fréquentant Val-d'Isère (2003)

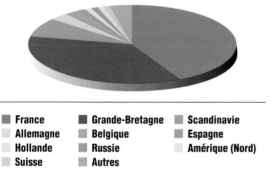

■ France	■ Grande-Bretagne	■ Scandinavie
■ Allemagne	■ Belgique	■ Espagne
■ Hollande	■ Russie	■ Amérique (Nord)
■ Suisse	■ Autres	

Source des données : Lettre d'information de Val-d'Isère.

9 Val-d'Isère avant l'installation de la station de ski, en 1910, puis dans les années 1980.

10 Plan des pistes de ski de la station de Val-d'Isère

C TOURISME ET PROTECTION DE LA MONTAGNE, DES OBJECTIFS INCOMPATIBLES?

1 Des investissements de plus en plus importants

Les **investissements** sont en hausse chaque année dans les stations de ski de la Savoie. Pourquoi de tels investissements? Bien sûr, les chiffres d'affaires sont colossaux: 881 millions d'euros* dont 48 % dans le seul département de la Savoie. Pour l'achat de remontées mécaniques neuves, on consacre 147 millions d'euros et pour les installations de neige artificielle, 5 millions, la plupart des sites étant équipés de canons à neige. La Savoie et la Haute-Savoie concentrent près de 70 % des investissements.

Investissements
Sommes d'argent attribuées au développement d'un site.

Les stations qui appartiennent à des groupes organisés sont plus dynamiques que celles qui appartiennent à des exploitants isolés. Dans les Alpes du Nord, trois acteurs financiers – le département de la Savoie, la CDA (Compagnie des Alpes) et le groupe Sofival – se partagent le contrôle des sept plus importantes entreprises de remontées mécaniques: Courchevel, La Plagne (doc. 14), Val-Thorens, Les Arcs, Val-d'Isère, Tignes et Les Menuires, dont les chiffres d'affaires dépassent les 35 millions d'euros *.

2 L'exemple de Paradiski

Ainsi, en Savoie, trois stations de ski se sont unies pour offrir un des plus grands domaines skiables du monde, les Arcs, La Plagne et Peisey-Vallandry, à 60 km d'Albertville. Ce nouvel espace offre des paysages encore plus diversifiés, des pistes variées, des sommets à plus de 3000 mètres et deux glaciers. Ces stations appartiennent à de grands groupes financiers, qui sont de véritables entreprises multinationales (doc. 11 et 13).

Pour réaliser ce vaste domaine skiable, il a fallu investir dans des équipements impressionnants: «Le Vanoise Express, le nouveau téléphérique qui relie [...] les domaines skiables de La Plagne et des Arcs (Savoie) – espace rebaptisé Paradiski en 2003 [...]. Composé de deux cabines à double étage, capables d'embarquer chacune 200 passagers et fonctionnant indépendamment sur deux faisceaux de câbles, il traversera en quatre minutes la vallée du Ponturin à la vitesse de 45 km/h. » (*Le Monde*, novembre 2003.)

3 Une protection impossible?

Relativement aux intérêts économiques en jeu, la protection de la montagne semble être difficile ou du moins souvent passer au second plan des préoccupations. La difficulté reste à concilier le tourisme de masse et ses exigences avec la protection de la montagne afin que les générations futures puissent à leur tour profiter de la montagne (doc. 12). Jusqu'ici, les pouvoirs publics ont répondu à cette préoccupation en plaçant en réserve certains espaces (les parcs naturels) qui excluent presque toute activité humaine. Les pays qui se partagent les Alpes occidentales (France, Italie et Suisse) se concertent et élaborent un plan «espace Mont-Blanc» qui permettra à la fois de maintenir une agriculture de montagne, de sauvegarder les milieux fragiles, de pratiquer un tourisme «doux», moins concentré dans certains espaces et, enfin, de s'attaquer aux nuisances provoquées par les transports liés aux activités économiques ainsi qu'au tourisme.

* Le 11 mars 2004, 1 euro valait 1,63 $CAN.

TÉS**ACTIVITÉS**ACTIVIT

QUE NOUS APPRENNENT LE TEXTE ET LES DOCUMENTS ?

1. Quel est le problème évoqué par l'auteur du document 12 ?

2. Quelles activités autres que les activités touristiques doit-on préserver dans les montagnes savoyardes (de la Savoie) ?

3. Quel document indique qu'il y a mondialisation de l'industrie touristique du ski ? Justifie ta réponse.

4. La Compagnie des Alpes détient une grande partie des stations de ski de la Savoie (doc. 11 et 13). Explique comment l'organigramme (doc. 11) illustre cette situation.

5. D'après la partie 3 du texte, le tourisme et la protection de la montagne sont-ils réellement incompatibles ?

TÉS **ACTIVITÉS** ACTIVIT

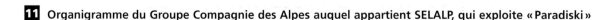

11 Organigramme du Groupe Compagnie des Alpes auquel appartient SELALP, qui exploite « Paradiski »

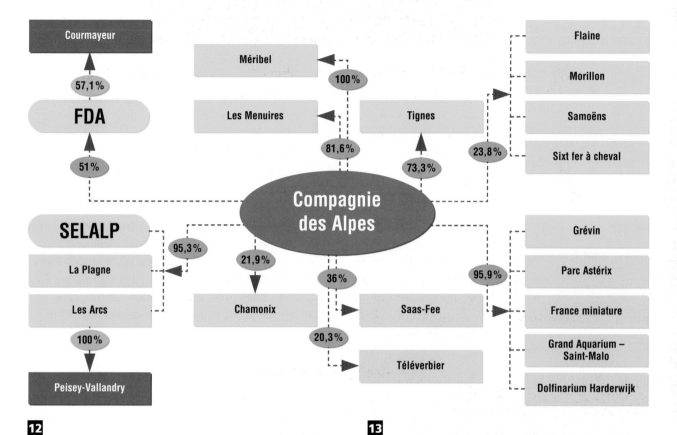

Courmayeur — 57,1% — FDA — 51%
Méribel — 100%
Les Menuires — 81,6%
Tignes — 73,3% — 23,8%
Flaine
Morillon
Samoëns
Sixt fer à cheval

Compagnie des Alpes

SELALP — 95,3%
La Plagne
Les Arcs — 100% — Peisey-Vallandry
Chamonix — 21,9%
Saas-Fee — 36%
Téléverbier — 20,3%
Grévin
Parc Astérix — 95,9%
France miniature
Grand Aquarium – Saint-Malo
Dolfinarium Harderwijk

12

LES PARADOXES DE LA MONTAGNE

« La montagne française offre un visage multiple et paradoxal. [...] Aujourd'hui, la représentation de la montagne s'articule autour de deux idées : d'une part, la montagne est conçue comme un espace à protéger et à valoriser ; d'autre part, elle est un espace de loisirs qu'il faut équiper. [...] Maintenir une montagne vivante tout en respectant les écosystèmes, est-ce inconciliable ? »

Source : *TDC*, n° 793, « La montagne française », CNDP 2000.

14 Station de ski de La Plagne, en Savoie

13

L'alliance Intrawest-Compagnie des Alpes

La Compagnie des Alpes est le premier opérateur (voyagiste) de stations de ski au monde. Elle contrôle entièrement ou partiellement le domaine skiable de 14 stations (Les Arcs, Tignes, Méribel, Peisey-Vallandry, La Plagne, les Menuires, Chamonix, Flaine, Samoëns, Morillon, Sixt, la Vallée blanche, Courmayeur en Italie et Vernier en Suisse), ce qui, dans l'année 1999-2000, représentait 10,2 millions de skieurs et de skieuses.

De son côté, Intrawest gère cinq stations de ski aux États-Unis et cinq au Canada (Whistler-Blackcomb et Panorama, en Colombie-Britannique, Blue Mountain-Ontario, Tremblant et Mont-Sainte-Anne au Québec). Elle possède une station balnéaire en Floride et quatre stations en construction aux États-Unis, en partenariat avec l'entreprise Four Seasons.

En juillet 1998, les deux sociétés (la Compagnie des Alpes et Intrawest) se sont alliées pour la gestion du plus grand ensemble de stations de ski au monde.

DOSSIER

TERRITOIRE 5 · LA LAGUNE DE VENISE

🌐 A- Venise, une ville anachronique ?

1. UNE VILLE SURGIE DU PASSÉ

1

> Au 5ᵉ siècle de notre ère, des populations Vénètes se réfugièrent au centre d'une lagune de 550 km², sur des îlots sablonneux pour échapper aux incursions barbares. Ces installations précaires se transformèrent en établissements permanents. Ce refuge initial de paysans et de pêcheurs devint en quelques siècles une ville qui, à la tête d'une puissance maritime, sut accumuler des richesses et devenir un lieu extraordinaire, peuplé de 200 000 habitants à son apogée au 15ᵉ siècle. La ville s'étend sur un ensemble de 118 îles très rapprochées, reliées par 160 canaux, le principal étant le Grand Canal.

D'après *Historia*, numéro spécial, juin 1996.

T6 **2** Vue aérienne de la lagune de la Venise contemporaine

3

> En ce 13ᵉ siècle, les ruelles, les canaux et les quais grouillent de marchands et d'artisans ; les négociants parlent d'affaires près du Rialto ; les calfats et les charpentiers se pressent autour de l'arsenal. Les rues du Rialto sont particulièrement actives. On travaille l'or et l'argent dans les rues des orfèvres ; on taille les flèches et on fabrique les armures dans les rues de la Spadaria et de la Frezzeria, on sculpte les coffrets dans la rue des Cassellerie […] C'est dans cette ville, extraordinaire creuset de peuples, de races et de langues, que grandit Marco Polo, né à Venise en 1251.

D'après *Historia*, numéro spécial, juin 1996.

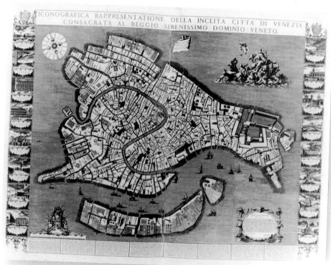

T6 **4** Plan ancien de la cité de Venise, en 1729

2. VENISE, UNE VILLE PRIVILÉGIÉE PAR LA BANDE DESSINÉE

 5 Basilique San Marco sur la Place Saint-Marc, à Venise. Tableau peint par Canaletto, entre 1735 et 1740.

 6

« C'est au Vénitien de cœur Hugo Pratt que l'on doit l'œuvre la plus célèbre et sans doute la plus profonde, dans laquelle Venise devient presque un personnage à part entière. [...]

Dans cette aventure, Corto Maltese part à la recherche de la « clavicule de Salomon », fabuleuse émeraude gnostique qui aurait appartenu au roi biblique. [...] Cette quête [...] permet à Hugo Pratt d'envoyer son héros dans quelques lieux hautement symboliques de la cité lagunaire.

La basilique San Marco et l'Arsenal (ancien chantier naval du XIIe s.) résument tous les mystères de Venise. »

Source : *Venise dans la B.D.*, juin 1999.

7 Embarcations sur le Grand Canal et, à droite, le palais des Doges. Cette illustration de Gilles Chaillet est tirée d'un album de bandes dessinées de la série « Vasco », *Ténébres sur Venise*.

DOSSIER

🌐 B- La lagune de Venise, victime de son succès ?

1. UNE IMAGE UN PEU USÉE ?

2

En 1994, presque 10 millions de visiteurs et de visiteuses ont investi la ville, soit 107 touristes par Vénitien, par an. Le flot ne semble pas menacé d'essoufflement, puisque depuis l'an 2000, en moyenne, 13 millions de touristes visitent Venise et les prévisions pour 2005 annoncent 15 millions de touristes.

3

« Depuis des années, Venise, à bien des égards, n'est plus à la hauteur de son image romantique. Il y a tant de monde en son centre qu'on peut à peine y circuler ; les boutiques vendent de la camelote au prix fort, que les marchands ambulants multiplient par 10 pour le touriste coréen, lequel achète un masque de carnaval fait en Corée.

La population locale n'est pas mieux lotie. Les services – des écoles aux hôpitaux – étant chassés de la ville pour faire place à des activités autrement rentables, comme les fast-food ou les boutiques de souvenirs, Venise parvient de moins en moins à retenir ses habitants. Sa population est aujourd'hui tombée à quelque 68 000 personnes*, à peine plus du tiers de son niveau de 1951. Cette évolution est bien compréhensible : les repas au restaurant sont très chers ; l'achat d'un produit de première nécessité – une paire de lunettes, par exemple – peut imposer une heure de transport jusqu'à une ville voisine. »

* 60 000 personnes en 2003.

Source : Antonio Paolo Russo, Université de Rotterdam, 1999.

1 Venise dans la publicité (pour des pâtes ou de l'alcool), le cinéma (Visconti) ou encore les grandes manifestations (Vogalonga, Regata Storica, Carnaval, Mostra, Biennale). La cité fait rêver, mais aussi vendre.

2. DES SOLUTIONS AU TOURISME DE MASSE ?

4

« Une des solutions consiste à dissuader certains touristes, les moins désirables : ceux qui, arrivant et repartant dans la journée, contribuent à congestionner les principales attractions touristiques, aggravent les problèmes de transport et de salubrité notamment, et ne dépensent que le minimum dans la ville. Ils sont sept millions par an à y passer quelques heures.

[...] (Il s'agirait donc de privilégier les touristes culturels sérieux) en émettant une "Carte Venise" multiservices qui offrirait à ces touristes des avantages dont ne jouiraient pas les autres.

[...] Ces touristes pourront plus aisément découvrir ce qui leur est proposé [...] La ville s'en trouvera mieux [...]. »

Source : Antonio Paolo Russo, Université de Rotterdam, 1999.

5 La ville de Venise a déjà commandé une campagne de publicité négative pour décourager certains touristes et sensibiliser habitants et touristes sur l'avenir incertain de Venise et de sa lagune.

6 Nombreux touristes visitant Venise

7

« Les enjeux du développement touristique [...] sont trop importants pour que la communauté internationale ne réfléchisse pas et n'engage pas des actions pour en limiter les effets négatifs et valoriser les facteurs positifs. La préservation du patrimoine culturel de l'humanité, de la diversité des paysages, des expressions culturelles et des modes de vie des populations de la planète est au cœur de la dimension culturelle [...] d'un développement durable [...]. Ce qui est en jeu c'est également le droit au voyage des générations futures, leur droit à la découverte, à la connaissance. À ce droit correspond un devoir, celui de préserver la diversité naturelle et culturelle de la planète [...]. »

Source : Hervé Barré, La décennie mondiale du développement culturel et le tourisme durable, UNESCO, 1997.

DOSSIER

● C- Comment maîtriser une lagune ?

1. DES INONDATIONS RÉGULIÈRES

1

Les pétroliers (plus de 1000 par an) qui pénètrent dans le Porto Marghera par la passe de Malamocco, les cargos, les vedettes transportant des centaines de touristes soulèvent des vagues qui accélèrent l'érosion et attaquent les fondations des immeubles.

Vingt ans de pompage des eaux souterraines ont fait baisser de 10 cm le niveau du sol de Venise. La ville encore dépourvue d'égout ne peut compter que sur les courants de marais pour l'évacuation de ses eaux usées, d'autant que les Vénitiens ont négligé de vider les boues des canaux urbains depuis des décennies. Les conséquences sont graves : on recense plus de 50 jours par an d'*acqua alta* ; la place Saint-Marc inondée seulement huit fois en 1925, l'a été à quarante-cinq reprises en 1992.

D'après Piero Piazzano, « Venise : la dernière utopie », *Courrier de l'Unesco*, septembre 2000.

2 La place Saint-Marc inondée, à Venise

 3

« Toutes les conditions météorologiques provoquant les inondations (la variation saisonnière du niveau de la mer, le sirocco, la basse pression atmosphérique) se trouvaient malheureusement réunies le 4 novembre 1966 et une spectaculaire *acqua alta* plongea la place Saint-Marc sous 1,20 m d'eau. [...] De nombreuses œuvres d'art furent détruites, 5000 Vénitiens perdirent leurs habitations et l'angoisse d'un éventuel engloutissement de Venise par la mer culmina.

Cette monstrueuse marée jeta la décrépitude de la ville à la face du monde : on réalisa le danger réel que représentent la fréquence et l'importance des *acque alte*. »

Source : UNESCO, le 7 novembre 1999, © Afp/Andrea Merola.

4 Venise (Marghera), un port pétrolier

2. LE REMÈDE, PIRE QUE LE MAL?

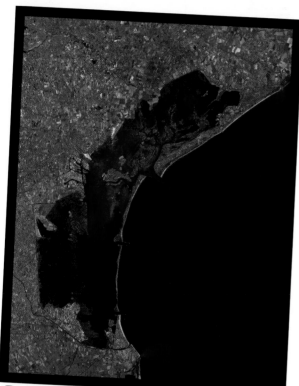

 5 Image satellite de la lagune de Venise séparée de la mer Adriatique. Le continent est en vert. L'eau est en bleu.

7

« La lagune ne fait pas partie de la mer; elle en est séparée par 50 km de plages de terre et de sable qui se terminent par les bouches des ports du Lido, de Malamocco et de Chioggia.

[...] de génération en génération, les hommes ont lutté contre les éléments [...]. Toujours prêts à affronter [...] les forces déployées par la mer ou la terre pour rompre cet équilibre, ils n'avaient qu'une chose en tête : préserver l'existence et la richesse de Venise, leur ville de pierre et de marbre édifiée sur des marécages, comme si c'était une ville à l'intérieur des terres. »

Source : Piero Piazzano, « Venise : la dernière utopie », *Courrier de l'UNESCO*, septembre 2000.

6

Le projet Moïse

« Le projet de digues mobiles pour protéger Venise, à l'étude depuis des années, a été adopté par la région de Vénétie. Imaginé en 1984, l'objectif est de trouver une solution à « l'*acqua alta* » (le phénomène des marées hautes). Ce projet prévoit de poser des digues mobiles remplies d'eau au fond des trois passes de la lagune et de les lever en y injectant de l'air comprimé, lorsque le niveau des marées dépassera 1 m, pour isoler ainsi la lagune de Venise et éviter les inondations (devenues) régulières. La réalisation de ce projet, baptisé Mose (Moïse), coûtera plus de 2,5 milliards d'euros (soit environ 4,1 milliards $CAN) et durera huit ans.

Mais certaines associations écologistes craignent un déséquilibre dans les échanges naturels entre eau salée et eau douce, entre dépôt d'alluvions et érosion, etc. Il faut savoir que les canaux de Venise bénéficient d'un léger courant qui emporte les déchets et nettoie les canaux. [...]

Le projet a été adopté par le gouvernement en décembre 2001. La première pierre vient d'être posée par S. Berlusconi, en mai 2003. »

Le système de vannes hydrauliques, en position fermée, laisse la passe ouverte.

L'eau des coffres est expulsée par l'air, les vannes sont relevées, la passe est fermée.

Source : Site Italie 1, Association loi 1901.

TERRITOIRE 6 TAHITI

A- Le mythe du paradis terrestre !

1. L'ÎLE BORA BORA, LA « PERLE DU PACIFIQUE »

2

« [...] 118 îles composent ce qui est devenu la Polynésie-Française, rassemblées dans 5 archipels : les îles de l'archipel de la Société, les Tuamotu, les Marquises, les Gambier et les Australes. Tous les archipels polynésiens sont des successions de volcans. Lorsque le volcan s'éteint, une ceinture de corail grandit à sa périphérie. Mais la montagne de basalte pèse lourd et s'enfonce dans la plaque océanique ; le corail, qui a besoin de lumière pour vivre, continue à croître le long de l'ancien périmètre du volcan. Plus le temps passe, à l'échelle géologique, et plus les restes du volcan diminuent pour finir par disparaître complètement. Il ne reste alors plus qu'un atoll à la surface de l'océan Pacifique Sud. »

Source : *Le Nouvel Observateur*, 22 juillet 2003.

1 L'île Bora Bora dans le Pacifique Sud

3

« Je me croyais transporté dans le jardin d'Eden ; nous parcourions une plaine de gazon couverte de beaux arbres fruitiers et coupée de petites rivières qui entretiennent une fraîcheur délicieuse... Un peuple nombreux y jouit des trésors que la nature verse à pleines mains sur lui. »

(Bougainville, *Voyage autour du monde*, 1768)

4 Hamac suspendu entre deux cocotiers au bord du lagon, à Bora Bora

2. LES VISIONS PARADISIAQUES RAMENÉES PAR LES EXPLO-RATEURS ET LES PEINTRES

6 Photographie inspirée de la toile de Paul Gauguin *Le marché*

5 *Le marché*, toile de Paul Gauguin, peintre français (1848-1903), peinte à Tahiti en 1892
(Musée Kunstmuseum, Bâle, Suisse).

7

Tahiti a aussi inspiré les écrivains :

« Le voyage de Bougainville est le seul qui m'ait donné du goût pour une autre contrée que la mienne [...]. Le Tahitien touche à l'origine du monde et l'Européen touche à sa vieillesse. »

Source : Diderot, *Supplément au voyage de Bougainville*, Flammarion, 1972.

« En ce qui concerne la nourriture, on peut presque dire que ces peuples échappent à la malédiction encourue par nos pères, et ce qu'on ne peut au contraire pas dire, c'est qu'ils gagnent leur pain à la sueur de leur front. La bienveillante nature les a pourvus à profusion non seulement du nécessaire, mais du superflu. »

Source : James Cook, *Relations de voyages autour du monde*, Librairie François Maspero, 1980.

8 *Homme cueillant un fruit dans un arbre*, Gauguin, 1897. « Je pars pour être tranquille, pour être débarrassé de l'influence de la civilisation », déclare le peintre en février 1891, alors qu'il va s'embarquer pour Tahiti.
(Musée de l'Ermitage, Saint-Pétersbourg, Russie)

🌐 B- Tahiti, une région touristique à développer ?

1. QUELS SONT LES ATOUTS ET LES CONTRAINTES DE L'ÎLE DE TAHITI ?

2 Les principaux centres d'intérêt de Tahiti

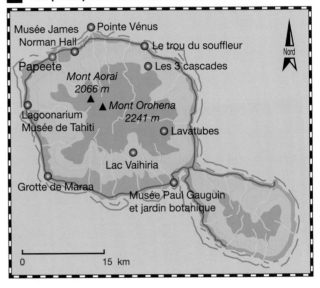

1

Tahiti présente un climat de type tropical, océanique, chaud et humide. La température de l'eau des lagons oscille entre 23° et 26°. Sa forme provient de la juxtaposition de deux volcans éteints. «Son point le plus haut culmine à 2241 m [...]. Son relief abrupt rend difficilement exploitable la majeure partie de sa surface. Ainsi, sur ses 1043 km², 150 seulement sont habités et exploités! En fait, toute la population se concentre sur la bande côtière.»

Source: Géographie et Climat. *Tahiti - Archipel de la Société*, Présidence du Gouvernement de la Polynésie-Française.

3

«La surface totale des terres émergées de l'Océanie intertropicale couvre environ 550 000 km², soit la superficie de la France métropolitaine au sein d'un espace océanique de 80 millions de km². [...]

De fait, les pays océaniens ont peu de contacts entre eux. C'est une contrainte économique majeure, car les pays sont à la merci des grandes compagnies aériennes qui peuvent mettre une économie par terre à partir d'une décision de suppression de ligne.»

Source: Conférence de Michel Lextreyt, «Îles et archipels du Pacifique Sud: du rêve à la réalité», au Café géographique d'Aix-en-Provence, 2004.

T5 **4** Le complexe hôtelier Beachcomber Intercontinental est l'un des plus beaux de Moorea, île voisine de Tahiti.

2. UN ESPACE TOURISTIQUE À DÉVELOPPER ?

5

«Pour assurer son développement et réduire le taux de chômage important (13,5%), Tahiti doit améliorer toutes ses performances. À commencer par le domaine du tourisme. Celui-ci enregistre un solde positif annuel de 335 millions d'euros (546 M $CAN). Un montant encourageant pour moins de 200 000 visiteurs par an, mais décevant par rapport à l'exceptionnelle qualité de ses sites naturels et à l'amélioration de ses structures hôtelières. [...]

Les voisins du Pacifique anglophone, comme les îles Fidji, présentent un taux de visiteurs trois à quatre fois plus flatteur. Tahiti est une destination où la vie chère limite les séjours: 83% des visiteurs ne reviennent pas après une première découverte.»

Source: Claude Régent, «Une économie dépendante de la métropole», *Le Monde*, 10 juin 1999.

6 « Package Robinson Au bout du monde...

PRIX PAR PERSONNE À PARTIR DE 8000 $CAN

Tahiti-Maupiti-Tahaa-Bora Bora-Rangiroa / 18 nuits

Mardi Décollage de Paris à bord d'Air Tahiti Nui à destination de Papeete.

Mercredi à vendredi Bienvenue à Tahiti. Accueil typique polynésien, transfert à votre hôtel.

Vendredi à mardi Destination Maupiti. Son lagon aux eaux cristallines rivalise de beauté avec celui de Bora Bora. Ses nombreuses plages immaculées sous l'ombrage des cocotiers voisinent avec les plantations de pastèques et de melons, principale ressource de l'île avec le coprah.

Mardi à samedi Départ pour Tahaa, somptueuse montagne culminant à près de 590 m. Son lagon, aux dégradés de saphir et d'émeraude, paradis de la plongée et de la voile, communique avec l'océan par deux larges passes où jouent des dauphins bleus.

Samedi à mercredi Vous serez conduits à l'aéroport et volerez vers la troisième île de votre périple polynésien: Bora Bora que la nature généreuse a doté d'un lagon aux eaux translucides d'une incommensurable beauté; [...].

Mardi Arrivée à Paris, la tête remplie de souvenirs impérissables. »

Source: Catalogue 2003 de l'agence Tahiti-voyages.

7 Tahiti et le monde

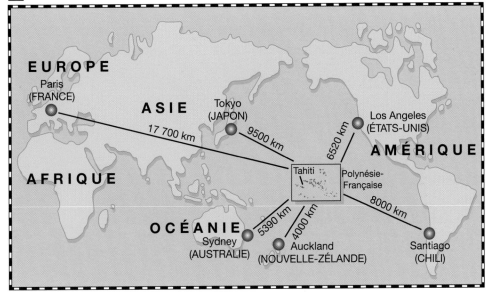

DOSSIER

🌐 C- Tahiti, quelle réalité ?

1. UN PARADIS POUR...
LES TOURISTES !

1

«L'image de cette île et des archipels de la Polynésie-Française n'est pas celle d'un espace urbain. On y imagine plutôt les paysages des Gauguin et Matisse ou les dépliants du Club Méditerranée. [...] La végétation est magnifique et le climat est tropical. Mais la pollution du lagon et les encombrements ahurissants n'en font un espace de rêve que sur les murs du métro parisien. [...] La manne du tourisme ne retombe pas sur toute la société. Elle est à deux vitesses, la fracture sociale se creuse. Misère, insalubrité, manque de formation en sont le signe. La violence, la drogue et la prostitution [...] existent même s'il ne faut pas en surestimer l'ampleur.»

Source : Dan Ferrand-Bechmann, Revue *Urbanisme*, nº 312, mai-juin 2000.

🌐 **2** Un embouteillage sur le boulevard Pomare (front de mer) à Papeete, ville de Tahiti

🌐 **3**

«Les migrations augmentent la pression urbaine sur Tahiti ; l'agglomération de Papeete concentre plus de la moitié de la population du territoire. La densité de population à Papeete est de 1300 hab./km², alors que la Polynésie a une densité moyenne de 55 hab./km².»

Source : La Présidence du Gouvernement de la Polynésie-Française.

T4 **4** Vue aérienne de la ville de Papeete (premier plan), capitale de la Polynésie-Française, avec la rade du port au second plan et l'île Moorea à l'arrière-plan

2. UNE ÉCONOMIE QUI TENTE DE SE DIVERSIFIER

5

«D'environnement, il devrait sans nul doute être question à partir de samedi en Polynésie-Française, qui a abrité les essais nucléaires français de 1966 à 1996. La France a procédé à 193 essais, dont 41 aériens, dans cette période. Après son élection en 1995, Jacques Chirac avait ordonné une ultime campagne d'essais, déclenchant un tollé dans la région. [...] Cette activité représentant 30 % du budget du territoire, l'arrêt des essais a cependant constitué un coup dur pour l'économie polynésienne, compensé depuis par des transferts de fonds de la métropole. Depuis 1996, la Polynésie s'est tournée vers le développement de la pêche, de la perle noire et surtout du tourisme.»

Source: *Le Nouvel Obervateur*, 22 juillet 2003.

6 Essai nucléaire en Polynésie-Française

3. UNE SOCIÉTÉ EN DIFFICULTÉ

7

«Oui, même aux antipodes de l'Europe industrielle, on nous aspire dans une société bureaucratique et technocratique qui aliène chaque jour plus le Polynésien traditionnel de tradition orale et enrichit toujours plus ceux qui sont familiers avec ceux qui contrôlent, qui imposent ce système. Là se trouve la raison essentielle de la fracture sociale de Tahiti.»

Source: Alex W. du PREL, Directeur de *Tahiti-Pacifique Magazine*, N° 100, juillet 1999.

8

«L'échec du gouvernement en matière d'emploi apparaissait déjà dans le rapport de sa mission d'évaluation (rapport rendu en l'an 2000) où l'on pouvait lire: "Il était indispensable de créer un minimum de 2500 emplois par an entre 1996 et 1999". Or, pendant cette même période, le meilleur score de la création d'emplois a été de 1900, en 1999. Notre économie soi-disant florissante continuerait par conséquent à "fabriquer" des chômeurs. Chômage et instabilité de l'emploi ont provoqué une véritable fracture sociale.»

Source: Fetia Api (Parti politique autonomiste de Tahiti).

ENJEU planétaire

Le tourisme de masse : attitudes, valeurs et comportements

Alternatif Différent, possible.

Développement durable Activités économiques visant le développement de l'industrie touristique en évitant d'en détruire les attraits pour les générations futures.

Équitable Juste.

Éthique Selon un code de bonne conduite.

Retombées financières Argent dépensé par les touristes.

Le tourisme de masse et ses méfaits

Le tourisme de masse se caractérise à la fois par le nombre important de touristes présents dans les mêmes lieux et par des attitudes qui, à long terme, mettent en danger les attraits qui ont attiré les touristes. Voici quelques exemples de conséquences négatives.

Faibles retombées financières dans les pays en développement : L'essentiel des revenus reviennent aux compagnies aériennes, aux agences de voyage, aux hôtels et aux autres compagnies internationales. Au Belize (Amérique centrale), 90 % de l'ensemble du développement côtier est entre des mains étrangères.

Le tourisme « gruge » de l'espace aux dépens d'autres activités économiques : À Djerba, dans le sud de la Tunisie, les constructions d'hôtels ont rapidement fait reculer les terres agricoles et les jardins au point que l'île produit désormais moins de 10 % de ses besoins alimentaires. (*Alternatives économiques*, juillet - août 2001.)

Dégâts environnementaux locaux et mondiaux : Un terrain de golf moyen en Thaïlande a besoin d'une tonne et demie de fertilisants et de produits chimiques de toutes sortes par an, et utilise autant d'eau que 60 000 habitants locaux.

Acculturation des populations : Les Masais de la région des Grands Lacs africains ont été déplacés pour créer des réserves naturelles que les touristes visitent ; à Hawaii (États-Unis), des lieux d'inhumation ont été détruits afin de construire des complexes touristiques.

T6 **1** Costa Blanca (Espagne) et station touristique de Benidorm en 1950

T6 **2** Station touristique de Benidorm en 2003

Plusieurs formes de tourisme alternatif

Devant les réactions des associations de protection de la nature et celles qui tentent d'aider les pays en développement, d'autres formes de tourisme sont envisagées. Car il n'est pas question de supprimer le tourisme, mais de le transformer. Cela ne peut être réussi que si le touriste lui-même souhaite utiliser ses vacances à autre chose que d'aller s'enfermer dans une station balnéaire, se faire bronzer toute la journée et reprendre l'avion sans être sorti de l'hôtel. Pour ce faire, d'autres formes de tourisme sont en train de naître.

Le tourisme « nature », **tourisme « vert »** : « voyager dans des régions naturelles relativement peu perturbées dans le but d'étudier, d'admirer et d'apprécier le paysage et les plantes et animaux sauvages qu'il abrite... » (Hector Ceballos-Lascurain)

Le tourisme éthique : rencontrer les habitants du pays dans lequel on voyage.

Le tourisme solidaire ou **équitable** : utiliser directement l'argent du tourisme pour soutenir des projets locaux de développement avec les populations locales.

L'écotourisme, **tourisme responsable** : passer une partie de ses vacances à s'engager personnellement sur le lieu de ses vacances dans des projets locaux de développement.

QUE FAIRE POUR QUE ÇA CHANGE ?

1. Observe les deux photographies à la page 164 (doc. 1 et 2). Décris en quelques phrases ce qui s'est passé en 50 ans sur la Costa Blanca.

2. Relève un passage du document 3 qui traite de la responsabilité humaine en tourisme.

3. Transforme le texte ci-contre en tableau. Dans la première colonne, énumère les conséquences négatives du tourisme de masse ; dans la deuxième colonne, donne un fait pour illustrer chaque conséquence et, dans la troisième colonne, précise quelle forme de tourisme alternatif pourrait éviter cette situation.

4. Rédige une ou deux phrases pour expliquer le schéma du document 4.

3

Les touristes sont-ils bêtes et méchants ?

ANDRÉ DÉSIRONT
LA PRESSE, MONTRÉAL, 29 OCTOBRE 2003.

« À l'heure où les gourous de l'Organisation mondiale du tourisme (OMT) parlent d'un tourisme "équitable", qui devrait être un outil de **développement durable**, cette déclaration jette une douche froide. On a accusé l'activité touristique d'être responsable de bien des maux. En contribuant au bétonnage de la Costa del Sol, de la presqu'île de Cancun ou du pourtour de la baie d'Acapulco, le tourisme de masse est certes responsable de quelques saccages écologiques locaux. En se cloîtrant dans les "tout-inclus" des Caraïbes ou du bassin méditerranéen, les Occidentaux ne favorisent guère la "rencontre de l'autre" et "l'échange". »

4 Liens entre tourisme de masse et attraits touristiques des foyers récepteurs

5 En Malaisie, les Ibans dépendent de la forêt pour leur survie. Le tourisme leur donne des raisons de protéger cette ressource.

TERRITOIRES AGRICOLES DANS DES MILIEUX À RISQUES

Comment concilier les activités agricoles et la fragilité des territoires?

« L'eau c'est l'âme, le lait c'est la vie. »
Proverbe touareg

Des marchés jardins
encerclant un puits et
des habitations, près
de Tombouctou, au Mali

LES PRINCIPAUX TERRITOIRES AGRICOLES DANS LE MONDE

T3

Cercle polaire arctique

Prairie **canadienne**

Tropique du Cancer

OCÉAN ATLANTIQUE

OCÉAN PACIFIQUE

Équateur

AMÉRIQUE

Amazonie

Pourcentage de la surface cultivée par rapport à la surface totale :

- plus de 50
- de 20 à 50
- de 5 à 19
- moins de 5
- Régions où les **pâturages** l'emportent sur les cultures

Tropique du Capricorne

Activités agricoles Au sens strict, les activités agricoles se rapportent à la culture des champs. Au sens large, elles désignent toutes les activités qui ont pour but la production de végétaux (culture des champs) et d'animaux destinés à l'alimentation (élevage).

Pâturages Portions d'un territoire agricole réservées aux animaux, notamment pour leur alimentation.

Territoire agricole Territoire où l'utilisation du sol est dominée par des activités économiques agricoles (culture et élevage).

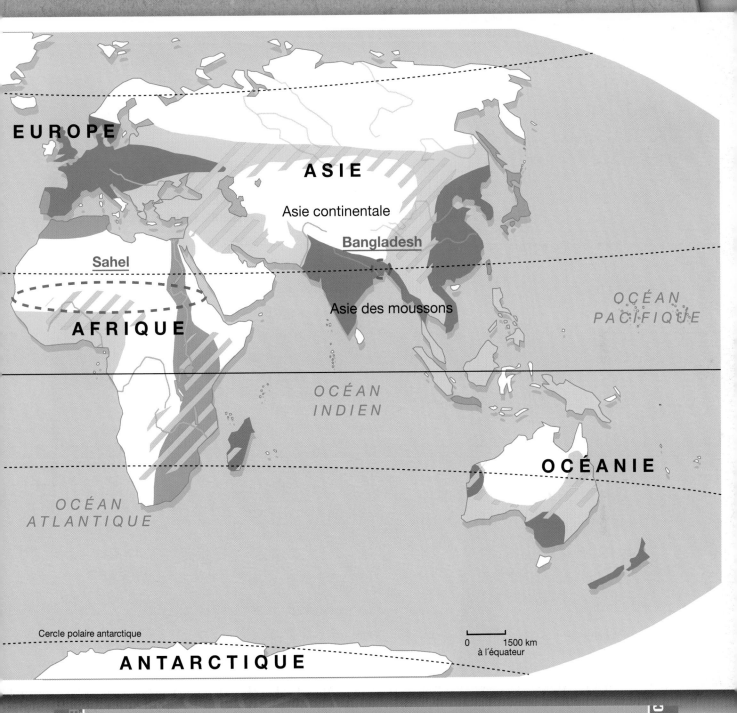

EUROPE

ASIE

Asie continentale

Bangladesh

Sahel

OCÉAN
PACIFIQUE

AFRIQUE

Asie des moussons

OCÉAN
INDIEN

OCÉANIE

OCÉAN
ATLANTIQUE

Cercle polaire antarctique

0   1500 km
à l'équateur

ANTARCTIQUE

QUE NOUS APPREND LA CARTE ?

LE TITRE DE LA CARTE

1. Sur quel type de territoires la carte nous renseigne-t-elle ?

LA LÉGENDE DE LA CARTE

2. Quelles sont les deux **activités agricoles** pratiquées dans ces territoires ?

LA CARTE ELLE-MÊME

3. a) Localisez sur la carte les **territoires agricoles** les plus intensivement cultivés.

   b) Nommez-les.

4. a) Localisez les territoires les moins intensivement cultivés en Amérique du Sud et en Afrique.

   b) Énumérez ceux qui sont nommés sur la carte.

QUELS SONT LES PRINCIPAUX RISQUES NATURELS POUR LES TERRITOIRES AGRICOLES?

Les inondations, un fléau majeur pour l'agriculture

De tout temps, les excès et les pénuries d'eau ont menacé l'agriculture (doc. 3). Les pluies ont toujours été irrégulières. Quand elles tombent en trop grande quantité, elles risquent de provoquer des inondations; quand elles tombent trop rarement, c'est la sécheresse. Les excès comme les pénuries, quand ils sont démesurés, causent des catastrophes naturelles qui ont des conséquences dramatiques pour les territoires agricoles ainsi que pour les agriculteurs et les agricultrices (doc. 4).

Catastrophe naturelle Une catastrophe est la rencontre entre un risque naturel et une situation humaine; elle se produit soit parce qu'elle était inattendue et brutale, soit parce que la société n'a pas pris les mesures de protection qui étaient nécessaires.

Continent Vaste étendue de terre délimitée par un ou plusieurs océans. Traditionnellement, on distingue six continents: l'Europe, l'Asie, l'Afrique, l'Amérique, l'Océanie et l'Antarctique.

1

	Principales inondations dans le monde au 20ᵉ siècle	
Année	Lieu	Nombre approx. de décès
1900	Galveston au Texas, États-Unis (1)	5 000
1911	Fleuve Chang Jiang, Chine (2)	100 000
1931	Fleuve Chang Jiang, Chine	3 700 000
1935	Fleuve Chang Jiang, Chine	142 000
1938	Fleuve Huang He, Chine (3)	870 000
1949	Fleuve Chang Jiang, Chine	57 000
1953	Pays-Bas (4)	2 000
1954	Fleuve Chang Jiang, Chine	30 000
1960	Bangladesh (5)	10 000
1963	Vallée de Vajont, Italie (6)	1 800
1979	Barrage de Morvi, Inde (7)	1 335
1991	Bangladesh	139 000
1991	Philippines (8)	6 000
1991	Huai He, Chine (9)	1 729

Note: Les numéros entre parenthèses renvoient au doc. 2, à la page 171.

Sources des données: World Commission on Water for the 21ˢᵗ Century, Vision mondiale de l'eau, Making Water Everybody's Business, rapport provisoire de la Commission, version du 14 novembre 1999 et CRED-EM-DAT, 2004.

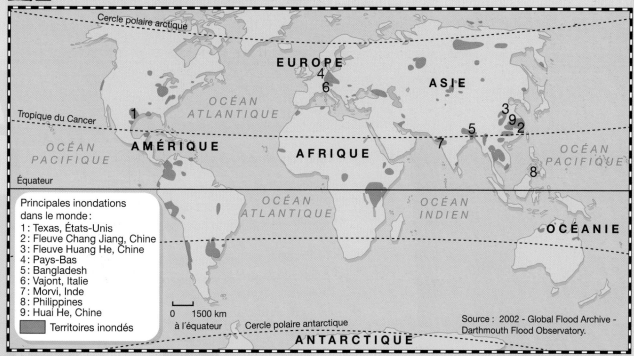

EUROPE

ASIE

OCÉAN
ATLANTIQUE

Tropique du Cancer

AMÉRIQUE

AFRIQUE

OCÉAN
PACIFIQUE

OCÉAN
PACIFIQUE

Équateur

OCÉAN
ATLANTIQUE

OCÉAN
INDIEN

OCÉANIE

Cercle polaire arctique

Principales inondations
dans le monde :
1 : Texas, États-Unis
2 : Fleuve Chang Jiang, Chine
3 : Fleuve Huang He, Chine
4 : Pays-Bas
5 : Bangladesh
6 : Vajont, Italie
7 : Morvi, Inde
8 : Philippines
9 : Huai He, Chine

Territoires inondés

0   1500 km
à l'équateur

Cercle polaire antarctique

ANTARCTIQUE

Source : 2002 - Global Flood Archive -
Darthmouth Flood Observatory.

3 Inondation dans le centre du Mozambique,
en mars 2000

4 Inondation dans le bassin du Zambèze,
au Mozambique, en 2000

QUE NOUS APPRENNENT LE TEXTE ET LES DOCUMENTS ?

1. À l'aide du texte de la page 170 et du document 1, imagine
   quelles peuvent être les causes des inondations.

2. Y a-t-il un **continent**, à l'exception de l'Antarctique, qui est à
   l'abri des inondations dans le monde (doc. 2) ?

3. Quel paysage est représenté dans le document 3 ?

4. Quelles sont les conséquences des inondations (doc. 1, 3 et 4) ?

Sécheresse et désertification : moins spectaculaires, mais tout autant destructrices

1

Des réfugiés « écologiques »

« Dans de nombreuses régions du monde, les **cultures pluviales** sont mal en point. L'augmentation des populations humaines et du bétail a entraîné une **dégradation des sols** causée par l'**érosion**, le **surpâturage**, les feux de broussailles, le déboisement et l'expansion de l'agriculture de labour sur des terres inadaptées de faible rendement. Dans les zones **arides** et semi-arides, qui représentent un tiers des terres émergées de la planète, ces dégradations se sont soldées par la **désertification**.

Les coûts en souffrance humaine sont élevés. Les sécheresses africaines de 1984-1985 ont touché de 30 à 35 millions de personnes ; la dégradation des terres et la désertification ont provoqué le transfert permanent d'environ 10 millions d'entre elles, que l'on a appelées plus tard des réfugiés écologiques. »

Source : *L'eau pour la vie*, FAO (Organisation des Nations Unies pour l'alimentation et l'agriculture), 1994 (Journée mondiale de l'alimentation).

Aride Très sec.

Cultures pluviales Cultures qui utilisent l'eau de pluie pour croître, sans apport artificiel d'eau (arrosage, irrigation).

Dégradation des sols Processus qui entraîne un appauvrissement des qualités du sol.

Désertification Transformation d'un espace fertile en désert.

Érosion Usure et transformation progressive du sol.

Surpâturage Il y a surpâturage dans un territoire quand le nombre d'animaux qui y sont élevés est trop important par rapport à la nourriture que peut fournir ce territoire.

QUE NOUS APPRENNENT LES DOCUMENTS ?

1. Quelles sont les causes de la désertification (doc. 1) ?

2. Ces causes sont-elles « naturelles » ou « humaines » (doc. 1) ? Explique ta réponse.

3. Quelles en sont les conséquences pour les humains (doc.1 et 3) ?

4. Repère dans le document 4 les trois plus grands espaces arides du monde.

5. Dans quel hémisphère et sur quels continents les trois espaces repérés au numéro 4 sont-ils principalement situés ?

6. Ces espaces arides sont bordés d'autres espaces qui sont menacés de désertification. Dans quel continent ces espaces menacés sont-ils le plus étendus (doc. 4) ?

2 La désertification progresse dans des zones où les derniers arbres géants, comme ce baobab, se meurent. On voit ici la région sud de Ndjamena, au Tchad, en 1989.

T4 **3** Un exemple de dégradation des sols : les Badlands (sols ravinés par de fortes eaux de ruissellement), en Alberta (Canada)

T3 **4** Les espaces menacés par la désertification (1998)

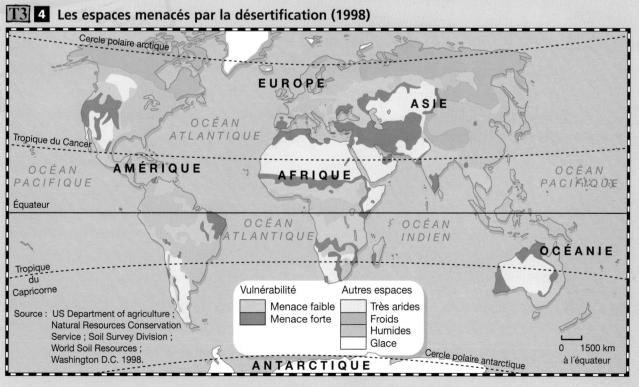

Cercle polaire arctique

EUROPE

ASIE

Tropique du Cancer

OCÉAN ATLANTIQUE

OCÉAN PACIFIQUE

AMÉRIQUE

AFRIQUE

OCÉAN PACIFIQUE

Équateur

OCÉAN ATLANTIQUE

OCÉAN INDIEN

OCÉANIE

Tropique du Capricorne

Source : US Department of agriculture ;
Natural Resources Conservation
Service ; Soil Survey Division ;
World Soil Resources ;
Washington D.C. 1998.

Vulnérabilité
Menace faible
Menace forte

Autres espaces
Très arides
Froids
Humides
Glace

0   1500 km
à l'équateur

Cercle polaire antarctique

ANTARCTIQUE

LE BANGLADESH

Comment gérer le risque d'inondation dans un territoire agricole vulnérable ?

1 Maisons inondées au sud-est de Dhaka, capitale du Bangladesh

2 Maisons inondées au sud de Dhaka

3 Inondations au nord de Barisal

4 Le Bangladesh fait face à un accroissement des cyclones et des inondations.

BANGLADESH

Un territoire agricole souvent inondé

CONTINENT : Asie

CAPITALE : Dhaka

SUPERFICIE : 144 000 km^2

POPULATION : 140 millions d'habitants

DENSITÉ : 1078 hab./km^2

POPULATION RURALE : 76 %

LANGUES : Le bengali et l'anglais

ESPÉRANCE DE VIE : 58 ans

PRINCIPALES CULTURES : Le riz (5,3 % de la production mondiale)

Source : « L'état du monde, 2004 ».

Bangladesh

Les inondations : une bénédiction ?

MISSION

Consulte les documents qui figurent dans les pages 176 et 177.
Avec ton équipe, écris une légende pour la photographie ci-dessous
et un commentaire s'y rapportant.

DOC. 1

DOC. 2

Les principales catastrophes qui ont touché le Bangladesh depuis 1970			
Inondations		**Cyclones**	
Année	Nombre de décès	Année	Nombre de décès
1974	28 700	1970	300 000
1984	1 200	1981	1 085
1987	3 004	1985	10 121
1988	2 440	1991	138 866

Source des données : CRED-EM-DAT, 2004.

Crues Débordements de fleuves qui sortent de leur lit habituel.

Mousson Vent tropical chaud et humide d'origine océanique qui déverse d'abondantes précipitations en été.

Pilotis Ensemble de pieux qu'on enfonce dans le sol pour ériger une maison au-dessus de l'eau ou sur un terrain peu stable.

Promontoire Ici, partie la plus élevée d'un espace.

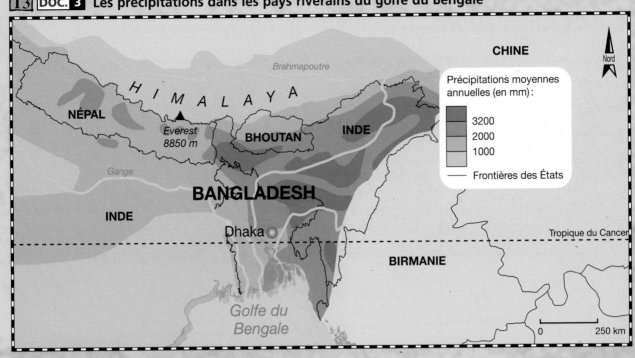

Les précipitations dans les pays riverains du golfe du Bengale

T2 DOC. **4** Les zones inondables au Bangladesh

Les zones inondables au Bangladesh

Plaine inondable
Terrasse et colline
Grande ville

0   100 km

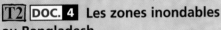

DOC. **5**

Les inondations de 1998

« La **mousson** a plongé sous l'eau les deux tiers du pays. Les inondations qui durent habituellement trois semaines, se sont prolongées deux mois. [...] La durée du fléau a fait perdre deux des trois récoltes de riz annuelles : il faudra importer quatre millions de tonnes de grains en plus. [...] Les **crues** sont indispensables à la fertilité des terres arables. [...]

Des techniques moins coûteuses (que les digues) sont envisagées : refuges sur **pilotis** contenant des vivres, de l'eau potable et des médicaments ; construction sur **promontoire** des centres de village (marchés, écoles) où la population pourrait trouver refuge ; mise sur pied d'un système d'alerte de la population efficace en négociant la collaboration du Népal et de l'Inde où coulent les trois fleuves dévastateurs. »

Source : A. Delobez, « Les inondations de 1998 », *Images économiques du monde 2000*, SEDES, 1999.

🌐 Les inondations : une malédiction ?

MISSION

En vous inspirant des documents présentés dans les pages 178 et 179, écrivez un poème à la gloire des trois puissants fleuves qui se réunissent dans le delta du Bengale (le Gange, le Brahmapoutre et la Meghna).

DOC. 1

« L'eau tue, mais fertilise les sols

Chaque été, les pluies de la mousson s'abattent sur le **delta** du Gange et du Brahmapoutre. Les **crues** des fleuves inondent les cultures. L'eau emporte tout, les hommes comme les récoltes. Pourtant, dix millions de Bangladais refusent de quitter leurs terres inondables parce qu'elles sont fertiles. [...] si fertiles qu'ils pourront obtenir quatre récoltes de riz par an... »

Source : © *GEO* n° 246, Éric Lebourhis « Survivre au déluge », août 1999, pages 101 et 107.

DOC. 2 Pêcheur sur le fleuve Meghna

DOC. 3 Paysage de rizières dans le delta du Bengale, au Bangladesh

DOC. 4

L'ALIMENTATION ET L'AGRICULTURE AU BANGLADESH : HISTOIRE D'UNE RÉUSSITE

« Ces dernières années, le Bangladesh est parvenu à l'autosuffisance en riz, sa principale céréale.

La production de riz est passée de 11,7 millions de tonnes en 1974 à 23,1 millions de tonnes en 2000, soit une augmentation annuelle de 3,6 % en moyenne. La production de blé est passée de 0,1 million de tonnes en 1974 à 1,8 million de tonnes en 2000. Les prix des céréales sont bas et stables, et la production continue à augmenter. »

Source : Gordon West, *Perspectives économiques*, Revues IIP, mai 2002.

Autosuffisance Capacité à subvenir à ses propres besoins sans aide extérieure.

 Delta Embouchure d'un fleuve en forme de triangle (la lettre grecque delta «∆»). Le delta du Gange est parfois appelé «Bouches du Gange».

Fertiliser Enrichir un sol soit naturellement, avec du fumier, soit par l'apport d'engrais chimiques.

Himalaya La plus haute chaîne de montagnes du monde, située en Asie.

DOC. 5 Trois fleuves pour un seul delta

Le Brahmapoutre (Jamuna)

Longueur : 2900 km

Source : Le nord de l'Himalaya

Pays riverains : Bangladesh, Chine et Inde

Le Gange

Longueur : 2510 km

Source : L'Himalaya occidental

Pays riverains : Bangladesh, Népal et Inde

La Meghna

Longueur : 210 km

Source : La vallée de Surma

Pays riverains : Bangladesh et Inde

Sources des données : Le *Courrier de l'Unesco*, octobre 2001 et *Columbia Encyclopedia*, Sixth Edition, 2003.

Misère : quelle est la responsabilité humaine ?

mission

Prenez connaissance des documents des pages 180 et 181. Imaginez que vous êtes des paysannes et des paysans bangladais sans terre, c'est-à-dire que vous ne possédez aucune terre. Les inondations viennent d'avoir lieu et, peu à peu, les fleuves rentrent dans leur lit, laissant apparaître des îlots au milieu de leur cours. Réunissez-vous en équipe et écrivez une lettre au député ou à la députée de votre «province» pour exposer votre situation ainsi que vos réclamations.

DOC. 1

QU'EST-CE QU'UN CHAR ?

«Les chars sont des îles fluviales, formées du sable et du **limon** déposés par les rivières en période de mousson. Plus de cinq millions de personnes vivent sur ces îles précaires [...]. La durée de vie d'un char dépend du bon vouloir de la rivière, qui peut **éroder** une île en quelques jours, ou l'épargner pendant plusieurs décennies.»

Source : «Bangladesh, terre mouvante», *Le Monde diplomatique*, décembre 1998, pages 16 et 17.

DOC. 2 Coupe schématique d'une vallée au Bangladesh

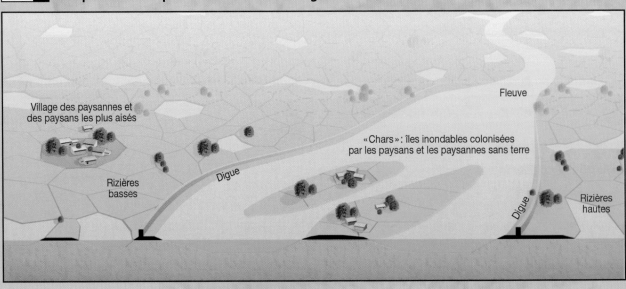

Village des paysannes et des paysans les plus aisés

Fleuve

Rizières basses

Digue

«Chars» : îles inondables colonisées par les paysans et les paysannes sans terre

Digue

Rizières hautes

Acre Mesure anglo-saxonne qui équivaut à un peu plus de 4000 m², soit 0,4 hectare.

Cadastre Document public qui donne la liste des parcelles de terres et leurs limites ainsi que les noms de leurs propriétaires.

Éroder (érosion) Détruire par une action lente ; ronger, dégrader.

Hectare Un hectare équivaut à 10 000 m².

Jamuna Autre nom donné au fleuve Brahmapoutre.

Limon Fines particules de roches déposées sur le fond ou sur les rives des fleuves.

Précaire Instable, fragile et dont la durée est incertaine.

DOC. 3 Des maisons sur un char

DOC. 4

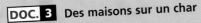

Un paysan sans terre occupant un char

« J'habite char Lata depuis six ans. Je ne possède aucune terre, même pas celle sur laquelle j'ai construit ma hutte. Elle appartient à un enseignant qui habite la ville de Patuakhali. [...] Son fils sert dans la marine. Ils m'ont envoyé plusieurs avis d'expulsion. [...] Il m'a menacé : « Nous allons te brûler toi et ta maison, [...]. » Lorsque les sans-terre de char Lata ont été attaqués [...], j'ai vu les hommes de main incendier les huttes et pourchasser les habitants.

Moi aussi j'ai été battu. [...] Partout des maisons en flamme et des gens blessés. Et, pourtant, il y a tant de terres sur ce char que si le gouvernement décidait de distribuer une *acre* et demie à chaque famille de sans-terre de la localité, il en resterait encore. »

Mohammad Altaf Hossain Hoaladar, Golachipa Thana, Patuakhali District.

Source : « Bangladesh, terre mouvante », *Le Monde diplomatique*, décembre 1998, pages 16 et 17.

DOC. 5

Des paysans propriétaires

« Il y a tout juste deux cents ans, la Jamuna coulait à 100 kilomètres au nord-est de son cours actuel. Les chars et les différents bras de fleuve qui existent à présent étaient constitués de terre ferme. En conséquence, toutes les terres, hors de l'eau comme sous l'eau, sont inscrites au cadastre et appartiennent à des paysans qui les ont héritées de leurs ancêtres. Sur la Jamuna, toutes les parcelles s'échangent et il existe même un cours de l'hectare sous l'eau. Car chacun sait que, tôt ou tard, une terre immergée peut resurgir, fertile et cultivable. »

Source : « Bangladesh, terre mouvante », *Le Monde diplomatique*, décembre 1998, pages 16 et 17.

◐ L'eau des fleuves, source de conflits ?

mISSiOn

Ta classe est divisée en deux parties, l'Inde et le Bangladesh. Consulte les documents des pages 182 et 183. Prépare des propositions pour une rencontre entre ces deux pays en vue d'obtenir un accord sur la façon d'utiliser les eaux du Gange de manière satisfaisante pour les deux pays.

DOC. 1 Le barrage Farakka, en arrière-plan, sur le Gange, en Inde. Ouvert ou fermé, ce barrage a des effets jusque dans le golfe du Bengale.

Eaux salines Eaux plus ou moins salées au contact de l'eau de mer.

Irriguer Apporter de l'eau dans des champs cultivés à l'aide d'un moyen artificiel, par exemple l'arrosage.

Mangrove Formation végétale des littoraux (bords de mer) tropicaux constituée principalement de palétuviers. Le palétuvier est un arbre qui arrive à respirer grâce à des racines aériennes, c'est-à-dire qui sortent de l'eau.

Un barrage **vital** pour l'Inde

Le barrage Farakka, situé sur le Gange, détourne une partie importante des eaux de ce fleuve dans un autre fleuve, le Hooghly. Celui-ci alimente la ville de Calcutta, un grand port indien. Ce port s'envase tant et si bien qu'il a fallu construire un nouveau port à Haldia, à 80 km de Calcutta.

Les eaux du Gange sont irrégulières : le barrage permet de retenir l'eau et d'irriguer les champs de régions très peuplées pendant les mois de sécheresse ; évidemment, quand s'annonce la mousson, le barrage est vidé pour pouvoir absorber une partie des crues.

DOC. 3

Un **cauchemar** pour le Bangladesh

Le barrage Farakka, situé sur le Gange, pose de vrais problèmes au Bangladesh.

En effet, pendant la saison sèche, l'Inde retient et détourne une grande partie des eaux du Gange au moment même où le Bangladesh aurait aussi besoin de cette eau pour irriguer ses terres agricoles. De plus, comme les eaux du Gange sont basses, le limon se dépose avant d'atteindre le delta favorisant ainsi le recul du delta (région de Sunderbans). De certains puits, surgit l'eau salée de la mer, la mangrove est alors menacée.

De plus, pendant la saison des pluies, quand la mousson s'annonce, l'Inde vide le barrage Farakka, ce qui favorise les inondations au Bangladesh.

T2 DOC. 4 **Le barrage indien Farakka et ses conséquences sur le territoire agricole du Bangladesh**

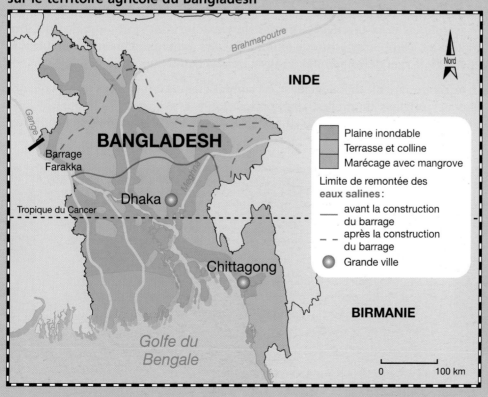

A- QUELLES SONT LES CAUSES NATURELLES DES INONDATIONS?

CAUSES NATURELLES DES INONDATIONS

Les fleuves qui descendent de l'Himalaya gonflés par la fonte des neiges

+

La mousson d'été qui apporte de fortes pluies pendant une saison des pluies courte

+

Les cyclones tropicaux qui déversent des précipitations violentes

+

Les cyclones tropicaux qui relèvent le niveau de l'océan et des fleuves

▼

INONDATIONS
risque naturel

 Le Bangladesh est un pays tout à fait particulier, car il est traversé par trois fleuves (le Brahmapoutre, le Gange et la Meghna). Ces trois fleuves se jettent dans le golfe du Bengale et forment le plus vaste delta au monde (doc. 3). Cet immense delta fertile est aussi le plus peuplé au monde, puisque plus de 100 millions de personnes y vivent. Ces trois fleuves sont à la fois les bienfaiteurs du Bangladesh et la cause de bien des tourments quand leurs eaux sont gonflées par la fonte des neiges, entre avril et juin, sur les hauteurs de l'Himalaya.

La mousson d'été (doc. 2), qui est un vent chaud et humide, provoque des pluies très abondantes quand elle aborde le continent asiatique. Les précipitations sont concentrées sur six mois de l'année, de mai à octobre. Ces pluies entraînent la montée des eaux des fleuves et des inondations qui affectent régulièrement le Bangladesh (doc. 2). On considère que près d'un tiers du territoire est recouvert par les eaux, chaque année.

Le Bangladesh est également frappé par des **cyclones tropicaux** qui surviennent pendant la période de la mousson. Ces cyclones produisent des pluies torrentielles et dévastent également le territoire sur leur passage. Les précipitations se déversent sur tout le territoire et surtout sur l'Himalaya où le Gange et le Brahmapoutre prennent leur source. Comme ces fleuves se rejoignent au Bangladesh, les crues s'additionnent et recouvrent une grande partie du territoire.

Ces cyclones tropicaux (doc. 2) sont des tempêtes violentes qui se forment sur l'océan et viennent s'abattre sur le delta. Ils peuvent provoquer de très grosses vagues (houles cycloniques) ainsi que la hausse du niveau de la mer au fond du golfe du Bengale (onde ou marée de tempête). Ils poussent l'eau vers l'intérieur des terres et favorisent ainsi le débordement des fleuves. Comme le territoire est très près du niveau de la mer, lorsque cyclones et crues se conjuguent, les inondations deviennent gigantesques (doc. 1).

Les inondations sont d'autant plus importantes qu'une grande partie des terres du Bangladesh sont très basses (doc. 4, page 177) et peuvent être facilement recouvertes par les eaux (les neuf dixièmes du territoire sont situés à moins de 30 m d'altitude). Cette caractéristique rendrait ce pays particulièrement vulnérable si le niveau de la mer devait monter à cause d'un réchauffement climatique.

Le territoire agricole du Bangladesh est soumis chaque année à ces risques qui ont tous des origines naturelles. L'importance de ces risques et la fréquence avec laquelle ils se transforment en catastrophes rendent ce territoire très hostile, du moins en apparence.

QUE NOUS APPRENNENT LE TEXTE ET LES DOCUMENTS?

1. Selon le texte et le document 1, à quelle époque de l'année ces fleuves sont-ils en crue?

2. Selon le texte et les documents 1 et 2, que peut-on conclure au sujet du rôle de la mousson dans les inondations catastrophiques?

3. Pourquoi la situation du delta du Bengale favorise-t-elle les inondations (doc. 3)?

4. Où les trois grands fleuves du delta du Bengale prennent-ils leur source (doc. 3)?

LE BANGLADESH

1

Des inondations catastrophiques

« Périodiquement se déclenchent des catastrophes majeures notamment quand les crues (entre avril et juin) des trois fleuves coïncident. [...] En avril-mai 1998, la crue du siècle inonde deux tiers du territoire et fait mille morts, le bétail et les récoltes sont anéantis.

Quand les effets des cyclones tropicaux s'ajoutent à l'inondation, c'est la catastrophe : 500 000 morts en 1970, 800 000 en 1971. »

Source : Georges Mutin, « De l'eau pour tous ? », *La Documentation photographique*, n° 8 014, avril 2000, page 28.

T2 **2** Cyclones et moussons dans le golfe du Bengale

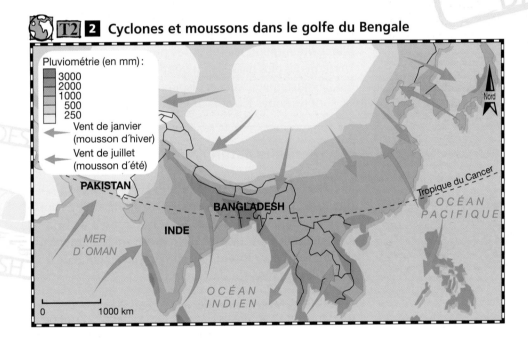

Pluviométrie (en mm) :
- 3000
- 2000
- 1000
- 500
- 250
- ← Vent de janvier (mousson d'hiver)
- ← Vent de juillet (mousson d'été)

PAKISTAN · BANGLADESH · INDE · MER D'OMAN · OCÉAN INDIEN · Tropique du Cancer · OCÉAN PACIFIQUE

0   1000 km

T2 **3** Les trois grands fleuves et le delta du Bengale

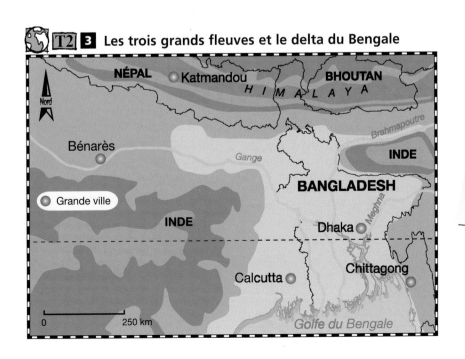

NÉPAL · Katmandou · BHOUTAN · HIMALAYA · Brahmapoutre · Bénarès · Gange · INDE · BANGLADESH · Grande ville · INDE · Meghna · Dhaka · Calcutta · Chittagong · Golfe du Bengale

Nord

0   250 km

Cyclones tropicaux Tempêtes intenses qui se forment au-dessus des mers tropicales et qui se caractérisent par des vents très violents ainsi que par des précipitations généralement abondantes.

B- LES HUMAINS RESPONSABLES DES CATASTROPHES?

RESPONSABILITÉS HUMAINES

1 Les attraits des terres les plus basses

On peut se demander pourquoi tant de gens se massent dans le delta du Bengale (doc. 4 et 6) ainsi que dans la plaine de Chittagong, alors que le territoire est régulièrement ravagé par les catastrophes.

Les fleuves et tout particulièrement le Gange, transportent des quantités importantes de limon qui fertilisent la terre. Ce limon est arraché aux régions que les fleuves traversent. On cultive beaucoup de céréales, et particulièrement du riz, dans des zones inondables tout près des fleuves.

C'est pourquoi, malgré les **risques naturels**, de très nombreuses familles s'installent dans ce territoire agricole. Les **densités de population** atteignent régulièrement près de 1000 hab./km^2. Ainsi, une inondation qui, ailleurs dans le monde, ne produirait que des dégâts matériels provoque ici des milliers de morts.

Bien évidemment, les terres les plus fertiles sont situées au plus près des fleuves. Les terres les plus basses sont très occupées. Les Bangladais les plus pauvres occupent des îles qui apparaissent et disparaissent au gré des crues, les chars (doc. 2, page 180). Ce sont les zones les plus menacées.

2 Du risque naturel au risque artificiel

La déforestation des forêts himalayennes

Les humains ont aussi leur part de responsabilités hors du Bangladesh lui-même. L'intense **déforestation** des pentes du massif de l'Himalaya, en Inde et en Chine, entraîne une érosion plus forte et un ruissellement plus intense. Si bien que les fleuves qui proviennent de l'Himalaya se chargent d'**alluvions** et débordent plus facilement et plus soudainement.

Les conflits internationaux pour l'eau

L'eau est un bien suffisamment précieux pour que les États se la disputent, surtout pendant les mois de sécheresse. Les fleuves qui traversent le Bangladesh prennent leur source dans d'autres États. La régularité de leur écoulement au Bangladesh dépend donc en partie de l'attitude de ces États. Il aura fallu 40 ans à l'Inde et au Bangladesh pour arriver à se mettre d'accord sur la gestion des eaux du Gange et s'entendre provisoirement (temporairement) sur l'utilisation du barrage Farakka situé en Inde (doc. 5).

Tous ces facteurs combinés expliquent que les inondations spectaculaires se transforment, au Bangladesh, en catastrophes très coûteuses en vies humaines. Ces inondations découlent donc à la fois de causes naturelles et de causes humaines.

Alluvions Dépôts de boue, de gravier, de sable, de limon ou de galets, laissés par un cours d'eau.

Déforestation Destruction de la forêt, déboisement.

Densité de population Nombre moyen d'habitants par unité de surface (nombre d'habitants par kilomètre carré, par exemple).

Risque naturel Danger potentiel dû à une cause naturelle, par exemple une éruption volcanique, une coulée de boue, un effondrement de terrain, une inondation, un ouragan, etc.

Riziculture Culture du riz.

4

Une fourmilière humaine

« Pourtant, en dépit du danger qui menace constamment ce pays, les densités humaines y sont très fortes [...]. La chaleur, l'humidité de la mousson et la régularité des hautes eaux sont extrêmement favorables à la **riziculture**, qui demande une main-d'œuvre abondante et assure en année normale des rendements suffisants pour la nourrir [...]. Ses qualités indéniables ont fait du delta une fourmilière humaine, qui continue à retenir ses habitants malgré les multiples catastrophes auxquelles elle est sans cesse exposée. »

Source : Daniel Noin, « Six milliards d'hommes »,
La Documentation photographique, n° 7023, juin 1994.

T2 6 Densité de population et relief du Bangladesh

- Plaine inondable
- Terrasse et colline
- Zone de marécages salés
- Densité supérieure à 600 hab./km²
- Grande ville

0   100 km

5 Farakka, dernier barrage avant le Bangladesh

Source : Revue Nature, vol. 422, 20 mars 2003, p. 254-256.

QUE NOUS APPRENNENT LE TEXTE ET LES DOCUMENTS ?

1. À partir du texte et du document 4, explique pourquoi il y a d'aussi fortes densités de population dans certains territoires du Bangladesh malgré les risques d'inondations.

2. Pour quelles raisons le barrage indien Farakka peut-il être à l'origine de tensions entre l'Inde et le Bangladesh (doc. 5) ?

3. Les zones de fortes densités de population du Bangladesh sont-elles à l'abri des inondations (doc. 6) ? Explique ta réponse.

C- QUELLES SONT LES CONSÉQUENCES DES INONDATIONS ?

LES CONSÉQUENCES DES INONDATIONS

Terres fertilisées par le limon

+

Riziculture et pisciculture productives

FORTES DENSITÉS DE POPULATION

Érosion croissante

+

Occupation des terres les plus basses

+

Épidémies de choléra et de dysenterie

+

Problèmes de communications

BEAUCOUP DE VICTIMES

1 Les conséquences positives des inondations : un delta attractif

Les fleuves qui traversent le Bangladesh prennent leur source dans les régions montagneuses de l'Himalaya. Ils arrachent des sols particulièrement fertiles aux régions qu'ils traversent et vont les déposer dans le delta qui forme la plus grande partie du territoire du Bangladesh. Ce limon est très intéressant, car il est très fertile et se renouvelle chaque année lors des inondations consécutives à la mousson d'été.

Sur les terres plates du delta, régulièrement inondées, les paysans et les paysannes pratiquent une riziculture qui connaît un grand succès (doc. 8). En effet, la production de riz serait passée de 12 millions de tonnes en 1974 à 38 millions de tonnes en 2003, ce qui permettrait au Bangladesh de ne plus importer de riz pour nourrir sa population. Une des clefs de cette transformation est qu'on a généralisé l'irrigation de la riziculture en saison sèche. Les fleuves ne font pas qu'amener du limon aux paysans, ils apportent également de la nourriture aux poissons dans les étangs ainsi que des **alevins**.

2 Les conséquences négatives des inondations : un delta dangereux

Les crues des fleuves provoquent une érosion importante des berges ou des chars (îles) dont certains disparaissent même d'une année à l'autre. Beaucoup de paysans et de paysannes sont sans terre et tentent d'occuper ces territoires agricoles même s'ils sont précaires.

Comme la population augmente considérablement, les paysannes et les paysans sont portés à occuper les terres les plus basses, soit les plus susceptibles d'être soumises aux risques d'inondation (doc. 10). Ces inondations sont à l'origine de problèmes sanitaires graves, car les eaux se polluent et des épidémies de choléra et de dysenterie frappent la population.

Alevin Très jeune poisson servant à repeupler les étangs et les rivières.

Aménagement L'aménagement d'un espace comprend la mise en place d'équipements et les travaux de construction nécessaires pour favoriser une activité économique.

3 Comment faire face à la situation ?

Les **aménagements** du delta ne sont pas sans conséquences négatives (doc. 7). Par exemple, les digues canalisent l'eau, mais si malgré elles il y a une crue, l'eau ne peut retourner dans le lit du fleuve. Elle stagne alors et ruine les cultures inondées qui ne supportent pas l'immersion prolongée. Si les digues sont efficaces, elles empêchent la réalimentation des étangs où les paysans pratiquent la pisciculture, ce qui compromet la pêche.

La mesure d'intervention la plus efficace semble être le déplacement des populations. Par exemple, en 1998, plus de 60 % du territoire a été inondé et il n'y a eu que 700 morts, ce qui est peu en comparaison des milliers de morts que ces inondations provoquaient régulièrement auparavant. Les autorités ont pris alors la décision de déplacer plus de 20 millions de personnes. Elles ont pu le faire à temps grâce à une surveillance par satellite et à des stations de contrôle réparties sur les principaux cours d'eau du pays (doc. 9).

T2 **7** Les aménagements contre les inondations au Bangladesh

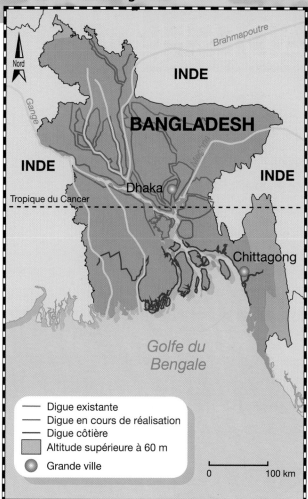

Légende :
- Digue existante
- Digue en cours de réalisation
- Digue côtière
- Altitude supérieure à 60 m
- Grande ville

0 — 100 km

8 Femmes au travail dans une rizière

9

Des solutions ?

« Un des projets mis sur pied pour résoudre le problème consiste à canaliser les crues entre des digues de terre compactée tout en permettant l'irrigation pendant la saison sèche.

Depuis un certain temps, également, la surveillance par satellites permet d'avertir les autorités et les populations. Depuis 1970, les habitants qui habitent dans les zones les plus dangereuses ont été encouragés à se munir d'appareils de radio. Il semble cependant que peu d'entre eux possèdent l'appareil nécessaire étant donné le faible niveau de vie de la population. »

Source : Yvette VEYRET et Pierre PECH, *L'homme et l'environnement*, © PUF, 2e éd. 1997.

T2 **10** Éléments du relief de la côte au sud de Chittagong (plaine de Chittagong)

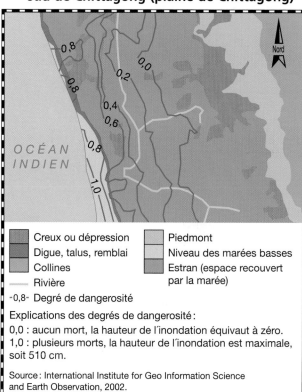

Légende :
- Creux ou dépression
- Digue, talus, remblai
- Collines
- Rivière
- -0,8- Degré de dangerosité
- Piedmont
- Niveau des marées basses
- Estran (espace recouvert par la marée)

Explications des degrés de dangerosité :
0,0 : aucun mort, la hauteur de l'inondation équivaut à zéro.
1,0 : plusieurs morts, la hauteur de l'inondation est maximale, soit 510 cm.

Source : International Institute for Geo Information Science and Earth Observation, 2002.

QUE NOUS APPRENNENT LE TEXTE ET LES DOCUMENTS ?

1. Sur quelle partie du fleuve les aménagements destinés à contrôler les crues sont-ils situés (doc. 7) ? Pourquoi ?

2. Quelle activité agricole la photographie montre-t-elle (doc. 8) ? De quoi cette culture a-t-elle besoin en grande quantité ?

3. Quelles mesures sont utilisées pour faire face aux inondations (doc. 7 et 9) ?

4. Quel enseignement les autorités peuvent-elles tirer du document 10 ?

LE POINT SUR LE
BANGLADESH

Il est particulièrement difficile pour un pays comme le Bangladesh
de faire face aux risques que représentent les cyclones et les inondations.
On considère aujourd'hui qu'il est impossible d'empêcher les inondations.
Il vaut mieux s'adapter au risque, prendre des décisions qui
en diminuent les effets dévastateurs, travailler à anticiper
les cyclones et les crues et apprendre aux populations à adopter
les attitudes qui conviennent.

CAUSES ET CONSÉQUENCES DES INONDATIONS AU BANGLADESH

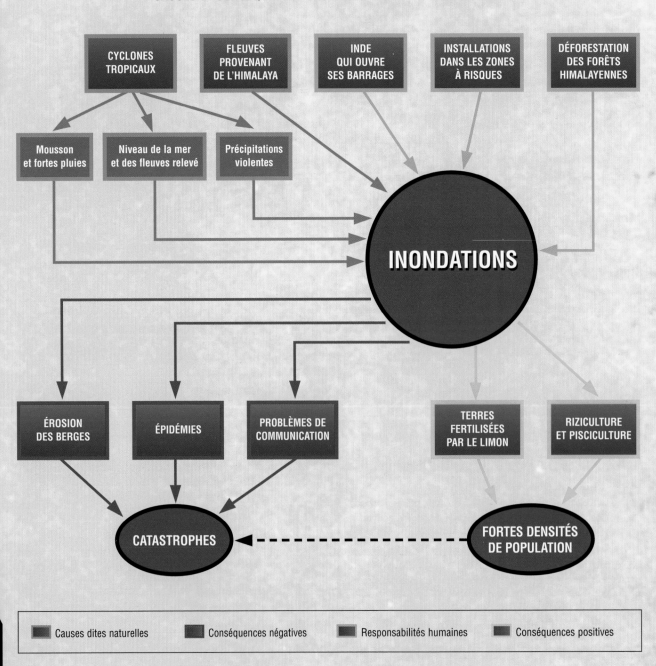

TERRITOIRES AGRICOLES – MILIEUX À RISQUES

Les inondations : une bénédiction ou une malédiction ?

Les inondations frappent régulièrement le Bangladesh, comme une malédiction qui s'acharnerait sur un État déjà très pauvre. Mais les femmes et les hommes s'accrochent et vivent très nombreux dans le delta formé par les trois fleuves.

D'un côté, ces fleuves apportent leur lot de catastrophes naturelles très meurtrières dues à la mousson d'été, aux cyclones et à la topographie du Bangladesh très plate et très près du niveau de l'océan. D'un autre côté, ils apportent annuellement une grande quantité de limon arraché à leurs cours supérieurs ainsi que des alevins et la nourriture qui leur convient. La pêche constitue donc un complément non négligeable à un régime alimentaire axé sur la consommation de riz.

Misère : quelle est la responsabilité des hommes ?

Si le Bangladesh est considéré comme un des pays les plus pauvres de la planète, la rudesse des conditions naturelles suffit-elle à expliquer la misère de la paysannerie bangladaise ? Plus des trois quarts de la population de cet État sont composés de paysans et de paysannes. Plusieurs sont des sans-terre et tentent de mettre en valeur les chars, c'est-à-dire des parcelles de territoire agricole provisoires et fluctuantes.

Mais les chars intéressent plus d'un paysan et d'une paysanne, car ce sont des îlots très fertiles. De plus, contrairement aux apparences, ils ne sont pas toujours sans propriétaire ou suscitent la convoitise de plusieurs. Cette lutte est parfois violente et n'arrange en rien les conditions de vie des plus démunis.

L'eau des fleuves, source de conflits ?

Il est étonnant de constater que, dans une région où il y a tant d'eau, de rivières et de fleuves, les cours d'eau sont l'objet de rivalités entre les États. Pourtant, ils sont source de conflits d'usage entre deux États qui se partagent le Gange, mais veulent utiliser ses eaux dans des buts différents et parfois contradictoires. Le Bangladesh ne détient donc pas seul les clefs de la lutte contre les crues des fleuves et les inondations que celles-ci provoquent.

À lire...

- des romans dont les intrigues te conduiront en Inde ;
- des ouvrages documentaires qui te feront mieux connaître l'Inde et le Bangladesh.

Fais une recherche à la bibliothèque pour trouver des ouvrages sur le Bangladesh, ou demande à ton enseignante ou à ton enseignant de te suggérer des titres de livres traitant du Bangladesh.

ACTIVITÉ DE DISCUSSION

Tu as sûrement déjà entendu parler d'inondations dans un endroit près de chez toi. Compare les causes et les conséquences de ces inondations avec les causes et les conséquences des inondations au Bangladesh.

D'AUTRES TERRITOIRES AGRICOLES

TERRITOIRE 2 | LA PRAIRIE CANADIENNE

 Concilier l'agriculture et l'environnement

 T4 Culture céréalière dans les Grandes plaines de la Saskatchewan

LA PRAIRIE CANADIENNE

** Un territoire agricole fragile**

CONTINENT : Amérique (Nord)

PAYS : Canada

PROVINCES : Alberta, Saskatchewan et Manitoba

SUPERFICIE : 19,6 % du Canada, soit environ 1 960 000 km^2

POPULATION : 20 % des Canadiens, soit 5 367 600 habitants

ACTIVITÉS AGRICOLES : La grande céréaliculture et l'élevage

Sources : Statistique Canada, 2004.

Prairie canadienne

REGARDS

TERRITOIRE 3 LE SAHEL

◉ Un territoire agricole menacé par la sécheresse

Jardinage minutieux : ici, des parcelles de différents légumes

LE SAHEL

🌍 **Un territoire agricole menacé par la sécheresse**

CONTINENT : Afrique

PAYS : Mauritanie, Sénégal, Gambie, Mali, Burkina Faso, Niger, Tchad et Soudan. Les cinq derniers pays sont enclavés dans le continent africain et comptent parmi les plus pauvres de la planète.

SUPERFICIE DES PAYS CITÉS : Près de 5 400 000 km²

POPULATION DES PAYS CITÉS : Plus de 103 millions d'habitants

CLIMAT : semi-aride

Source : CILSS (Comité Permanent Inter États de Lutte contre la Sécheresse au Sahel).

Sahel

CRÉER UN SCHÉMA OU UN TABLEAU

JOURS DE PLAINE

J'ai grandi sur la plaine,
je connais ses rengaines et ses vents

J'ai les racines dans la plaine
et toutes ses rengaines dans le sang

[...]

Y'a des jours de plaine
où dans les nuages on voit la mer

Y'a des soirs de plaine
où on se sent seul sur la terre

Y'a des nuits de plaine
où y'a trop d'étoiles trop de lune,
le ciel est trop clair

(Extrait de la chanson *Jours de plaine*, © 1980, Janvier Musique administrée par Universal-Polygram International Publishing Inc. / ASCAP. Avec la permission de l'éditeur. Tous droits réservés.)

Alberta

1 La Prairie canadienne, à l'ouest de Craigmyle, en Alberta

Gabrielle Roy est une auteure canadienne d'expression française née à Saint-Boniface, au Manitoba, en 1909. Elle enseigne dans son Manitoba natal jusqu'en 1937, année où elle part vivre en Europe pour deux ans. Ses œuvres les plus connues sont *Bonheur d'occasion* (1945), *Rue Deschambault* (1955) et *Ces enfants de ma vie* (1977). Elle meurt à Québec en 1983.

Dans l'extrait de roman qui suit, elle décrit un paysage des grandes Prairies de son enfance. On peut penser que ces souvenirs remontent aux environs de 1920.

 2 Gabrielle Roy, en 1945

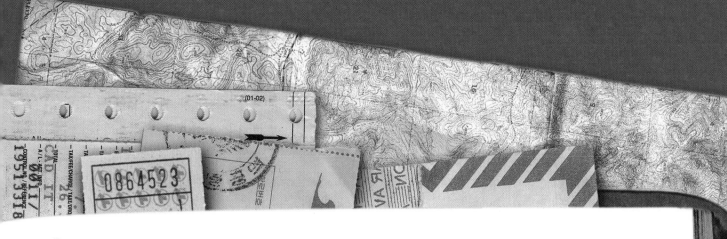

① Lisez l'extrait qui suit du roman *Rue Deschambault* de Gabrielle Roy et **dessinez** le paysage qu'il vous inspire.

« [...] En Saskatchewan, il vente non seulement l'hiver, mais presque tout l'été, et peut-être le vent de l'été y est-il encore plus mauvais que le vent d'hiver. On nous racontait, à nous qui n'avions jamais vu le désert, non plus que grand'chose en Saskatchewan, qu'il y soufflait un vent de Sahara. Ces comparaisons n'en firent pas moins souffler dans notre imagination le vent de Gravelbourg, ce vent plaintif, chaud, desséchant, qui tout le jour soulevait la pauvre terre, la réduisait en une poussière errante et malheureuse. Ainsi, peu à peu, s'en allait le meilleur du sol. Ma tante Thérésina nous écrivit une petite lettre bien triste où elle disait :

"Chère Éveline, je mets la main à la plume pour te dire qu'ici on est tous assez bien, sauf que je ne peux même pas sortir en plein été. Le vent m'étouffe… le bétail dépérit… les puits sèchent…" [...] »

Source : Gabrielle Roy. *Rue Deschambault*, © Fonds Gabrielle Roy.

▮▮ OBJET DE LA RECHERCHE

VALIDER LES ÉLÉMENTS DU PAYSAGE QUE VOUS AVEZ DESSINÉ

– Vérifier si le paysage agricole dans la Prairie canadienne aujourd'hui est comme celui que vous avez dessiné.

– Créer un schéma ou un tableau présentant sommairement la Prairie canadienne, décrivant les problèmes que vivent maintenant les agriculteurs de la Prairie canadienne et les moyens qui sont pris pour y faire face.

LA PRAIRIE CANADIENNE
PLAN DE RECHERCHE

1. Localiser la Prairie canadienne.

2. Créer une fiche sommaire pour situer et décrire ses principales activités agricoles.

3. Préciser les risques naturels et artificiels auxquels sont soumises les terres agricoles de la Prairie canadienne.

4. Dire comment les agriculteurs et les agricultrices tentent de minimiser les effets de ces risques.

▮▮ DÉMARCHE DE RECHERCHE

RECUEILLIR L'INFORMATION

 Un atlas, une encyclopédie, des ouvrages documentaires sur les provinces canadiennes de l'Ouest, des manuels scolaires, etc.

 Utilisez un moteur de recherche et tapez les mots ci-dessous. Ne consultez que les documents qui se rapportent à l'agriculture des Prairies canadiennes.

Mots-clés : Prairie canadienne, agriculture Manitoba, agriculture Saskatchewan, agriculture Alberta.

Attention ! Tout au long de votre recherche, n'oubliez pas de noter les sources documentaires que vous consultez. Procédez à l'aide de **fiches documentaires** construites à la manière des exemples qui suivent.

Si vous consultez un manuel, une encyclopédie, etc.:

Sujet de la fiche:
Références bibliographiques de l'ouvrage consulté (auteur, titre, maison d'édition, année, page où vous avez trouvé le renseignement).

Un conseil: Si vous transcrivez intégralement un texte, c'est-à-dire que vous faites une citation, soyez honnêtes, utilisez des guillemets.

Si vous consultez un site Internet:

Sujet de la recherche:

Adresse exacte du site:

Un conseil: L'opération « copier-coller » est seulement la première étape de votre recherche. Il faut ensuite choisir les renseignements pertinents et les traiter en vue du travail demandé.

❷   Complétez les rubriques suivantes.

LA PRAIRIE CANADIENNE

Elle comprend quelles provinces ?

Elle couvre quelle partie du territoire ?

PRINCIPALES ACTIVITÉS AGRICOLES

Historique :

Culture (type et production):

Élevage (type et production):

RISQUES NATURELS

Quels risques naturels menacent ce territoire ?

Quels sont leurs effets sur la production agricole ?

RISQUES ARTIFICIELS (ENGENDRÉS PAR LES HUMAINS)

Quels risques artificiels menacent ce territoire ?

Quels sont leurs effets sur la production agricole ?

LUTTE CONTRE CES RISQUES

Quels organismes luttent contre ces risques (naturels et artificiels) ?

Comment le font-ils ?

Quels sont les résultats envisagés ?

TRAITER L'INFORMATION

❸ **Analysez l'information** recueillie aux numéros 1 et 2. Essayez de faire ressortir les éléments qui peuvent vous servir à créer un tableau ou un schéma présentant la Prairie canadienne, les risques auxquels elle est soumise et les moyens pris pour lutter contre ces risques.

Pour y arriver, reproduisez et complétez des fiches semblables aux fiches ci-contre.

ORGANISER L'INFORMATION

❹ —ⓐ Faites d'abord une esquisse du schéma ou du tableau que vous avez l'intention de créer.

—ⓑ Parmi tous les renseignements accumulés, retenez ceux qui vous permettront de créer votre schéma ou votre tableau.

COMMUNIQUER L'INFORMATION

 Avant de réaliser votre tableau ou votre schéma, **consultez** la fiche d'évaluation que votre enseignant ou votre enseignante vous remettra. Cela vous permettra d'en respecter les critères d'évaluation.

❺ **Produisez** maintenant votre tableau et trouvez un moyen géographique de l'illustrer (cartes, croquis, photographies).

❻ **Vérifiez** si vous pouvez utiliser le paysage que vous avez dessiné après avoir lu le texte de Gabrielle Roy.

 N'oubliez pas de conserver votre tableau ou votre schéma dans votre portfolio.

ÉVALUATION DE LA DÉMARCHE

 Votre enseignant ou votre enseignante vous remettra un parcours d'évaluation. Celui-ci vous permettra d'évaluer votre démarche de recherche, de découvrir vos forces et vos faiblesses et de vous perfectionner lors de votre prochaine recherche.

LA PRAIRIE CANADIENNE
LOCALISATION

LA PRAIRIE CANADIENNE
PRINCIPALES ACTIVITÉS AGRICOLES

LA PRAIRIE CANADIENNE
RISQUES NATURELS

LA PRAIRIE CANADIENNE
RISQUES ARTIFICIELS

LA PRAIRIE CANADIENNE
FAIRE FACE À...

TECHNIQUE

Créer un tableau

- Le tableau doit avoir un titre.
- Chaque colonne, comme chaque ligne, du tableau doit avoir un titre qui sert à sélectionner et à organiser les renseignements.

Créer un schéma

- Un schéma doit rendre compte d'une situation dans ses grandes lignes.
- Le manuel présente plusieurs formes de schémas : modèles spatiaux, modèles logiques, constellation, organigrammes, etc.

REGARDS

TERRITOIRE 3 LE SAHEL

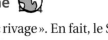

Afrique subsaharienne
Portion du continent africain
située au sud du Sahara.

Isohyète Courbe joignant les
points où les précipitations
moyennes annuelles sont égales.

Latitude Position d'un point
de la surface de la Terre par
rapport à l'équateur.

Limites longitudinales Limites
d'un espace terrestre en fonction
de sa position par rapport au
méridien d'origine.

Pluviométrique Qui se rapporte
à la quantité de pluie tombée.

Semi-aride Qui présente des
signes d'aridité, mais où les
précipitations permettent des
cultures pluviales.

A UN TERRITOIRE AGRICOLE DANS UN MILIEU MENACÉ PAR LA SÉCHERESSE

1 Le Sahel, une région subsaharienne

« Sahel » est un mot d'origine arabe qui signifie « rivage ». En fait, le Sahel est le rivage du grand désert du Sahara qu'il borde au sud. Certains voyageurs ont comparé le désert à une mer.

Le Sahel est situé en **Afrique subsaharienne**. C'est une bande de terre qui est comprise entre le Sahara et la forêt africaine. En ce qui concerne ses limites par rapport à la **latitude**, les géographes s'entendent pour dire que le Sahel est compris entre la zone où il tombe en moyenne au moins 250 mm d'eau de pluie par an et celle où il en tombe en moyenne au plus 1000 mm par an.

Pour ses **limites longitudinales** (est et ouest), les géographes considèrent que le Sahel s'étend de la vallée du fleuve Sénégal jusqu'à la mer Rouge. Comme les limites du Sahel sont **pluviométriques** (doc. 1), elles sont changeantes au fil des siècles, voire des décennies, car les pluies sont irrégulières en quantité, dans le temps et dans l'espace (doc. 2).

2 Le Sahel, un territoire menacé par la sécheresse

Le Sahel est un territoire agricole **semi-aride** à cause de plusieurs facteurs combinés :

– les précipitations sont saisonnières, insuffisantes et irrégulières ;

– la chaleur est importante et provoque une forte évaporation des pluies tombées (doc. 2) ;

– les sols pauvres absorbent faiblement l'eau qui n'est pas stockée, mais évaporée.

Ces trois facteurs réunis font que très peu d'eau est emmagasinée dans les nappes souterraines proches de la surface.

3 Les pays du Sahel

Le Sahel est principalement compris dans huit États : la Gambie, le Sénégal, la Mauritanie, le Burkina Faso, le Mali, le Niger, le Tchad et le Soudan. Aucun de ces États n'est exclusivement sahélien (doc. 1). Le Sahel représente une bande de 4000 km de long sur 600 km de large, soit à peu près 2 500 000 km^2 de superficie.

L'agriculture et l'élevage sont les activités économiques principales des pays du Sahel. Elles constituent près de 35 % de leur richesse. La majeure partie des populations de ces pays vivent dans les campagnes (50 % dans le cas de la Mauritanie et 80 % au Burkina Faso).

T3 1 Les limites du Sahel

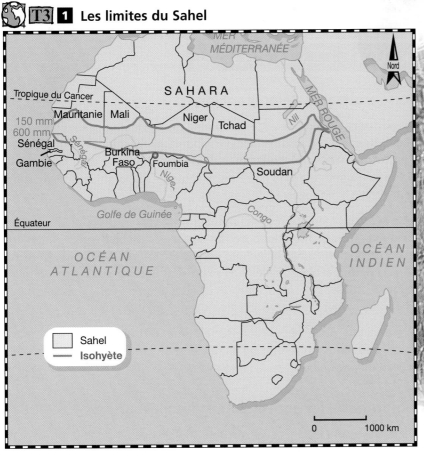

1973

Légende :
- Sahel
- Isohyète

1997

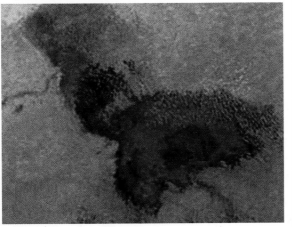

T8 2 Images satellites montrant la variation des limites du lac Tchad dans le temps (en turquoise foncé, l'eau)

ACTIVITÉS

QUE NOUS APPRENNENT LE TEXTE ET LES DOCUMENTS ?

1. À quoi correspondent les limites du Sahel ? Sont-elles politiques, climatiques, économiques ou autres (doc. 1) ?

2. Quels sont les principaux pays du Sahel ?

3. Quelle hypothèse peut-on faire sur les risques que courent les territoires agricoles du Sahel en comparant les deux images satellites (doc. 2) ?

ACTIVITÉS

B L'EAU AU SAHEL, UNE RESSOURCE INSUFFISANTE ET CONVOITÉE

1 Une forte croissance démographique

En dehors des périodes de sécheresse, le problème des agriculteurs sahéliens n'est pas la rareté de l'eau, mais son insuffisance par rapport aux besoins des populations. Le Sahel a connu une très forte **croissance démographique**, si bien qu'il existe aujourd'hui un déséquilibre marqué entre les **ressources** disponibles et les besoins des populations.

Pour faire face à cette augmentation de la population sahélienne, les agriculteurs ont supprimé la **jachère**, c'est-à-dire que toutes les surfaces agricoles sont maintenant utilisées. Mais cette disparition de la jachère n'a pas été compensée par la **fumure**, ou par l'apport d'engrais, si bien que les sols s'épuisent peu à peu. Les agriculteurs sont donc amenés à utiliser des sols impropres à l'agriculture et consacrés tradition-nellement à l'élevage souvent réservé aux **Peuls** (doc. 5).

Devant cette croissance de la population, les éleveurs ont aussi tenté d'accroître la taille de leurs troupeaux au risque qu'ils deviennent trop importants pour les pâturages et l'eau disponibles.

2 Les conflits entre les agriculteurs et les éleveurs

Les bergers peuls traversent le Sahel avec quelque 300 000 bovins qui leur fournissent la nourriture (doc. 5). Lorsque les pâturages se font rares, l'équilibre alimentaire de la tribu est menacé.

Depuis quelques années, le manque d'eau crée des conflits entre les agriculteurs et les éleveurs (doc. 3). Les mares, où l'herbe poussait autrefois pour les animaux, sont désormais consacrées à des cultures, comme celle du riz.

En période de sécheresse, les troupeaux se concentrent à proximité des points d'eau. Ils piétinent les sols et les détruisent jusqu'à 15 à 30 km autour du point d'eau. Les éleveurs font de l'**écobuage**, c'est-à-dire qu'ils brûlent les buissons afin que la nouvelle herbe repousse plus vite. Cette pratique accélère le ruissellement des eaux, qui ne sont plus absorbées par les sols, et accentue la dégradation de ces mêmes sols.

Croissance démographique Augmentation de la population d'un espace quelconque (ville, région, pays, etc.).

Écobuage Technique d'enrichissement des sols par les cendres résultant de l'incendie de la végétation sur une terre.

Fumure Technique d'amélioration d'une terre par l'apport de fumier (engrais naturel d'origine animale).

Jachère Terre agricole temporairement non cultivée pour permettre au sol de se régénérer.

Nomades Groupes humains qui n'ont pas de lieu d'habitation fixe et qui se déplacent selon les saisons.

Peuls Éleveurs nomades vivant au Sahel.

Ressource Richesse.

Touaregs Nomades vivant dans la partie la plus septentrionale (du nord) du Sahel.

3 Les conflits entre les peuples nomades

Au nord du Sahel, le manque de puits entraîne aussi une forte concurrence pour l'eau entre les **nomades** eux-mêmes. Il arrive que les **Touaregs** empêchent les Peuls de creuser des puits ou les fassent payer pour qu'ils abreuvent leurs animaux. Le dromadaire est l'animal élevé par les Touaregs alors que les Peuls se consacrent à l'élevage de la vache (doc. 3, 4 et 5).

3

Agriculteurs et éleveurs, des relations conflictuelles

« Depuis longtemps, les éleveurs et les agriculteurs échangent du lait contre des céréales et la garde des troupeaux paysans par des bergers peuls. Récemment, ils ont trouvé de nouveaux arrangements qui consistent en un prêt de bœufs de culture et un contrat de fumure. Ces formes de relations, qui soulignent la complémentarité des éleveurs et des paysans, posent cependant problème lorsque la densité humaine s'accroît. Dès lors, les conflits éclatent.

L'évolution démographique, le développement des cultures commerciales et l'augmentation de la taille des troupeaux sont aujourd'hui les principales causes de conflits entre les Peuls éleveurs et les Peuls agriculteurs. »

Source : Youssouf DIALLO et Günther SCHLEE.
L'ethnicité peule dans des contextes nouveaux.
La dynamique des frontières, Paris, Karthala, 2000.

 4 Troupeau de dromadaires buvant à un puits touareg au Mali

 5 Troupeau dirigé par des bergers peuls

QUE NOUS APPRENNENT LE TEXTE ET LES DOCUMENTS ?

1. Selon le texte et le document 3, pour quelle raison les Peuls et les Touaregs entrent-ils en conflit, notamment avec les agriculteurs ?

2. Quelle est la principale activité économique des Peuls et des Touaregs (doc. 4 et 5) ?

3. De quelle ressource vitale ont-ils besoin (doc. 4) ?

C UNE GESTION DE L'EAU À INVENTER

Au Sahel, la gestion rigoureuse de l'eau devient essentielle, d'une part parce qu'elle est une ressource rare et d'autre part parce que tant les éleveurs que les agriculteurs en ont besoin, ce qui crée des conflits entre eux. Le développement démographique important de l'Afrique sahélienne la force à accroître sa production de **cultures vivrières**. Mais cette production ne peut augmenter sans un apport d'eau additionnel par l'irrigation. Pour l'instant, l'Afrique sahélienne utilise moins de 2 % de ses ressources en eau douce pour irriguer ses champs.

1 La collecte de l'eau

Étant donné l'**aridité** qui sévit dans les pays du Sahel, il est essentiel de constituer des réserves d'eau. Après la vague des grands barrages, les experts se tournent aujourd'hui vers des réalisations plus modestes en capacité, moins coûteuses et plus dispersées (doc. 7).

Les eaux de pluie ruissellent avant de s'infiltrer dans la terre ou de rejoindre un cours d'eau. Toute une série de techniques peuvent être utilisées, comme le remblai au pied d'un arbre, de petits pièges (trous) ou des barrages. Une expérience menée dans des pays du Sahel montre que les pluies récoltées sur un hectare pour l'irrigation d'un second hectare permettent de tripler la production. Le potentiel de l'Afrique en matière de gestion de l'eau est largement inexploité (doc. 6).

2 Les techniques d'irrigation

Les techniques d'irrigation utilisées par les Africains doivent tenir compte de deux critères. D'abord, elles doivent être peu onéreuses, car les paysans et les éleveurs du Sahel sont parmi les plus pauvres de la planète. Ensuite, elles doivent chaque fois apporter de l'eau en petite quantité pour éviter d'accentuer la dégradation des sols.

Aridité (aride) État de ce qui est aride ; sécheresse.

Cultures vivrières Cultures destinées aux besoins alimentaires d'une population et non à la commercialisation.

– Le « goutte à goutte » est une méthode d'irrigation qui humidifie le sol seulement là où c'est nécessaire. Cette technique permet d'économiser plus d'eau que les systèmes qui consistent à inonder les champs ou à asperger les cultures. Elle est assez chère à installer cependant. Elle peut utiliser de l'eau de différentes origines, profondes ou non.

– Les « pompes à pédales » permettent d'aller chercher l'eau sans utiliser de carburant ni d'électricité (doc. 8). Ces pompes sont très faciles à construire et à utiliser, mais elles sont réservées à une nappe d'eau peu profonde se trouvant à cinq ou six mètres de profondeur tout au plus. Il s'agit en fait de pompes aspirantes qui ont pour atout un prix et un coût d'entretien bas.

3 Une gestion à l'échelle de la planète

Une autre façon de mieux économiser l'eau au Sahel consisterait à importer des produits alimentaires de régions extérieures, dans la mesure où ces régions seraient des régions humides. Par exemple, importer 1 kg de blé permettrait d'économiser 1 m^3 d'eau, mais encore faudrait-il que les consommateurs et les consommatrices du Sahel aient les moyens d'acheter ce blé. Ce n'est pas le cas.

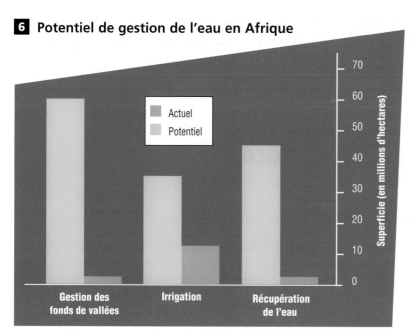

6 Potentiel de gestion de l'eau en Afrique

Superficie (en millions d'hectares)

- Actuel
- Potentiel

Gestion des fonds de vallées
Irrigation
Récupération de l'eau

Source des données: Aquastat, «Déverrouiller le potentiel de l'eau en agriculture», FAO (2002).

7

Concilier eau et santé

« [...] les pays africains ont été nombreux – notamment dans les régions arides comme le Sahel – à multiplier, dès les années 1960, barrages et systèmes d'irrigation.

[...] Aujourd'hui, force est de constater que ces aménagements ont rarement offert les bénéfices escomptés. Sur le continent africain, près de 40 % de la population continue de vivre dans l'incertitude alimentaire. De surcroît, les hydro-aménagements ont constitué un terrain propice aux maladies liées à l'eau [...] et ont parfois provoqué de véritables catastrophes sanitaires. »

Source: *Sciences au Sud*, Le journal de l'IRD (Institut de recherche pour le développement), n° 11, septembre/octobre 2001.

8 La pompe à pédales aspire l'eau des puits jusqu'à une profondeur de 8 m. Elle peut soulever jusqu'à 7000 litres d'eau à l'heure.

QUE NOUS APPRENNENT LE TEXTE ET LES DOCUMENTS ?

1. L'Afrique sahélienne utilise-t-elle toute l'eau disponible nécessaire aux cultures (doc. 6) ?

2. Pourquoi abandonne-t-on, en Afrique et ailleurs, la construction de grands barrages pour retenir l'eau (doc. 7) ?

3. Quels peuvent être les avantages de la pompe à pédales ? Quel peut être son inconvénient (doc. 8) ?

ENJEU planétaire

L'accroissement des milieux à risques, une menace pour les activités agricoles?

Drainage Action de retirer l'eau qui stagne dans un champ grâce à un système de canaux.

Stress hydrique Un stress hydrique (pression sur les ressources en eau) est subi lorsqu'un pays prélève plus de 20 % de ses ressources renouvelables en eau.

1

LE STRESS HYDRIQUE

« [...] Inévitablement une utilisation aussi intensive de l'eau pour l'agriculture fragilise les disponibilités en eau. [...] 20 pays sont dans une situation critique où plus de 40 pour cent de leurs ressources renouvelables en eau sont utilisées pour l'agriculture. [...] Selon cette définition, 36 des 159 pays en question (23 pour cent) connaissaient déjà un **stress hydrique** en 1998. »

Source : *Eau et agriculture, produire plus avec moins d'eau*, FAO (Organisation des Nations Unies pour l'alimentation et l'agriculture), Rome 2002, page 3.

Produire plus pour mieux nourrir plus de personnes

Étant donné que la croissance démographique de la planète se poursuit à un rythme important, les agriculteurs et les éleveurs doivent augmenter leur production. Or, ils ne peuvent relever ce défi que par deux stratégies :

– Mettre en culture des terres qui ne l'étaient pas jusqu'ici parce qu'elles ne s'y prêtaient pas vraiment. Pour ce faire, il faut procéder à l'« extensification » du territoire agricole par le défrichement de nouvelles terres, ou encore par l'irrigation de terres arides et le **drainage** de territoires humides, deux techniques qui peuvent dégrader les sols et, à terme, provoquer une réduction de ces espaces fertiles.

– Intensifier les cultures et l'élevage, c'est-à-dire arriver à produire plus sur une même superficie. Cela ne peut être réalisé qu'à l'aide d'une utilisation d'engrais, une sélection des espèces végétales et animales, des cultures hors sol... Autant de stratégies qui peuvent compromettre, elles aussi, la qualité de l'environnement (doc. 2 et 3).

Produire davantage, mais avec moins d'eau ?

Une meilleure utilisation de l'eau et le recours à des techniques d'irrigation qui gaspillent moins l'eau permettent de cultiver plus de terres avec un même volume d'eau. Mais certains pays sont déjà à la limite de la part de leurs ressources (doc. 1 et 2) qu'ils peuvent consacrer à l'irrigation, car les villes et les industries sont elles aussi de grosses consommatrices d'eau (page 60, doc. 1). Beaucoup trop de pays puisent exagérément dans leurs ressources hydriques renouvelables, au risque qu'elles ne se reconstituent pas à un rythme suffisamment rapide.

QUE NOUS APPRENNENT LES TEXTES ET LES DOCUMENTS ?

1. Comment les producteurs agricoles répondent-ils à la demande croissante de produits alimentaires (doc. 3) ?

2. Quelles sont les causes de l'accroissement des milieux à risques (doc. 3) ?

3. Quelle est la part de responsabilités des humains dans cet accroissement (doc. 3) ?

4. Quels sont les effets de cet accroissement des milieux à risques (doc. 3 et 4) ?

5. Peut-on continuer à irriguer des terres agricoles sans compter (doc. 1 et 2) ?

2 Stress hydrique dans le monde

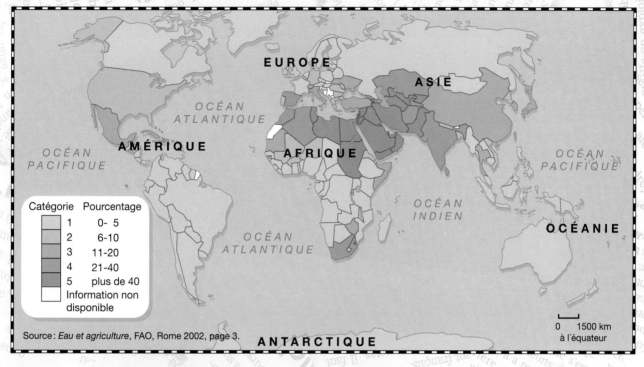

Catégorie	Pourcentage
1	0- 5
2	6-10
3	11-20
4	21-40
5	plus de 40
	Information non disponible

0   1500 km
à l'équateur

Source : *Eau et agriculture*, FAO, Rome 2002, page 3.

3 Activités agricoles et accroissement des milieux à risques

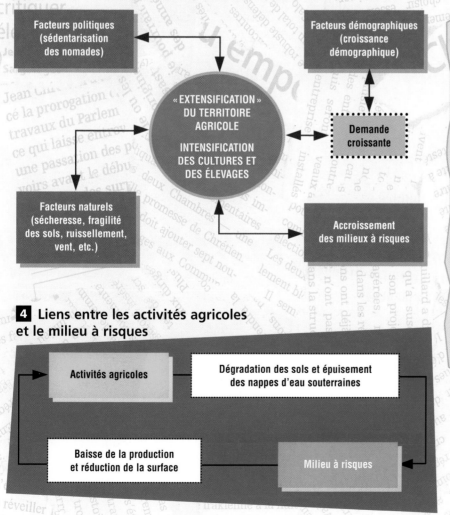

Facteurs politiques (sédentarisation des nomades)

Facteurs démographiques (croissance démographique)

« EXTENSIFICATION » DU TERRITOIRE AGRICOLE

INTENSIFICATION DES CULTURES ET DES ÉLEVAGES

Demande croissante

Facteurs naturels (sécheresse, fragilité des sols, ruissellement, vent, etc.)

Accroissement des milieux à risques

Saviez-vous que ?

- La culture d'un hectare de riz nécessite deux fois plus d'eau que la culture d'un hectare de blé. Importer 1 kg de blé plutôt que de le produire permet d'économiser 1 m^3 d'eau.

- Il y a 93 pays en développement qui consomment un peu plus de 2000 km^3 d'eau par an pour irriguer leurs cultures.

- En améliorant leurs techniques d'irrigation (le « goutte à goutte », par exemple), les agriculteurs et les agricultrices pourraient irriguer une superficie 33 % plus vaste, avec le même volume d'eau.

4 Liens entre les activités agricoles et le milieu à risques

Activités agricoles

Dégradation des sols et épuisement des nappes d'eau souterraines

Baisse de la production et réduction de la surface

Milieu à risques

Comment concilier les différents usages des forêts et leur protection?

« Auprès de mon arbre, je vivais heureux.
J'aurais jamais dû m'éloigner d'mon arbre... »
Extrait de la chanson *Auprès de mon arbre*,
de Georges Brassens, 1955

Déforestation dans l'État
du Pará, au Brésil

LES PRINCIPAUX TERRITOIRES FORESTIERS DANS LE MONDE

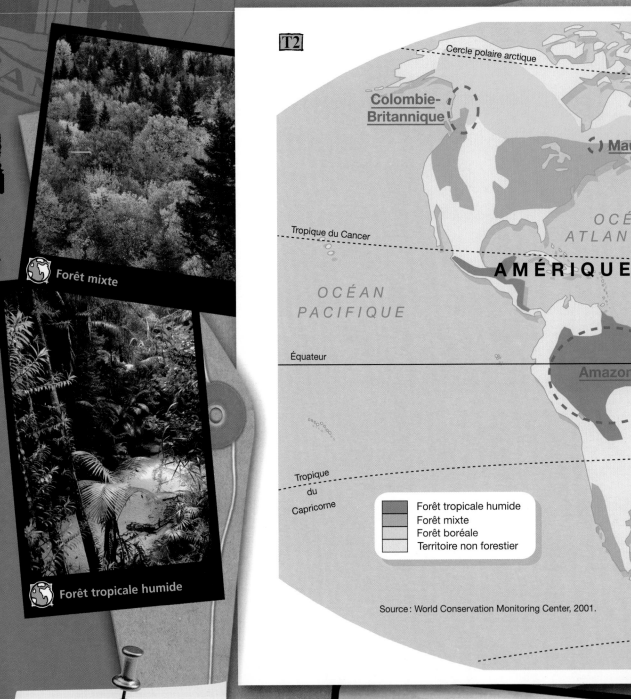

T2

Cercle polaire arctique

Colombie-Britannique

Mauricie

OCÉAN ATLANTIQUE

Tropique du Cancer

AMÉRIQUE

OCÉAN PACIFIQUE

Équateur

Amazonie

Tropique du Capricorne

Forêt tropicale humide
Forêt mixte
Forêt boréale
Territoire non forestier

Source : World Conservation Monitoring Center, 2001.

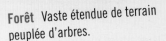
Forêt mixte

Forêt tropicale humide

Forêt Vaste étendue de terrain peuplée d'arbres.

Forêt boréale Formation végétale constituée essentiellement de conifères, associée aux climats froids de l'hémisphère Nord.

Forêt mixte Forêt constituée à la fois de feuillus et de conifères, caractéristique des climats tempérés.

Forêt tropicale humide Forêt associée à un climat chaud où les précipitations sont quotidiennes et abondantes.

Forêt boréale

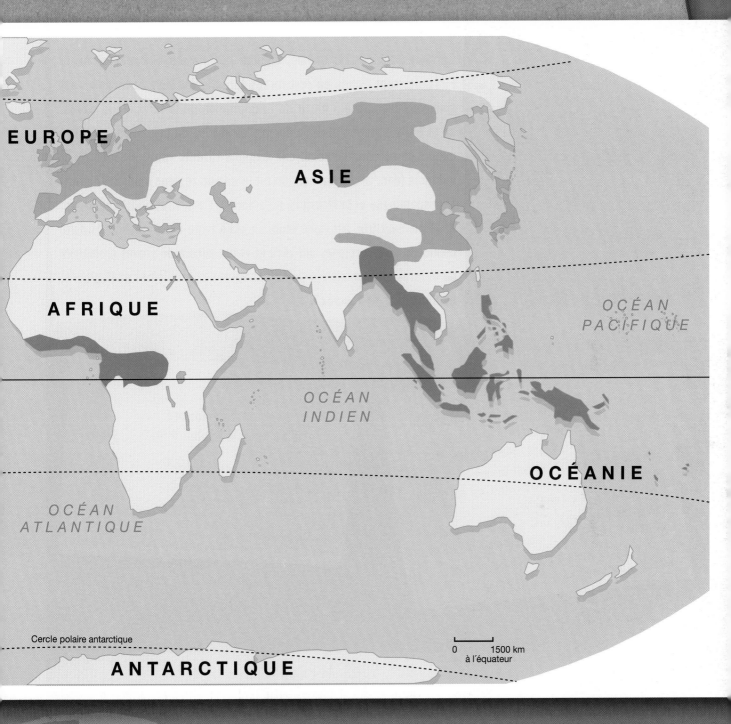

EUROPE

ASIE

AFRIQUE

OCÉAN
PACIFIQUE

OCÉAN
INDIEN

OCÉANIE

OCÉAN
ATLANTIQUE

Cercle polaire antarctique

0   1500 km
à l'équateur

ANTARCTIQUE

QUE NOUS APPREND LA CARTE ?

LE TITRE DE LA CARTE

1. Quel phénomène est représenté
   sur la carte ?

LA LÉGENDE DE LA CARTE

2. Quels grands types de **forêt** trouve-t-on
   au Québec et au Canada ?

LA CARTE ELLE-MÊME

3. Quelles régions du monde sont :
   a) les plus boisées ?
   b) les moins boisées ?

4. Pourquoi, selon vous, les forêts sont-elles
   ainsi réparties dans le monde ?

QU'EST-CE QUE L'EXPLOITATION FORESTIÈRE ?

L'EXPLOITATION FORESTIÈRE

Certaines régions du monde, comme la Colombie-Britannique ou la Finlande, sont riches en ressources forestières. Leur économie s'est souvent développée à partir de l'exploitation de la forêt, de la coupe, de la transformation et de la commercialisation du bois, moteur économique et source de nombreux emplois directs (doc. 1, 3 et 4) et indirects (doc. 2). Au Québec, ce fut le cas de régions comme l'Abitibi-Témiscamingue et la Mauricie, notamment. L'exploitation forestière est généralement très ancienne (doc. 5), mais faute d'une gestion durable, beaucoup de ces régions ont vécu et vivent encore de graves problèmes de déforestation auxquels s'ajoutent aussi des problèmes écologiques, économiques et sociaux.

Déforestation Destruction de la forêt, déboisement.

Drave Transport du bois sur l'eau d'un fleuve ou d'une rivière ; mot venant de l'anglais *drive*.

Exploitation forestière Activité économique de mise en valeur de la ressource forestière. C'est aussi le lieu où cette ressource est exploitée.

Gestion durable (des forêts) Exploitation forestière qui assure la survie et le renouvellement de la forêt.

PIB (produit intérieur brut) Total des richesses produites par un pays.

1

Importance économique de l'exploitation forestière dans certaines régions du monde

Zone	Nombre d'emplois directs	PIB (en %)
Canada	352 800	4,1
Brésil	1 600 000	4,5
Finlande	24 800	10,0

Sources des données : Ressources naturelles Canada, 2001 ; Association forestière finlandaise, 2000 ; Banque Mondiale, 2003.

QUE NOUS APPRENNENT LE TEXTE ET LES DOCUMENTS ?

1. Selon le texte et le document 5, l'exploitation de la forêt est-elle une activité récente ?

2. Fais une courte recherche pour connaître les régions du Québec où on exploite la forêt et donnes-en la liste.

3. À partir du texte et du document 1, indique une conséquence positive et une conséquence négative de l'exploitation forestière.

4. Selon toi, pourquoi dit-on que la forêt n'est pas toujours exploitée de manière durable (doc. 2, 3 et 4) ?

5. En t'aidant des documents des pages 210 et 211, donne ta propre définition de ce qu'est une exploitation forestière.

ACTIVITÉSACTIVITÉSACTIVITÉSACTIV ACTIVITÉSACTIVITÉSACTIVI

T5 **2** Une usine de pâtes et papiers installée à New Richmond, en Gaspésie

3 Exploitation forestière en Afrique centrale

4 Coupe d'arbres avec machinerie, dans une forêt mixte du Québec

5 Drave sur la rivière Saint-Jean (Nouveau-Brunswick) au début du 20e siècle

QUELS SONT LES PRINCIPAUX USAGES DE LA FORÊT ?

Déforestation, sylviculture, récréotourisme

🌍 DÉFORESTATION

Dans la forêt tropicale humide d'Amazonie, d'Afrique ou d'Asie du Sud-Est comme dans la forêt boréale canadienne ou russe, on abat chaque jour de vastes espaces de forêt pour permettre une exploitation forestière intensive ou pour de nouvelles exploitations agricoles (doc. 1). La déforestation n'est pas un usage de la forêt, mais le résultat de certaines activités qui peuvent la détruire si elles sont effectuées de manière trop intensive.

Toutes les forêts ne sont pas coupées à la même vitesse, mais la déforestation met en danger les réserves forestières du monde entier. Dans la plupart des cas, on la justifie en insistant sur les besoins de créer de la richesse et des emplois. Toutefois, de plus en plus de voix s'élèvent pour demander que le développement économique ne se fasse pas au détriment des ressources naturelles mondiales, mais dans une perspective de durabilité.

SYLVICULTURE

En sylviculture, comme en agriculture, on choisit le type de production que l'on veut faire. Ainsi, dans le cas d'une forêt, on peut sélectionner les essences les plus intéressantes ou les plus productives en fonction des besoins du marché ou à des fins de conservation (doc. 3 et 4). La sylviculture implique cette sélection, mais aussi une exploitation rationnelle de la ressource forestière, c'est-à-dire une coupe sélective des arbres, un entretien minutieux pour leur régénération et le reboisement des parcelles exploitées.

RÉCRÉOTOURISME

Considérée comme une ressource paysagère et écologique, la forêt est également utilisée dans de nombreux pays comme un atout touristique majeur (doc. 2). Qu'elle soit tropicale humide, boréale ou tempérée, on y aménage des parcs et des réserves naturelles. La forêt devient alors un espace de détente et de loisirs où l'on pratique le récréotourisme.

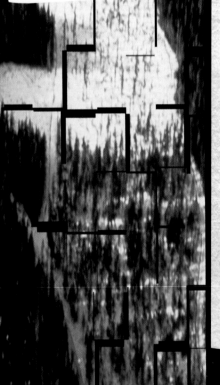

Récréotourisme (récréotouristique) Forme de tourisme basée sur les activités récréatives d'une région, plus particulièrement les activités de plein air.

Réserve naturelle Partie d'un territoire qui contient des espèces ou des milieux naturels ayant un intérêt exceptionnel et qui sont protégés par des mesures spéciales.

Sylviculture Exploitation rationnelle des forêts (conservation, aménagement, entretien, régénération, reboisement, etc.)

1 Exemple de déforestation dans la province de Kalimantan, en Indonésie

2 Le Parc de la Jacques-Cartier, au Québec, est propice aux activités récréotouristiques.

3 Sylviculture pratiquée dans les montagnes de l'île de Vancouver, en Colombie-Britannique, au Canada

4 Nouvelle plantation de résineux au Québec

QUE NOUS APPRENNENT LE TEXTE ET LES DOCUMENTS ?

1. Quels différents usages fait-on de la forêt ?

2. D'après le texte et les documents, quelles sont les activités les plus respectueuses de l'environnement ?

3. D'après le texte, dans quelles parties du monde la déforestation est-elle la plus importante ?

L'AMAZONIE

Comment gérer et préserver la forêt amazonienne ?

5

1 Route en construction à travers la forêt tropicale

2 Chasseurs amérindiens en Amazonie

Les Bibaros !... Les ennemis des Arumbayas !...

© Hergé / Moulinsart 2004.

3 Image extraite de l'album Tintin, *L'Oreille cassée*, de Hergé, dont l'action se déroule en Amazonie.

T7 **4** Image satellite montrant l'embouchure de l'Amazone dans le coin supérieur droit

5 Le Solimões, une des portions du fleuve Amazone, en amont de Manaus (Brésil)

L'AMAZONIE

La « Dernière Frontière »

CONTINENT : Amérique (Sud)

PAYS : Brésil, Pérou, Bolivie, Équateur, Venezuela, Colombie, Guyane française, Guyana et Surinam

SUPERFICIE DU BASSIN AMAZONIEN : 7 000 000 km², dont 60 % au Brésil

TYPE DE FORÊT : Forêt tropicale humide

POPULATION (en 2000) : 21 millions d'habitants

Source des données : Institut brésilien de géographie et de statistiques, 2000.

6 Une faune riche et pittoresque peuple l'Amazonie.

Amazonie

🌐 Enfer vert ou paradis terrestre ?

MiSSiON

Imagine que tu fais un voyage en Amazonie. Écris une carte postale à tes amis et tes amies pour leur faire part de tes impressions. À partir des documents des pages 216 et 217, quelle image de la forêt tropicale comptes-tu leur présenter ?

5

DOC. 1

L'enfer du Mato Grosso

« Le Mato Grosso (voir la carte à la page 221) était une terre sauvage où, seuls, par le passé, quelques peuples primitifs avaient pu vivre comme vivaient encore leurs descendants, les Indiens sauvages, dans des huttes à toits de palmes. [...] Au cours de sa vie aventureuse, Morane avait traversé bien d'autres forêts, [...] mais jamais il n'en avait contemplé une pareille à celle-ci, où les arbres se cimentaient en muraille jusqu'au bord même des fleuves. Le Mato Grosso était bien le pays de la fièvre, du désespoir et de la mort. »

Source : Henri Vernes, *Sur la piste de Fawcett*, collection Bob Morane, Volumes Lefrancq, 1954, ch. III, page 318.

Biodiversité Ensemble des êtres vivants (plantes et animaux) qui peuplent une région donnée et constituent la richesse environnementale de cette région.

Sanctuaire Lieu protégé pour la survie des espèces menacées.

DOC. 2

Un souffle rafraîchissant

« Le professeur Agassiz s'élève avec raison contre cette prétendue insalubrité du climat d'un pays destiné, sans doute, à devenir le centre le plus actif de production commerciale. Suivant lui, "un souffle léger et doux se fait constamment sentir et produit une évaporation, grâce à laquelle la température baisse et le sol ne s'échauffe pas indéfiniment. La constance de ce souffle rafraîchissant rend le climat du fleuve des Amazones agréable et même des plus délicieux." »

Source : Jules Verne, *La Jangada Huit cent lieues sur l'Amazone*, 1881.

 T5 DOC. 3 Manaus, une cité moderne au cœur de l'Amazonie

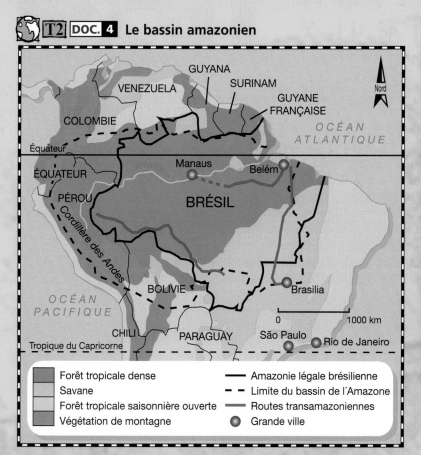

Légende :
- Forêt tropicale dense
- Savane
- Forêt tropicale saisonnière ouverte
- Végétation de montagne
- Amazonie légale brésilienne
- Limite du bassin de l'Amazone
- Routes transamazoniennes
- Grande ville

DOC. 5 Brume sur la forêt dans l'État du Pará, en Amazonie (voir la carte à la page 221)

DOC. 6 Plusieurs variétés animales et végétales vivent en Amazonie.

Une tarentule

Une orchidée

Une grenouille venimeuse

DOC. 7

UN SANCTUAIRE DE BIODIVERSITÉ

On estime qu'il existe dans le monde entre 5 et 80 millions d'espèces de plantes et d'animaux, qui constituent la biodiversité de la planète Terre. La plupart des scientifiques situent le nombre total d'espèces entre 10 et 30 millions. La forêt tropicale abrite plus de la moitié de ces espèces, même si elle couvre moins de 7 % de la superficie des terres émergées (en 1996).

D'après : Earth Observatory (Observatoire de la Terre), NASA.

🌐 Quels usages faire de la forêt amazonienne ?

MISSION

Imaginez que vous vivez au Brésil.
À l'aide des documents des pages 218 et 219, choisissez les usages
de la forêt amazonienne qui vous semblent les plus importants.
Écrivez une lettre au président du pays pour lui en faire part.

MISSION MISSION MISSION MISSION MISSION MISSION MISSION MISSION MISSION MISSIO

DOC. 1

LA ROUTE TRANSAMAZONIENNE

« Dans les années 70, la junte militaire au pouvoir au Brésil a ordonné la construction de la route Transamazonienne et a offert des terres gratuitement ainsi que des subventions à l'agriculture pour ouvrir la forêt tropicale au développement. Des milliers de pauvres se sont précipités, pour découvrir que certaines de ces terres se trouvaient au milieu de rivières, que peu de subventions étaient réellement disponibles et que la route devenait impraticable durant la saison des pluies. Aujourd'hui, cette route s'étend sur environ 5000 km et ressemble à une déchirure dans la couverture verte de la forêt tropicale humide. "Vue du sol," dit Sampaio, qui a vécu au bord de cette route étant enfant, "elle est le témoignage des promesses non tenues et des rêves brisés." » Depuis, plusieurs autres routes traversent l'Amazonie.

Source : Hannah Frost, «Brazil, Road to Nowhere» in *World with a View*, Mother Jones magazine, mars-avril 1997, © 1997, Foundation for National Progress.

DOC. 2 Une des routes transamazoniennes vue d'un avion

Agriculture sur brûlis Agriculture basée sur un défrichement par le feu des parcelles de terre.

Agroforesterie Système d'exploitation des terres intégrant la culture des arbres et des arbustes à l'agriculture traditionnelle et à l'élevage.

Colonisation agricole Action de mise en valeur du territoire pour les besoins de l'agriculture.

Garimpeiros Littéralement « Laveurs d'or », en portugais. Nom donné aux chercheurs d'or d'Amazonie.

Junte militaire Gouvernement formé de militaires.

DOC. 3

Un tourisme équitable ?

« Les représentants de la communauté (huaoranis) accueillent les touristes à leur arrivée et discutent avec eux de leurs problèmes écologiques et sociaux. Au cours de cette première réunion, chaque touriste paye le prix de ses nuitées au chef de la communauté, qui répartit l'argent entre toutes les familles. Les salaires des divers employés (guides, agents d'entretien, pilotes de canoë, etc.) sont fixés au double de ce qu'ils gagneraient en travaillant pour les compagnies pétrolières, principale source alternative de revenu. »

Source : Sylvie Blangy, «Des Amérindiens optent pour l'écotourisme», *Le Courrier de l'Unesco*, juillet-août 1999.

DOC. 4

AMÉRINDIENS ET ÉCOTOURISME

« Au cœur de la forêt humide de l'Équateur, à 45 minutes à pied de leur village, un petit groupe de Huaoranis, peuple amérindien de l'Amazonie, a construit une case au toit de palmes pour huit personnes. Un seul groupe de touristes par mois est accepté, pour deux à six jours : les Huaoranis craignent qu'une grande affluence ne menace leur style de vie traditionnel de chasseurs-cueilleurs et n'introduise de fâcheuses habitudes de consommation. Mais, pendant ce bref séjour, on accorde la plus grande attention aux visiteurs. [...] Les guides huaoranis accompagnent leurs hôtes en randonnée et leur font découvrir les plantes médicinales, l'écologie de la forêt humide, la relation qu'ils entretiennent avec l'environnement, et l'artisanat local. »

Source : Sylvie Blangy, « Des Amérindiens optent pour l'écotourisme », *Le Courrier de l'Unesco*, juillet-août 1999.

DOC. 5

Le sous-sol amazonien regorge de richesses minières. Ici, des *garimpeiros* cherchant de l'or dans la mine à ciel ouvert de la Serra Pelada, dans l'État du Pará au Brésil (1986).

Gentilshommes de fortune

[...]
On est des milliers dans la mine
Tremblants de cette fièvre d'or
On creusera jusqu'à la mort
Pour cette couleur assassine.

Le soleil est au fond du trou
Qui suinte l'eau et la vermine
On est des milliers dans la mine
Accrochés à ce rêve fou.
[...]
Saigne la boue, monte l'échelle
Les yeux creusés, le dos en sang
Quand les sourires n'ont plus de dents
Et que la main colle à la pelle.

Et si tu tombes du scorbut
Au fond des jungles du Pará
Au bord de Serra Pelada
Tu n'auras pas atteint ton but.
[...]

(Extrait de la chanson *Gentilshommes de fortune*, paroles de Bernard Lavilliers, musique de Pascal Arroyo, album *Voleur de feu*, Éditions Big Brother's Company, 1986.)

DOC. 6

ÉLEVAGE ET DÉFORESTATION

« Alors que le processus de colonisation progressait, il devint vite évident que la colonisation agricole en Amazonie allait étendre plutôt qu'intensifier la production. Certains chercheurs pensaient qu'il serait possible de remplacer l'agriculture sur brûlis par une agriculture moderne et l'adoption de systèmes [...] comme l'agroforesterie, mais ces espoirs furent brisés. Au lieu de cela, la majorité des petits colons [...] convertirent de nombreuses parcelles en pâturages pour l'élevage. Les grands propriétaires convertirent souvent directement 10 000 à 15 000, voire encore plus d'hectares, de forêts en pâturages. [...] Aujourd'hui, l'Amazonie brésilienne est une mosaïque d'usages du sol, mais l'élevage domine dans la plupart des régions. Malgré des décennies de recherches sur les solutions de rechange [...], l'élevage gagne sans arrêt du terrain. »

DOC. 7
Des fazendas d'élevage de buffles prolifèrent sur les bords de l'Amazone, comme ici dans l'État d'Amazonas, au Brésil.

Source : Merle D. Faminow, Senior Program Specialist for the International Research Center (CRDI).

La déforestation : par qui, pourquoi ?

mission

À partir des documents des pages 220 et 221, fabrique une affiche pour une organisation de défense de la forêt amazonienne qui mettra l'accent sur les dangers et les caractéristiques de la déforestation.

MISSION MISSION MISSION MISSION MISSION MISSION MISSION MISSION MISSION MISSION MISSION MISSIO

DOC. 1

Déforestation alarmante en Amazonie

La déforestation de la forêt amazonienne ne faiblit toujours pas, bien au contraire : la surface déboisée a augmenté de 40 % en 2002 par rapport à 2001, d'après les derniers chiffres du ministère de l'Environnement du Brésil. Près de 25 500 km^2 ont été détruits en 2002 contre 18 000 en 2001 et 12 250 km^2 en 2000, qui avait déjà été une année noire pour le poumon amazonien. [...] Les arbres de la forêt amazonienne sont principalement détruits, en toute illégalité, pour étendre la culture du soja, dont le Brésil pourrait devenir le premier producteur mondial dans quelques années.

DOC. 2

LE RÔLE DE L'EXPLOITATION FORESTIÈRE

« L'exploitation forestière constitue la première phase de la destruction. En 1997, l'exploitation forestière a endommagé près de 1,5 million d'hectares. En construisant des pistes, les compagnies forestières ouvrent la porte à d'autres activités telles que l'agriculture, la chasse, la collecte de bois de feu qui accélèrent le taux de déforestation. En 1997, la déforestation en Amazonie a touché 1,7 million d'hectares. »

Source : © Greenpeace.

Hectare   Un hectare équivaut à 10 000 m^2.

DOC. 3 Sciage du bois en Amazonie

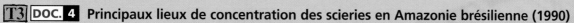

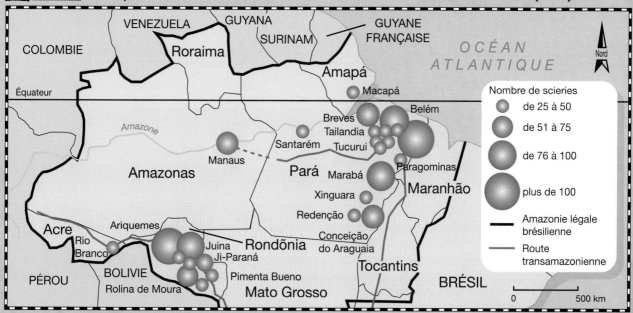

DOC. 5

La déforestation en Amérique latine

« L'exploitation intensive de la terre et du bois s'est traduite par une déforestation massive en Amérique latine. Des 998 millions d'hectares de forêts en 1970, il ne restait que 958 millions en 1980, 919 en 1990 et 913 en 1994, soit plus de 60 % de la quantité coupée sur l'ensemble de la planète. On estime, par ailleurs, la destruction de la *floresta amazonica* (forêt amazonienne, en portugais) à 5,8 millions d'hectares par an. Un phénomène qui prend une dimension particulière au Brésil puisque le pays représentait 8 % des exportations mondiales de bois dur en 1995. Cette déforestation progresse d'année en année et les études scientifiques établissent que le cycle de 25 à 30 ans nécessaire pour la régénération n'est désormais plus respecté. »

Source : Philippe Rekacewicz. « Déforestation en Amazonie », *Le Monde Diplomatique*, novembre 1996.

DOC. 6 **La colonisation agricole et l'agriculture sur brûlis sont parmi les principales causes de la déforestation en Amazonie.**

DOC. 7

Avança Brasil : une nouvelle menace sur la forêt amazonienne

PIERRE LE DANFF,
LE DEVOIR, 31 AOÛT 2002

« La vaste forêt amazonienne, l'une des dernières grandes forêts naturelles au monde, serait également menacée : selon des études récentes de chercheurs brésiliens et américains, si le gouvernement brésilien maintient son gigantesque programme de développement économique de l'Amazonie appelé *Avança Brasil*, d'ici 20 ans seulement, 28 % de la forêt amazonienne subsisterait (à noter que près de 15 % de sa superficie a déjà disparu et au moins 20 % de celle-ci est dégradé par l'exploitation forestière). »

Un développement forestier durable est-il possible en Amazonie ?

mission

Votre classe participe à une émission de radio dont le sujet est :
« Un développement forestier durable en Amazonie est-il possible ? ».
Partagez-vous en deux groupes : un groupe représentant
une compagnie forestière et l'autre, une association écologiste.
Préparez vos arguments, en vous aidant des documents des pages 222 et 223,
afin de défendre chaque point de vue lors du débat.

DOC. 1

LA POPULATION BRÉSILIENNE EN FAVEUR DU DÉVELOPPEMENT DURABLE

« Un sondage effectué en mai 2000 a révélé que 93 % des personnes interrogées ne considéraient pas la défense de l'environnement comme préjudiciable au développement du Brésil, et que 90 % estimaient qu'une exploitation plus intensive de la forêt n'aiderait en rien à réduire la malnutrition dans le pays. »

Source : Diana Alves, « Les Brésiliens veulent sauver leur Amazonie »,
Le Courrier de l'UNESCO, novembre 2000.

DOC. 2 Des grumes d'acajou, issues de l'exploitation forestière illégale, saisies par Greenpeace et le gouvernement brésilien

DOC. 3

La bonne gestion forestière

La seule manière de s'assurer que les produits forestiers amazoniens proviennent de concessions forestières légales et bien gérées est de vérifier s'ils ont bien été certifiés selon les normes du Conseil de bonne gestion forestière (*Forest Stewardship Council* ou FSC). Ce système international de certification et d'étiquetage, sans but lucratif, est établi par des groupes environnementaux, sociaux et économiques, dont Greenpeace. Le FSC supervise une certification avec un étiquetage unique et reconnaissable, auquel les consommateurs et les consommatrices peuvent faire confiance. Le Brésil joue un rôle majeur dans la formation et le développement des normes FSC, aux niveaux national et international. Cinq entreprises forestières de l'Amazonie brésilienne ont été certifiées jusqu'à présent et plusieurs autres sont en évaluation.

D'après Greenpeace, 2001.

DOC. 4

Pour être certifié FSC

« Pour obtenir la certification FSC, il faut que l'entreprise forestière ait respecté :

- l'application des lois locales ;
- les droits des peuples indigènes ;
- la santé, la sécurité et les droits des travailleurs forestiers ;
- la flore et la faune locales.

L'entreprise forestière doit aussi favoriser l'apport pour les travailleurs d'un vaste éventail d'avantages sociaux et accepter d'être inspectée par des organismes indépendants. »

Source : © Greenpeace, 2001.

DOC. 5

Les complications du développement durable

« Les habitants de la forêt sont surnommés les *caboclos*. Ils sont les descendants métissés des indiens et des *seringueros* portugais, venus de tout le Brésil, il y a 150 ans, pour s'engager dans la récolte du caoutchouc. Leur vie était rude, très rude. Elle n'a guère évolué depuis, très proche encore du mode de vie des indiens de la forêt. Aujourd'hui, ils doivent s'adapter aux changements imposés par les nouvelles réglementations découlant des mesures ECCO 2000 prises à Rio en 92. Le développement durable [...] nourrit leur culture, inséparable de la survie de la forêt. Mais dans son application pratique, ses contraintes administratives leur compliquent énormément la vie. Par exemple, l'obligation d'acquérir un coûteux permis de pêche, qu'il faut aller passer à Manaus, à des jours de bateau. »

Source : Teresa Garcia-Gill (OMM), « Le développement durable à l'épreuve du terrain », *UNSPECIAL*, N° 609 – Juillet-août 2002.

Aménagement L'aménagement d'un espace comprend la mise en place d'équipements et les travaux de construction qui sont nécessaires pour favoriser une activité économique.

Débusqueur Machine utilisée en foresterie pour transporter les arbres.

DOC. 6

DES TECHNIQUES CONCRÈTES D'EXPLOITATION DURABLE

« En accord avec un propriétaire foncier qui cherchait à vendre des droits d'exploitation du bois aux bûcherons, IMAZON a établi sur 50 ha (hectares) une parcelle de recherche et de démonstration des techniques d'aménagement durable. Les mesures comprenaient une modification du système de sylviculture, notamment une réduction de la période de rotation de 90 à 30 ans, le marquage initial des arbres à abattre, l'arrachage des plantes grimpantes susceptibles d'entraîner la chute ou de casser les arbres voisins, l'emploi de cales pour orienter l'abattage et la planification du terrain pour réduire le plus possible l'étendue des pistes et les dégâts. On a utilisé de petits débusqueurs plutôt que des tracteurs à chenilles lourds, pour éviter d'endommager le sous-étage et de compacter le sol. Les efforts supplémentaires demandés par ces méthodes d'aménagement ont fait l'objet d'un suivi attentif. »

Source : P. H. May et M. Pastuk, « Options en matière de mise en valeur des forêts tropicales... en Amazonie orientale », FAO (Organisation des Nations Unies pour l'alimentation et l'agriculture), ONU, 1996.

Développement durable Activités économiques visant l'exploitation des ressources tout en évitant de les épuiser.

Sans but lucratif Qui n'a pas pour but de faire des profits.

Seringueros Nom donné aux récolteurs de caoutchouc, au Brésil. Du nom portugais de certains hévéas, *seringa*.

DOC. 7 Groupe d'ingénieurs forestiers dans la forêt amazonienne

A- ELDORADO OU ENFER VERT ?

1 Qu'est-ce que l'Amazonie ?

La forêt du bassin de l'Amazone n'est pas limitée au Brésil (doc. 1). Elle occupe aussi le Pérou, la Bolivie, l'Équateur, le Venezuela, la Colombie, la Guyane française, le Guyana et le Surinam.

En l'an 2000, la forêt amazonienne représentait encore 30 % de la forêt tropicale de la planète, malgré un taux de déforestation annuel de -0,4 %, ce qui, entre 1990 et 2000, correspondait à un déboisement annuel d'une superficie de 23 093 km^2 (soit 23 fois la superficie du lac Saint-Jean, au Québec).

Le nom Amazone donné au fleuve qui draine ce bassin remonte au 16e siècle, au temps des premiers explorateurs espagnols de la région. Certains autochtones leur avaient signalé la présence d'une tribu de femmes guerrières, comparables aux Amazones de la mythologie grecque.

2 L'enfer vert

La forêt tropicale humide a longtemps été considérée comme un enfer vert, un milieu hostile aux humains, avec ses insectes, sa chaleur humide et étouffante, comme un endroit sombre où la lumière du jour ne pénètre qu'à peine.

Les films et les romans ont véhiculé l'idée d'une Amazonie hostile, impénétrable et malsaine. Pourtant, la structure de la forêt, avec ses différentes **strates** (doc. 3), fait que le sous-bois est loin d'être impénétrable, car les plantes n'y ont que peu de lumière pour se développer au niveau du sol. Quant à la température, elle est élevée, mais non insupportable. L'humidité incommodante est par contre une réalité et les précipitations y sont quotidiennes, même si elles ne durent pas très longtemps.

Légendaire Qui n'existe que dans la légende, dans l'imagination des gens, mais dont beaucoup de personnes parlent.

Strate Chacune des couches successives de végétation dans ce cas-ci.

3 Une grande richesse écologique

Depuis quelques décennies, la forêt tropicale en général et l'Amazonie en particulier sont vues de manière beaucoup plus positive. On les considère maintenant comme le « Poumon vert » de la planète, car elles auraient pour fonction biologique d'absorber le gaz carbonique et de produire de l'oxygène. On prend donc de plus en plus conscience à l'échelle planétaire de la nécessité de sauver ces forêts.

Un deuxième argument s'ajoute au premier dans la lutte menée par un grand nombre d'organisations écologistes pour protéger la forêt, celui de la sauvegarde de la biodiversité. La forêt tropicale abrite plus de 50 % des espèces animales et végétales du monde. Les Amérindiens utilisent certaines des plantes qui y poussent pour produire des médicaments fort efficaces (doc. 2) et plusieurs scientifiques pensent que parmi les plantes de l'Amazonie se trouve peut-être celle qui permettrait de mettre au point un médicament contre le cancer ou le sida. La biodiversité des forêts tropicales, menacée par la déforestation, offre donc un fort potentiel économique et l'enfer vert apparaît maintenant plutôt comme un Eldorado, ce pays **légendaire** et fabuleusement riche d'Amérique du Sud que recherchaient les conquistadors, des aventuriers espagnols du 16e siècle.

Si ces arguments en font un territoire attractif pour la communauté internationale, l'Amazonie est surtout importante aux yeux des Brésiliens et des Brésiliennes pour ses richesses naturelles et les avantages économiques qu'elle présente.

L'AMAZONIE

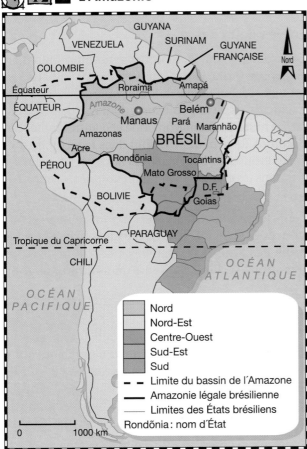

Carte :
GUYANA
SURINAM
VENEZUELA
GUYANE FRANÇAISE
COLOMBIE
Roraima
Amapá
Équateur
ÉQUATEUR
Amazone
Belém
Manaus
Pará
Amazonas
Maranhão
BRÉSIL
Acre
PÉROU
Rondônia
Tocantins
Mato Grosso
BOLIVIE
D.F.
Goiás
PARAGUAY
Tropique du Capricorne
CHILI
OCÉAN ATLANTIQUE
OCÉAN PACIFIQUE
Nord

Légende :
Nord
Nord-Est
Centre-Ouest
Sud-Est
Sud
— — — Limite du bassin de l´Amazone
Amazonie légale brésilienne
Limites des États brésiliens
Rondônia : nom d'État

0   1000 km

2 Les autochtones connaissent les propriétés médicinales des plantes de la forêt.

Émergents
Couche arborée
Couche arbustive
Sol forestier

3 Les strates de la forêt tropicale humide

QUE NOUS APPRENNENT LE TEXTE ET LES DOCUMENTS ?

1. Quels sont les différents pays sur lesquels l'Amazonie s'étend (doc. 1) ?

2. Quelles images négatives la forêt tropicale évoque-t-elle ? Ces images sont-elles justifiées ?

3. Pourquoi la forêt amazonienne est-elle considérée comme le « Poumon vert » de la planète ?

4. Quelles sont les strates qui forment la forêt tropicale humide (doc. 3) ?

B- EN QUOI L'AMAZONIE BRÉSILIENNE EST-ELLE ATTRACTIVE ?

Territoire attractif

Pressions externes
Pauvreté urbaine
Pauvreté rurale
Dette du Brésil

Potentiel économique
Ressources forestières
Ressources minières

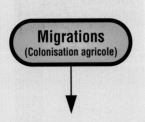

Migrations
(Colonisation agricole)

Déforestation

1 Inégalités sociales et rêves de richesse

Le Brésil ayant accumulé la deuxième plus forte **dette extérieure** mondiale (286 milliards de dollars canadiens en 2002), son gouvernement vise depuis longtemps à mettre en valeur le potentiel économique de l'Amazonie qui occupe 46 % du territoire, mais où réside seulement 7 % de la population du pays (doc. 5). Pour en faciliter la colonisation, la célèbre route Transamazonienne et d'autres routes ont été construites, permettant aux **colons** de pénétrer très loin dans le territoire. Ces colons sont attirés par les ressources forestières, bien sûr, mais aussi par les richesses minières et par les emplois offerts dans les grandes exploitations agricoles appelées *fazendas*.

Il faut dire que la société brésilienne dans son ensemble est très inégalitaire et que beaucoup de gens sont prêts à tout pour échapper à la misère qui touche une large proportion de la population. Pour une partie de ces pauvres, l'Amazonie, avec ses richesses naturelles, est donc très attractive. Elle représente un territoire vierge où on peut échapper à la pauvreté.

2 Un potentiel économique énorme

Le sous-sol amazonien est riche en minerais (doc. 6). Aux mines d'or qui ont attiré de nombreux aventuriers depuis le 18e siècle s'ajoutent les mines de fer, de bauxite, de phosphate, etc. On y trouve même des puits de pétrole et des barrages hydroélectriques. C'est autour de ces richesses qu'ont commencé la colonisation de ce territoire et le développement de ses deux grandes capitales : Belém et Manaus.

Les ressources forestières sont longtemps restées sous-exploitées en Amazonie, car difficiles d'accès à travers la forêt. L'ouverture de routes de plus en plus nombreuses a accéléré l'exploitation forestière tout en facilitant l'afflux de migrants. Les produits forestiers amazoniens sont très diversifiés (pâtes et papiers, contreplaqués, etc.) et comportent des bois précieux et très recherchés, comme l'acajou. L'économie forestière de la région est surtout dominée par de grandes sociétés aux moyens financiers puissants, surtout dans les États du Pará, d'Amazonas et de Rondônia (doc. 4).

3 La colonisation agricole

Suivant les trouées faites dans la forêt par les routes, de nombreux colons sont arrivés avec l'espoir de disposer de terres à faible coût. Ils défrichent les parcelles par le feu, le long d'un **front pionnier**, qui fait reculer la forêt, et pratiquent surtout l'élevage et les cultures traditionnelles. Venus du Nordeste très pauvre et des grandes villes du bord de mer (doc. 7), ils ne sont pas tous des petits agriculteurs, car beaucoup d'entre eux travaillent dans des *fazendas*. Cette colonisation agricole est l'une des principales causes de la déforestation amazonienne.

Pour des raisons surtout économiques, l'Amazonie attire donc de plus en plus de **migrants**, ce qui accroît la déforestation intense et a des effets environnementaux, sociaux et même économiques.

Colon (colonisation) Personne originaire d'un lieu qui prend possession d'un autre lieu (territoire) et de ses ressources, souvent par la force.

Dette extérieure Somme d'argent que doit rembourser l'ensemble des habitants d'un pays aux autres pays et aux entreprises étrangères.

Front pionnier Lieu où la colonisation agricole entre en contact avec le territoire non exploité.

Migrant (migration) Personne, originaire d'un pays ou d'une région, qui s'installe dans un autre lieu pour trouver du travail.

4

Arrivée massive des compagnies transnationales en Amazonie

« Des compagnies forestières géantes d'Asie, d'Europe ou d'Amérique du Nord – certaines ayant déjà épuisé les ressources forestières de leur pays – concentrent maintenant leur énergie et leur équipement dans des zones encore intactes de la forêt amazonienne. Les huit plus importantes compagnies forestières, basées dans les États du Pará et d'Amazonas, ont obtenu des concessions forestières de la taille du Belize (23 000 km²). En 1997, ces géants de l'industrie forestière ont investi près de 100 millions de dollars en Amazonie. »

Source : © Greenpeace.

T3 **5** Inégalités de répartition de la population au Brésil

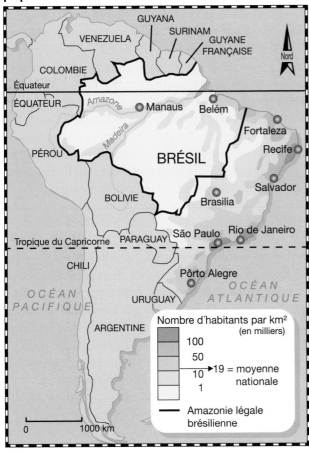

Nombre d'habitants par km² (en milliers)
100
50
10 →19 = moyenne
1   nationale

— Amazonie légale brésilienne

0   1000 km

T3 **6** Ensembles végétaux et ressources de l'Amazonie brésilienne

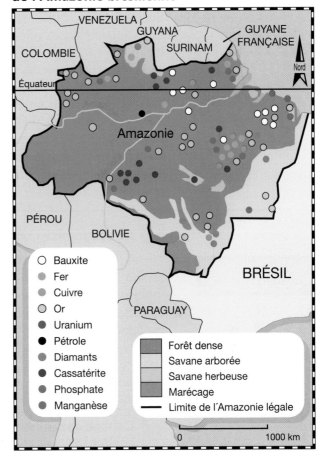

○ Bauxite
○ Fer
○ Cuivre
○ Or
● Uranium
● Pétrole
● Diamants
● Cassatérite
● Phosphate
● Manganèse

Forêt dense
Savane arborée
Savane herbeuse
Marécage
— Limite de l'Amazonie légale

0   1000 km

7 Bidonville à Recife, au Brésil, une des régions d'origine des colons qui migrent vers l'Amazonie

QUE NOUS APPRENNENT LE TEXTE ET LES DOCUMENTS ?

1. Selon le texte et les documents 5, 6 et 7, pourquoi les gens émigrent-ils en Amazonie ?

2. Le gouvernement brésilien est-il favorable aux migrations ? Pourquoi ?

3. Selon le texte et le document 6, quelles sont les ressources minérales de la région ?

4. Selon le texte et le document 4, qu'est-ce qui facilite le processus de déforestation ?

C- LA DÉFORESTATION : COMMENT ET AVEC QUELLES CONSÉQUENCES ?

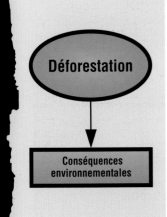

Déforestation

Conséquences environnementales

1 Conséquences environnementales catastrophiques

Le long des fronts pionniers (doc. 9), la déforestation liée à la colonisation agricole est progressive et s'opère selon un schéma en arêtes de poisson. Les États du Pará et de Rondônia sont particulièrement touchés par ce phénomène (doc. 8 et 10 et carte page 225).

Sur le plan écologique, la disparition de la forêt tropicale amazonienne (ou *selva*) a des impacts sur le cycle de l'eau et facilite d'éventuelles inondations. Les réserves d'eau étant moins régulièrement approvisionnées, il peut aussi se produire des sécheresses et la forêt devient alors plus sensible aux incendies. Ces derniers peuvent s'étendre rapidement d'autant plus qu'ils sont combinés avec les méthodes de défrichement par le feu qu'utilisent les colons. L'**érosion** devient ainsi beaucoup plus forte et les sols peuvent être ravinés par les pluies abondantes, laissant des parcelles stériles ou très peu propices à l'agriculture. Les pertes en biodiversité sont aussi très élevées : de nombreuses espèces animales et végétales disparaissent avec chaque portion de forêt abattue. Les incendies naturels ou provoqués par les humains ont aussi des impacts sur le climat de la planète, facilitant son réchauffement.

Conséquences sociales et humaines

2 Conséquences sociales

Toutes les personnes qui migrent en Amazonie ne trouvent pas la richesse, ce qui accroît les problèmes sociaux et la violence déjà importante dans cette région. Le mode de vie et le territoire des autochtones sont aussi mis en danger par cet **afflux** de personnes. Leurs territoires de chasse et de pêche n'étant pas forcément reconnus par les compagnies minières, forestières ou par les colons, ils ont tendance à perdre progressivement leur culture traditionnelle, phénomène appelé **acculturation**. Des problèmes de santé, liés à la dégradation de l'environnement et à la pauvreté, viennent s'ajouter à tout cela, tant chez les colons que chez les autochtones.

Conséquences économiques

3 Conséquences économiques

Les méthodes non durables d'exploitation des ressources, notamment forestières, risquent d'entraîner à moyen terme leur épuisement, et les sols dénudés et érodés perdront leur productivité en peu de temps. De plus, lorsqu'il ne prend pas de mesures suffisantes pour tenter de protéger ses forêts, le Brésil s'expose à des sanctions de la part des organisations internationales.

Pressions internationales

4 Pressions internationales pour un développement durable

Ces pressions internationales liées à l'importance de la forêt amazonienne pour le climat et l'environnement planétaire ainsi que pour la biodiversité mondiale obligent le gouvernement à agir en vue d'un développement forestier durable. Même si les mesures de protection prises par le Brésil résultent de pressions externes, on note une tendance récente à se préoccuper réellement de l'environnement du pays.

Recherche d'un développement forestier durable

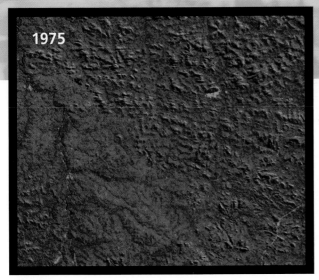

1975

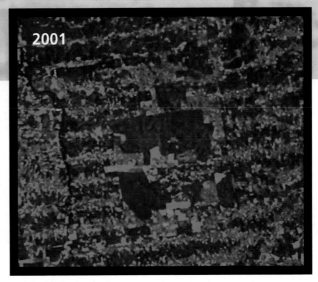

2001

T8 **8** Images satellites montrant la déforestation dans l'État de Rondõnia, entre 1975 et 2001. Dans l'image de 2001, seules les parties les plus sombres représentent encore du couvert forestier.

Acculturation Processus par lequel un groupe humain perd sa propre culture pour adopter celle d'un autre groupe.

Afflux Arrivée en grand nombre de gens ou de choses.

Érosion Usure et transformation progressive du sol.

T3 **9** **Attractivité de l'Amazonie et fronts pionniers**

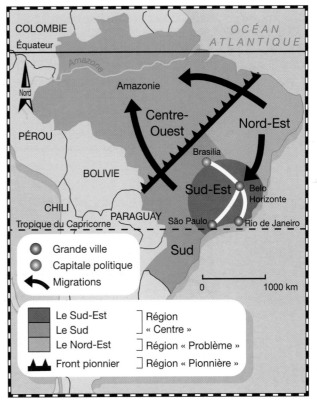

10 Spectaculaires coupes dans la forêt de Rondõnia

QUE NOUS APPRENNENT LE TEXTE ET LES DOCUMENTS ?

1. Quelles sont les conséquences :
   a) écologiques de la déforestation ?
   b) humaines de la déforestation ?

2. Pourquoi le Brésil doit-il s'orienter vers le développement forestier durable ?

3. Qu'indiquent les images satellites (doc. 8) par rapport à la manière dont s'effectue la déforestation en Amazonie ?

4. Quelles sont les deux principales régions d'où viennent les colons d'Amazonie (doc. 9) ?

LE POINT SUR
L'AMAZONIE

La déforestation amazonienne est surtout liée à des pressions externes qui font que le territoire amazonien représente une destination intéressante pour des migrations internes. Pour les colons et pour les entreprises forestières, la forêt tropicale est surtout intéressante sur le plan économique, sa richesse écologique ne comptant pratiquement pas. Par contre, le Brésil subit de plus en plus de pressions internationales pour limiter la déforestation, la forêt étant considérée comme une richesse mondiale. Au Brésil, on pose maintenant certains actes en faveur du développement forestier durable de l'Amazonie.

PRESSIONS ET CONSÉQUENCES DE L'EXPLOITATION FORESTIÈRE EN AMAZONIE

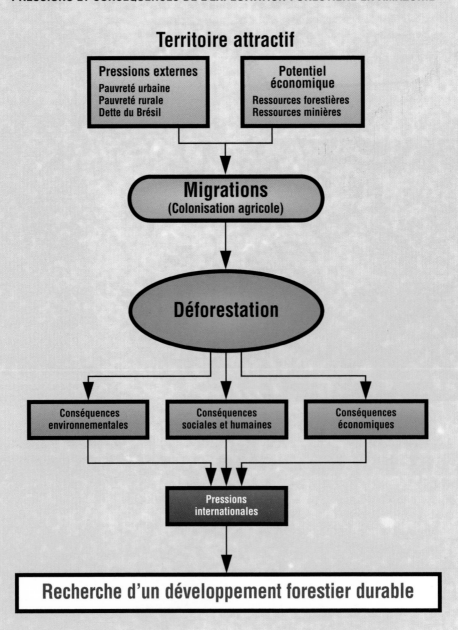

Territoire attractif

Pressions externes
Pauvreté urbaine
Pauvreté rurale
Dette du Brésil

Potentiel économique
Ressources forestières
Ressources minières

Migrations
(Colonisation agricole)

Déforestation

Conséquences environnementales

Conséquences sociales et humaines

Conséquences économiques

Pressions internationales

Recherche d'un développement forestier durable

Les usages de la forêt amazonienne : enfer vert ou paradis terrestre ?

La perception des forêts tropicales a évolué au fil du temps, mais beaucoup d'images négatives demeurent. Pour plusieurs, ce milieu apparaît hostile, moite et étouffant, favorable au développement de maladies et de fièvres, peuplé d'une faune dangereuse et venimeuse. Depuis quelque temps toutefois, une image positive de la forêt tropicale humide se développe. Sanctuaire de biodiversité, cette forêt est de plus en plus perçue comme un capital naturel extrêmement riche et que la communauté mondiale se doit de protéger de son mieux.

Aux yeux du gouvernement brésilien, la forêt amazonienne est un front pionnier à conquérir. Pour y parvenir, il a fait construire des routes transamazoniennes et a déployé de nombreux efforts favorisant la colonisation agricole. Riche en ressources minières, le bassin de l'Amazone est surtout un vaste espace peu peuplé qu'il faut exploiter et domestiquer. L'agriculture extensive et l'élevage s'y développent de plus en plus et gagnent du terrain sur la forêt. Mais cette forêt abrite aussi des peuples autochtones dont le mode de vie est menacé par cette progression et qui sont les premiers à souffrir de la déforestation intensive. Leurs priorités vont davantage dans le sens d'un usage récréotouristique de la forêt que dans le sens de l'exploitation forestière intensive ou de l'élevage.

Un développement forestier durable est-il possible en Amazonie ?

La déforestation qui touche la forêt amazonienne est relativement récente, puisqu'elle remonte à peine à une cinquantaine d'années. Son ampleur est d'autant plus spectaculaire. Contrairement à ce qui se passe dans la plupart des autres forêts tropicales du monde, on n'en rejette pas la faute sur les minorités ethniques. En effet, si les défrichements par le feu sont l'un des principaux « ennemis » de la forêt amazonienne, ils sont pratiqués par les colons venus des zones rurales et des grandes villes du Brésil. Empruntant les routes ouvertes dans la forêt pour les besoins de l'exploitation forestière, ces colons y pénètrent de plus en plus profondément et défrichent intensivement les parcelles, le plus souvent par le feu, aidant ainsi au morcellement du couvert forestier. Mais l'exploitation de la forêt par les grandes entreprises forestières joue également un grand rôle, comme l'indiquent les nombreuses scieries que l'on trouve dans les États brésiliens du Pará et de Rondônia.

Les Brésiliens eux-mêmes commencent à pencher dans le sens d'une exploitation durable des ressources naturelles de leur pays. Les richesses de l'Amazonie, notamment forestières, peuvent être exploitées pour aider économiquement le pays et profiter aux nombreux nouveaux immigrants qui se rendent en Amazonie. Cette exploitation forestière pourrait se faire en respectant certaines règles de bonne gestion forestière, à condition de pouvoir généraliser la mise en place de ces normes et d'assurer des contrôles efficaces. Il s'agit là d'un véritable défi pour le Brésil du 21ᵉ siècle.

À lire...

- des romans dont les aventures t'entraîneront en Amazonie ;
- des ouvrages documentaires qui te feront mieux connaître l'Amazonie.

Fais une recherche à la bibliothèque pour trouver des ouvrages sur l'Amazonie, ou demande à ton enseignante ou à ton enseignant de te suggérer des titres de livres traitant de l'Amazonie.

ACTIVITÉ DE DISCUSSION

Existe-t-il une forêt ou un espace boisé (un parc, par exemple) près de chez toi ? A-t-on pris les moyens nécessaires pour assurer sa survie ? Que pourrait-on faire pour améliorer la situation ?

D'AUTRES TERRITOIRES FORESTIERS

PROJET

TERRITOIRE 2 LA COLOMBIE-BRITANNIQUE

🌐 Assurer un développement forestier durable

 Le spectaculaire paysage de la Chaîne Côtière, dans la réserve Pacific Rim, dans l'île de Vancouver

LA COLOMBIE-BRITANNIQUE

Un territoire forestier riche, mais fragile

CONTINENT : Amérique (Nord)

PAYS : Canada

SUPERFICIE : 9,5 % de la superficie totale du Canada

POPULATION : 4 177 000 habitants (Estimations 2004)

PEUPLES AUTOCHTONES : 4,1 % de la population de la province

PRINCIPALES ACTIVITÉS ÉCONOMIQUES : Agriculture, pêche, foresterie, mines (78 % des exportations, mais 14 % du PIB en 2001)

Source: Statistique Canada, 2004.

Colombie-britannique

REGARDS

TERRITOIRE 3 LA MAURICIE

◉ Faire coexister différents types d'activités en milieu forestier

LA MAURICIE

En quête d'un développement forestier durable

CONTINENT : Amérique (Nord)

PAYS : Canada

SUPERFICIE : 36 555 km², 2,4 % du territoire du Québec

POPULATION : 258 733 habitants en 2003

PRINCIPALES ACTIVITÉS ÉCONOMIQUES : Anciennement, exploitation forestière, hydroélectricité et industrialisation. De plus en plus, développement du secteur tertiaire.

Source: Bureau de la statistique du Québec, 2003.

Le parc de la Mauricie, au Québec

Mauricie

🌐 La Colombie-Britannique : un développement forestier durable ?

ÉCRIRE LES PAROLES D'UNE CHANSON

SI UN ARBRE TOMBE

[...]

Si un arbre tombe dans la forêt,

quelqu'un l'entend-il tomber ?

Si un arbre tombe dans la forêt,

quelqu'un l'entend-il tomber ?

Quelqu'un entend-il la forêt tomber ?

(Extrait de la chanson *If a Tree Falls*,
paroles et musique de Bruce Cockburn,
© Golden Mountain Music

T4 1 Exemple de déforestation dans la région de Nimo Bay, en Colombie-Britannique, en 1990

🌐 Entre la Chaîne Côtière et la cordillère de l'Ouest, la Colombie-Britannique constitue la fenêtre du Canada sur l'océan Pacifique auquel elle présente un **littoral** très découpé et pittoresque, avec ses baies, ses îles et ses **fjords**. Le climat océanique tempéré et humide de la province a favorisé le développement d'une vaste couverture forestière très diversifiée qui s'étend encore sur 52 % de la superficie de la province. Son exploitation intensive, notamment celle de la forêt pluviale tempérée de la côte Ouest, fut l'un des piliers du développement de la Colombie-Britannique.

Fjord Vallée aux parois abruptes envahie par la mer.
Littoral Bord, rivage.

 Lisez les paroles du refrain de la chanson de Bruce Cockburn données ci-dessus et :

1. **Précisez** pourquoi, selon vous, cette chanson constitue une défense de la forêt de la Colombie-Britannique.

2. **Imaginez** ce que pourraient être les autres paroles de la chanson.

 Notez sur une feuille le résultat de votre échange et **conservez** la feuille dans votre portfolio.

◼ OBJET DE LA RECHERCHE

ÉCRIRE LES PAROLES D'UNE CHANSON

Écrire les paroles d'une chanson racontant les problèmes vécus actuellement par l'industrie forestière de la Colombie-Britannique et les moyens pris pour y faire face et assurer le développement durable.

LA COLOMBIE-BRITANNIQUE

PLAN DE RECHERCHE

1. Localiser la Colombie-Britannique sur une carte du Canada.
2. Remplir une fiche sommaire situant et décrivant les caractéristiques de la richesse forestière de cette région.
3. Déterminer les problèmes auxquels fait face l'industrie forestière de la Colombie-Britannique.
4. Trouver les solutions que proposent les gouvernements fédéral et provincial et les organismes pour résoudre ces problèmes.

T2 **2** **La Colombie-Britannique**

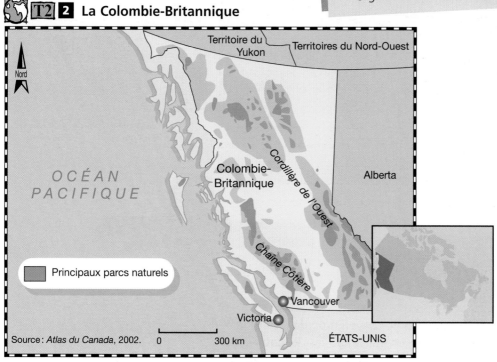

Source: *Atlas du Canada*, 2002.

◼ DÉMARCHE DE RECHERCHE

RECUEILLIR L'INFORMATION

 Un atlas du Canada, une encyclopédie, des ouvrages documentaires sur les provinces canadiennes de l'Ouest, des manuels scolaires, etc.

 Mots-clés: Colombie-Britannique, sylviculture, pin douglas, forêt pluviale tempérée, forêt de la côte Ouest, développement durable, revendications autochtones, etc.

Attention! Tout au long de votre recherche, n'oubliez pas de noter les sources documentaires que vous consultez. Procédez à l'aide de **fiches documentaires** construites à la manière des exemples présentés à la page 90 de votre manuel.

1 **Complétez** les rubriques suivantes.

PROBLÈMES

Qui sont les intervenants dans
l'exploitation forestière de la province ?

Quels sont les principaux problèmes qui se posent ?

Quels sont leurs effets sur la production forestière ?

Quels sont leurs effets sur l'économie de la province ?

**PRINCIPALES ACTIVITÉS FORESTIÈRES
DE LA COLOMBIE-BRITANNIQUE**

Historique :

Exploitation commerciale
(type et production) :

Autres usages
(type et production) :

SOLUTIONS

Qui propose des solutions ?

Quelles solutions chacun d'entre eux propose-t-il ?

Pourquoi y a-t-il de fortes
différences de points de vue ?

**Si vous consultez un manuel,
une encyclopédie, etc. :**

Sujet de la fiche :

Références bibliographiques de
l'ouvrage (auteur, titre, maison
d'édition, année, page où vous avez
trouvé le renseignement)

Un conseil : Si vous transcrivez
intégralement un texte, c'est-à-dire
que vous faites une citation, soyez
honnêtes, utilisez des guillemets.

**Si vous consultez
un site Internet :**

Sujet de la recherche :

Adresse exacte du site :

Un conseil : L'opération «copier-
coller» est seulement la première
étape de votre recherche. Il faut
ensuite choisir les renseignements
pertinents et les traiter en vue du
travail demandé.

TECHNIQUE

Une chanson est un **texte
poétique**. Il faut donc que
vous reteniez et utilisiez dans votre
chanson des éléments
qui pourront attirer l'attention
et éveiller l'imagination des
lecteurs et des lectrices.
Un texte poétique ne dit pas tout,
il évoque des images et laisse place
à l'imaginaire. Il peut rimer et
faire appel à des figures de style
(comparaison, métaphore, etc.).

TRAITER L'INFORMATION

2 **Analysez** l'information recueillie au numéro 1 de manière à ne conserver que les éléments qui vous serviront à écrire la chanson qui pourrait se terminer par les paroles citées au début du projet.

Pour y arriver, **reproduisez** et **complétez** un tableau semblable au suivant.

3 On trouve beaucoup de pins douglas en Colombie-Britannique. Cet arbre peut avoir une taille et une longévité impressionnantes.

Solutions aux problèmes de l'exploitation forestière en Colombie-Britannique				
Type d'exploitation forestière	Historique	Production	Problèmes	Solutions

ORGANISER L'INFORMATION

3 —(a) À l'aide des renseignements retenus dans votre tableau, **précisez** les grandes idées que vous voulez transmettre dans votre chanson.

—(b) Dans votre tableau, **surlignez** les mots, les expressions et les phrases que vous pensez pouvoir utiliser dans votre chanson.

COMMUNIQUER L'INFORMATION

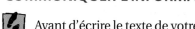 Avant d'écrire le texte de votre chanson, **consultez** les critères d'évaluation que votre enseignant ou votre enseignante vous remettra. Cela vous permettra de vous assurer que vous les respectez tous.

4 **Rédigez** maintenant le texte de votre chanson.

5 **Vérifiez** si votre chanson tient compte des caractéristiques que vous avez précisées au numéro 1 et, s'il y a lieu, **faites** les modifications qui s'imposent.

6 **Réalisez** une affiche à l'aide des paroles de votre chanson et d'une illustration liée à la forêt de la Colombie-Britannique.

ÉVALUATION DE LA DÉMARCHE

 Votre enseignant ou votre enseignante vous remettra un parcours d'évaluation de votre démarche. Vous pourrez ainsi découvrir vos forces et vos faiblesses, ce qui vous permettra de vous améliorer lors de votre prochain projet.

 N'oubliez pas de conserver votre affiche et votre parcours d'évaluation dans votre portfolio.

REGARDS

Forêt privée Forêt appartenant à un individu ou à une société privée.

Forêt publique Forêt appartenant à l'État et gérée par le gouvernement provincial ou fédéral.

Parc national Territoire assez étendu, protégé par une loi nationale contre l'exploitation et l'occupation humaine en vue d'en préserver la nature, la flore et la faune.

Pourvoirie Établissement offrant des installations et des services pour la pratique de la chasse, de la pêche et du piégeage ; territoire occupé par cet établissement.

ZEC Territoire où l'on contrôle le niveau d'exploitation des ressources fauniques.

A UNE FORÊT AUX MULTIPLES USAGES

1 La Mauricie : un riche territoire forestier

La région de la Mauricie est située entre Québec et Montréal, sur la rive nord du Saint-Laurent. Elle tire son nom de la rivière Saint-Maurice, principale rivière qui y coule après le Saint-Laurent. Elle comprend deux villes-MRC (Municipalité régionale de comté), Trois-Rivières et Shawinigan, et quatre MRC (doc. 2). La population de la Mauricie, comme celles de bien d'autres régions du Québec, est très inégalement répartie. Elle se concentre surtout dans les vallées du Saint-Laurent et du Saint-Maurice. L'histoire et le développement économique de la Mauricie sont intimement liés à l'importante richesse que constitue sa forêt et aux activités qu'elle génère, surtout depuis le 19e siècle. Occupant près de 85 % du territoire, dont 79 % en **forêt publique** et 19 % en **forêt privée** (doc. 3), cette forêt est dominée par les résineux, notamment dans la partie nord de la région, tandis que le centre et le sud sont couverts par une forêt mixte, faisant place par endroits à quelques forêts de feuillus (doc. 4).

2 Un récréotourisme en pleine expansion

Si l'exploitation forestière est le principal usage de la forêt mauricienne, on y pratique aussi de plus en plus le récréotourisme. La Mauricie compte en effet un **parc national** (le Parc national de la Mauricie), deux réserves fauniques, 75 **pourvoiries** et 11 **ZECS** ou zones d'exploitation contrôlée (doc. 5). Le récréotourisme est devenu l'un des points forts du développement régional. Il permet notamment de relancer une économie touchée par les pertes d'emploi et le vieillissement de la population. Dans toute la région, hiver comme été, une nature riche et sauvage offre un large éventail d'activités de plein air, de la randonnée à la chasse et à la pêche, en passant par les excursions en motoneige (doc. 1). Les activités touristiques de la Mauricie s'appuient sur des thèmes comme : « région historique et berceau de l'industrialisation canadienne » et « paysages pittoresques et accueil chaleureux ». La forêt est le théâtre de ces activités touristiques.

1 Été comme hiver, la Mauricie possède de solides attraits récréotouristiques.

T2 2 La Mauricie

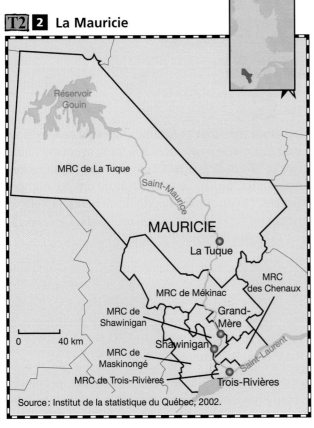

MRC de La Tuque

Réservoir Gouin

Saint-Maurice

MAURICIE

La Tuque

MRC des Chenaux

MRC de Mékinac

MRC de Shawinigan

Grand-Mère

Shawinigan

Saint-Laurent

MRC de Maskinongé

MRC de Trois-Rivières

Trois-Rivières

0   40 km

Source : Institut de la statistique du Québec, 2002.

T2 3 Terres publiques et privées en Mauricie

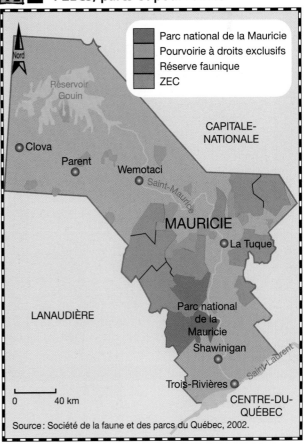

Nord

Réservoir Gouin

Saint-Maurice

CAPITALE-NATIONALE

Parent

MAURICIE

La Tuque

LANAUDIÈRE

Parc national de la Mauricie

Shawinigan

Saint-Laurent

Trois-Rivières

CENTRE-DU-QUÉBEC

☐ Domaine privé
☐ Domaine public
☐ Domaine public fédéral

0   40 km

Source : Ministère des Ressources Naturelles, de la Faune et des Parcs du Québec, 2002.

4 Répartition des superficies forestières en Mauricie, selon les types de couvert (en %)

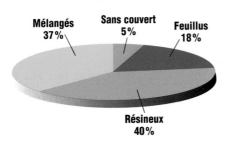

Mélangés 37 %

Sans couvert 5 %

Feuillus 18 %

Résineux 40 %

Source des données : Ministère des Ressources naturelles, de la Faune et des Parcs du Québec, 2002.

QUE NOUS APPRENNENT LE TEXTE ET LES DOCUMENTS ?

1. Quel rôle a joué l'industrie forestière dans le développement économique de la Mauricie ?

2. Quels sont les usages des forêts mauriciennes ?

3. Quel type de couvert forestier domine en Mauricie (doc. 4) ?

4. Selon le texte et le document 3, qui possède la grande majorité des terres forestières en Mauricie ?

5. Quel rôle joue le récréotourisme en Mauricie ?

T2 5 4 ZECS, parcs et pourvoiries

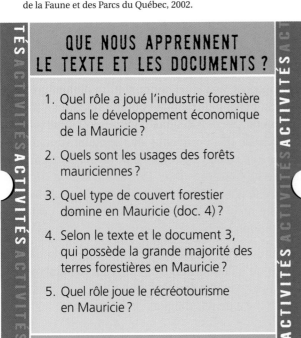

☐ Parc national de la Mauricie
☐ Pourvoirie à droits exclusifs
☐ Réserve faunique
☐ ZEC

Nord

Réservoir Gouin

Clova

Parent

Wemotaci

Saint-Maurice

CAPITALE-NATIONALE

MAURICIE

La Tuque

LANAUDIÈRE

Parc national de la Mauricie

Shawinigan

Saint-Laurent

Trois-Rivières

CENTRE-DU-QUÉBEC

0   40 km

Source : Société de la faune et des parcs du Québec, 2002.

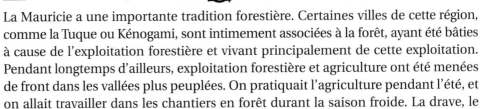

B QUELS DANGERS MENACENT LA FORÊT MAURICIENNE ?

1 Une tradition forestière

La Mauricie a une importante tradition forestière. Certaines villes de cette région, comme la Tuque ou Kénogami, sont intimement associées à la forêt, ayant été bâties à cause de l'exploitation forestière et vivant principalement de cette exploitation. Pendant longtemps d'ailleurs, exploitation forestière et agriculture ont été menées de front dans les vallées plus peuplées. On pratiquait l'agriculture pendant l'été, et on allait travailler dans les chantiers en forêt durant la saison froide. La drave, le sciage ou l'abattage fournissaient alors des revenus d'appoint.

2 Erreurs du passé

Lorsque les activités forestières ont dû s'adapter aux transformations technologiques, à la fin du 19e siècle, la Mauricie a mis l'accent sur la production de pâtes et de papiers. Les **papetières** se sont alors multipliées, notamment dans la région de Trois-Rivières, qui devint la capitale mondiale du papier vers 1925 (doc. 9).

Les résultats économiques de cette utilisation de la ressource forestière furent très positifs. Par contre, elle a eu des conséquences environnementales néfastes, notamment sur les cours d'eau, les usines de pâtes et papiers et le flottage du bois étant très polluants. Cette pratique a été arrêtée sur la rivière Saint-Maurice, qui est l'un des attraits majeurs du développement touristique de la région. De plus, les papetières ont dû prendre des mesures pour traiter leurs déchets industriels afin de diminuer leur impact sur la qualité des eaux de la région.

Papetière Manufacture où l'on fabrique du papier.

3 Autres dangers

D'autres dangers, plus ou moins liés aux activités humaines, menacent régulièrement la forêt de cette région.

Les incendies sont un fléau qui frappe régulièrement la Mauricie, comme d'autres régions forestières du Québec et du Canada. En 1995, l'incendie qui menaça la municipalité de Parent, en Haute-Mauricie, fut particulièrement spectaculaire, mais malheureusement pas unique (doc. 8).

Les insectes ravageurs sont un autre danger qui pèse sur les forêts mauriciennes et québécoises (doc. 7). Au Québec, le plus célèbre d'entre eux est sans doute la tordeuse des bourgeons de l'épinette (doc. 6). De 1968 à 1992, elle y a ravagé l'équivalent de dix années de production forestière. De retour en Mauricie en 2002, elle n'a eu qu'un effet très limité, mais la forêt boréale reste toujours sous la menace de nouvelles infestations.

Certains dangers qui menacent la forêt sont liés au climat ou à des conditions naturelles inévitables. Par contre, lorsqu'une forêt est mal ou trop exploitée, sa sensibilité à de tels dangers est augmentée.

QUE NOUS APPRENNENT LE TEXTE ET LES DOCUMENTS ?

1. De 1970 à 1998, différents fléaux ont causé des dommages à la forêt boréale québécoise. Quelle part de responsabilité peut-on attribuer à chacun de ces fléaux (doc. 7) ?

2. Pourquoi les papetières peuvent-elles poser des problèmes à l'environnement ?

3. Quelle ville mauricienne a particulièrement profité de l'essor de l'industrie des pâtes et papiers ?

4. Comment, à une certaine époque, les agriculteurs de la Mauricie complétaient-ils leur revenu durant la saison froide ?

6 La tordeuse des bourgeons de l'épinette

7 Nombre d'hectares de forêt québécoise détruits selon les différents types de perturbations (1978-1998)

Superficie (en millions d'hectares)

35
30
25
20
15
10
5
0

- - - - Incendies
—— Insectes
||||||||| Récoltes

1978 1980 1982 1984 1986 1988 1990 1992 1994 1996 1998
Année

Source des données : Conseil canadien des ministres des forêts, 2000.

8 Avion combattant un incendie de forêt

9 Convoyeurs à bois, à la papetière de Trois-Rivières, en 1990

1 Un moteur économique

La forêt est à la base du développement économique de la Mauricie. Aujourd'hui encore, même si elle s'est beaucoup mécanisée, l'industrie du bois, du papier et des produits associés regroupe près de 350 entreprises et fournit des emplois à plus de 10 000 personnes dans la région (doc. 11).

Les différents acteurs impliqués sont favorables à une gestion durable de la forêt. L'industrie forestière a pris des mesures, notamment pour diminuer l'impact environnemental des usines papetières. Officiellement, la forêt mauricienne est un modèle qui sait allier la préservation de la ressource et son exploitation efficace tout en protégeant l'environnement et les différents usages qu'on peut en faire. Tout le monde semble d'accord là-dessus.

Il y a malheureusement de fortes différences dans l'évaluation des problèmes et de l'état de la forêt. Le débat est devenu très tendu, car de gros intérêts économiques sont en jeu.

Coupes à blanc Forme d'exploitation forestière qui consiste à couper tous les arbres sur une parcelle donnée.

Flottage du bois (ou drave) Transport du bois sur l'eau d'un fleuve ou d'une rivière.

Phytocides Produits utilisés pour détruire la végétation.

2 Des acteurs aux intérêts contradictoires

Les gouvernements

Selon les différents paliers de gouvernement, comme le ministère des Ressources naturelles, de la Faune et des Parcs du Québec et les autorités régionales et municipales, la forêt est bien gérée, protégée par des lois qui assurent son utilisation durable et par des mesures concrètes de réduction de l'utilisation des pesticides. De plus, les connaissances dans ce domaine ont été améliorées, de même que l'information du public (doc. 10). Le **flottage du bois**, par exemple, a été remplacé par le transport par camion et les entreprises forestières doivent reboiser les secteurs exploités (doc. 12).

Les industries

Selon les industries, très présentes en Mauricie, toutes les mesures sont prises pour une exploitation raisonnable de la forêt et de son bois. Les entreprises continuent à fournir de l'emploi dans les chantiers, aux papetières et aux ingénieurs forestiers, tout en respectant la réglementation liée à l'obtention des contrats d'approvisionnement et d'aménagement forestier (CAAF), la forêt mauricienne étant majoritairement publique.

Les écologistes

Plusieurs voix s'élèvent pour contester cette vision des faits. Il y a eu bien sûr le film *L'Erreur boréale* de l'auteur-compositeur-interprète et réalisateur Richard Desjardins, qui dénonce la surexploitation de la forêt boréale au Québec, notamment en Abitibi, mais aussi dans le nord de la Mauricie. Il y a aussi des prises de position de citoyens et de citoyennes, d'ingénieures et d'ingénieurs forestiers et de diverses personnalités, qui sont inquiets de ce qui peut se passer dans le nord, à l'abri des regards. Les **coupes à blanc** ne sont, paraît-il, pas rares dans la région du réservoir Gouin et la qualité des programmes de reboisement des entreprises forestières est également très contestée.

10

STRATÉGIE DE PROTECTION DES FORÊTS DU QUÉBEC, EN 1994

« La Stratégie de protection des forêts est l'ensemble des engagements pris par le gouvernement du Québec en 1994 pour développer de nouvelles approches d'aménagement forestier. [...]

Les nouvelles approches d'aménagement de la *Stratégie* visent à :

1. assurer le renouvellement des forêts et le maintien du rendement soutenu ;
2. permettre l'utilisation harmonieuse de toutes les ressources du milieu forestier ;
3. atteindre l'objectif d'éliminer les pesticides chimiques (insecticides et **phytocides**) en forêt en 2001. »

Source : Ministère des Ressources naturelles, de la Faune et des Parcs du Québec. Reproduction autorisée par Les Publications du Québec.

11 Employé travaillant dans une usine de sciage, industrie découlant de l'exploitation forestière

12 Les entreprises sont tenues de reboiser après l'exploitation des parcelles de forêt.

TÉS **ACTIVITÉS** ACTIVIT

QUE NOUS APPRENNENT LE TEXTE ET LES DOCUMENTS

1. Qui sont les intervenants dans l'exploitation et la protection de la forêt québécoise ?

2. Comment le gouvernement du Québec veut-il réaliser la protection des forêts publiques (doc. 10) ?

3. Que doit-on faire après avoir exploité une parcelle de forêt (doc. 12) ?

4. Selon le texte et le document 12, comment l'industrie forestière prévoit-elle exploiter la forêt dorénavant ?

TÉS **ACTIVITÉS** ACTIVIT

ENJEU planétaire

L'avenir des « poumons verts » de la planète

Anarchique Sans aucun ordre.

Écosystème Ensemble constitué d'êtres vivants (animaux, végétaux et bactériens) et du milieu où ils vivent.

Effet de serre Réchauffement du climat de la Terre lié à l'augmentation dans l'atmosphère de certains gaz.

Forêts anciennes Écosystèmes étendus et relativement naturels qui correspondent aux forêts telles qu'elles étaient avant l'intervention humaine.

Exploiter la ressource forestière tout en la préservant

Il existe de forts désaccords sur les priorités à donner aux différents usages de la forêt. On a longtemps pensé que les forêts, notamment boréales et tropicales, étaient inépuisables. Cette conception justifiait leur exploitation souvent **anarchique**, axée sur le profit maximal et à court terme, sans préoccupation à l'égard de la régénération. Il ne semble plus en être de même aujourd'hui. Tous les acteurs impliqués dans l'exploitation de la forêt parlent à présent de la gestion durable de cette ressource, même s'il y a parfois des différences d'interprétation et bien que certaines forêts officiellement gérées de manière durable soient considérées par d'autres comme en danger.

Les écologistes eux-mêmes reconnaissent pourtant que la forêt doit être considérée comme une richesse à exploiter de manière durable, et non plus comme un sanctuaire intouchable. Les notions de biodiversité et de récréotourisme, qui sont de plus en plus répandues, proposent aussi de nouveaux atouts pour la ressource forestière, atouts économiques qui justifient sa préservation.

1 Activités humaines et dégradation des milieux forestiers

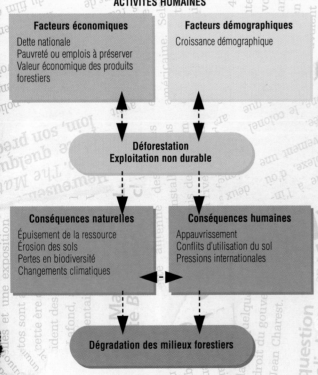

ACTIVITÉS HUMAINES

Facteurs économiques
Dette nationale
Pauvreté ou emplois à préserver
Valeur économique des produits forestiers

Facteurs démographiques
Croissance démographique

Déforestation
Exploitation non durable

Conséquences naturelles
Épuisement de la ressource
Érosion des sols
Pertes en biodiversité
Changements climatiques

Conséquences humaines
Appauvrissement
Conflits d'utilisation du sol
Pressions internationales

Dégradation des milieux forestiers

QUE NOUS APPRENNENT LES TEXTES ET LES DOCUMENTS ?

1. À l'aide du document 1, rédige un court paragraphe dans lequel tu présenteras une des conséquences humaines de la déforestation.

2. Recommence le même exercice qu'au numéro 1, mais avec une des conséquences naturelles de la déforestation.

3. Quels sont les impacts des activités humaines sur les territoires forestiers ?

4. Donne un exemple de risque planétaire lié à la forêt.

Saviez-vous que ?

- Parmi les **forêts anciennes** qui survivent, il y en a 48 % qui sont des forêts boréales et 44 % des forêts tropicales. C'est la disparition de ces forêts qui favorise le plus l'effet de serre.

- Trois pays rassemblent à eux seuls 70 % de toutes les forêts anciennes du monde : le Brésil, le Canada et la Russie.

- On estime que, vers 2070, les forêts tropicales anciennes auront disparu.

- Les principales causes de la déforestation sont politico-économiques. Les moyens de lutter contre elle le sont aussi.

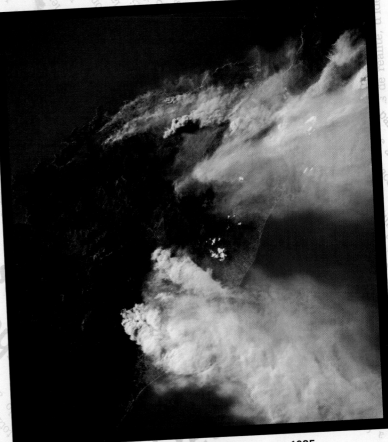

3 Spectaculaires incendies de forêt en Corse, en 1985, vus depuis la navette spatiale Challenger

2 Liens entre les activités humaines et les territoires forestiers

```
ACTIVITÉS
HUMAINES ----------→ Déforestation
                     Exploitation non durable ↓
         Épuisement de la ressource
         Appauvrissement des sols        ┌──────────────┐
         Conflits d'utilisation du sol ─→│ TERRITOIRES  │
                                          │ FORESTIERS   │
                                          └──────────────┘
```

Conséquences planétaires du recul forestier

Les chiffres sur l'état du couvert forestier mondial varient beaucoup selon les sources, mais il est certain que la déforestation continue à progresser. De plus, la déforestation est souvent accompagnée d'une dégradation des forêts, qui sont découpées et fragmentées, très différentes des forêts anciennes qui couvraient notre planète à l'origine.

Pourquoi la gestion non durable des forêts dans un pays a-t-elle des conséquences importantes sur l'ensemble de la planète ? Les scientifiques craignent surtout que la déforestation, et notamment la disparition des forêts anciennes, ait un impact sur le climat. Une idée très répandue veut que les forêts, notamment tropicales, soient les « poumons verts » de la planète, car elles produisent de l'oxygène et absorbent le gaz carbonique (CO^2). Ce phénomène est réel ; toutefois, à la manière d'un poumon humain, les forêts pompent aussi de l'oxygène et libèrent dans l'atmosphère autant de gaz carbonique qu'elles en absorbent. Par contre, lorsque ces forêts sont brûlées, elles produisent beaucoup de CO^2 et augmentent l'**effet de serre**.

Les forêts jouent aussi un rôle important de régulation du cycle de l'eau et leur disparition dans certaines parties du monde explique certaines inondations catastrophiques constatées un peu partout ces dernières décennies. En effet, les forêts empêchent les fortes pluies de se déverser immédiatement dans les rivières et diminuent ainsi les risques de crues.

TECHNIQUES

sommaire

Observer les territoires d'un point de vue géographique consiste à les étudier et à les décrire en soulignant les phénomènes physiques et humains qui entrent en jeu et qui nous permettent de mieux les comprendre. Pour ce faire, on utilise des outils géographiques qui servent à représenter et à décrire ces phénomènes dans leur dimension spatiale. Ces outils ne sont pas réservés aux géographes, mais ils donnent une vision géographique du monde.

▲ LE GPS (SYSTÈME DE POSITIONNEMENT GLOBAL)

▲ LA CARTE TOPOGRAPHIQUE

▲ LA BOUSSOLE

LES CROQUIS

Croquis géographique
de Montréal
▼

LES CARTES THÉMATIQUES

Taux de natalité au Québec, en 1996

◀ **LES MODÉLISATIONS
DU RELIEF**

Superposition d'une
carte thématique
sur une représentation
de la topographie,
dans la région de
Santa Barbara,
aux États-Unis

**LES IMAGES
DE TÉLÉDÉTECTION**

Image de Mumbai
(Bombay), en Inde,
prise en 2001 par
le satellite Landsat
▼

▲ **LES MODÈLES SPATIAUX**

Modèle d'organisation
de Montréal

Technique 1

Lire le territoire à travers les cartes

Pour saisir et déchiffrer le territoire grâce aux cartes, en comprenant et en se servant des notions fondamentales qu'elles utilisent : les **projections**, l'**orientation** et l'**échelle**.

Outils géographiques par excellence, les cartes servent à se repérer dans l'espace, sur un territoire, à identifier les éléments du paysage qui nous entourent, à prévoir et à planifier nos déplacements. Les cartes sont des représentations du monde réel, sur une feuille de papier ou sur un écran d'ordinateur, et une simplification de la réalité. Le message des cartes est transmis à l'aide de signes et de symboles qu'il faut apprendre à interpréter pour bien savoir les lire.

CE QU'IL FAUT SAVOIR

LES PROJECTIONS

La Terre étant ronde (doc. 1), on ne peut voir tous les continents en même temps que si on la «déroule» sur une surface plane pour produire un planisphère (doc. 1 et 2). Cette transformation s'appelle une projection. Elle entraîne une déformation, comme si on voulait mettre la peau d'une orange à plat sur une feuille de carton. Il existe un très grand nombre de projections possibles, selon les déformations qu'elles impliquent et l'usage que l'on veut faire des cartes.

1 Projection Appian II

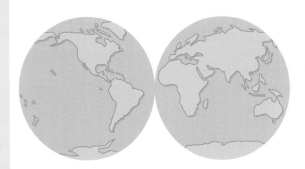

2 Projection de Wiechel

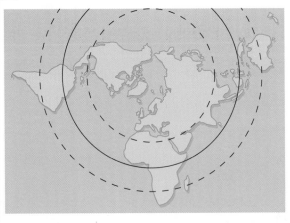

L'ORIENTATION

Une carte est en général orientée de telle sorte que le nord du territoire représenté soit en haut. On doit quand même toujours indiquer l'orientation par une rose des vents ou par une flèche montrant le nord.

Exemple :

L'ÉCHELLE

L'échelle est le rapport entre les distances mesurées sur une carte entre deux lieux et les distances qui les séparent dans la réalité. Une échelle peut être graphique ou numérique.

L'échelle graphique

L'échelle graphique sert à évaluer approximativement les distances. Elle reste valable même après une réduction ou un agrandissement de la carte papier.

Exemple :

L'échelle numérique

L'échelle numérique permet des mesures plus précises. Le chiffre indiqué, par exemple $1:50\,000^e$, signifie que 1 cm sur la carte correspond à 50 000 cm dans la réalité, soit 500 m.

Exemple :

$$1:50\,000^e$$

Il y a des cartes à petite échelle et des cartes à grande échelle. Une carte à petite échelle représente un grand territoire avec peu de détails (doc. 3). Une carte à grande échelle montre un petit territoire avec beaucoup de détails (doc. 4).

Deux cartes utilisant une échelle graphique.
L'une est à petite échelle, l'autre à grande échelle.

3 **Les provinces canadiennes**

4 **Organisation du territoire de l'île de Montréal, en 1997**

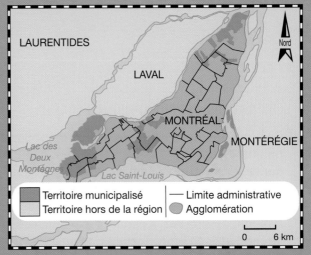

T1 **TECHNIQUE**

Observe les cartes ci-dessus (doc. 3 et 4).

**Lire le territoire
à travers les cartes**

1. Laquelle est à grande échelle et laquelle est à petite échelle ? Justifie ta réponse.

1. Identifier l'échelle des documents

2. Selon toi, quelle carte serait la plus utile pour prévoir un déplacement dans la région de Montréal ? Justifie ta réponse.

3. Quelle carte permet de situer une ville par rapport au continent ? Justifie ta réponse.

4. À l'aide de l'échelle graphique, calcule :
   a) la distance qui sépare le Québec et le Manitoba sur la carte 3.
   b) la largeur maximale de l'île de Montréal sur la carte 4.

5. Au numéro 4, aurais-tu pu faire les mêmes calculs sur une carte comme sur l'autre ? Justifie ta réponse.

2. Analyser les cartes
   a) Choisir une carte à l'échelle qui correspond à l'usage que l'on veut en faire
   b) Mesurer des distances sur une carte en se servant de l'échelle

FAIRE LE POINT

Quel est le rôle d'une échelle dans une carte ?

RÉINVESTISSEMENT

Choisis deux autres cartes dans le chapitre 1.

1. Quelle information y est donnée sur leur orientation ?

2. Est-ce qu'elles sont à petite ou à grande échelle ?

3. Sur chacune des cartes, repère deux lieux et essaie de calculer la distance qui les sépare, en te servant des échelles. S'agit-il d'échelles graphiques ou numériques ?

Technique 2

Lire les cartes de base

Pour apprendre à reconnaître les différents types de cartes de base, à les lire et à les utiliser.

Il existe une grande variété de cartes. Certaines d'entre elles décrivent le territoire de manière à nous permettre de reconnaître les éléments du milieu physique (relief, rivières) ou les principales réalisations humaines (routes, villes, pays). Ce sont des cartes dites de base ou de référence, celles que l'on utilise le plus souvent dans la vie courante, soit les cartes routières, mais aussi les cartes topographiques et les cartes d'atlas.

CE QU'IL FAUT SAVOIR

LES CARTES TOPOGRAPHIQUES (DOC. 1)

Comme leur nom l'indique, les cartes topographiques décrivent la topographie d'un territoire donné, c'est-à-dire son relief, mais aussi les autres éléments du milieu physique (fleuves et rivières, forêts, etc.) et les routes, villes et villages. Chaque symbole dessiné sur la carte est expliqué dans la légende, mais en général ces cartes sont construites de la même manière dans tous les pays, ce qui rend la lecture de la légende particulièrement facile.

1 Extrait d'une carte topographique à l'échelle 1 : 250 000ᵉ de la région de Shawinigan, au Québec

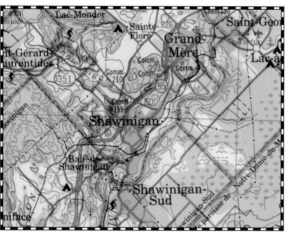

Source : Ministère des Ressources naturelles du Canada.

LES CARTES ROUTIÈRES (DOC. 2)

Les cartes routières sont utilisées par toutes les personnes qui effectuent des déplacements par la route. Elles montrent surtout les routes, les villes, les ponts, bref tout ce qui concerne le transport routier. Elles sont produites à différentes échelles, avec des légendes qui varient beaucoup d'une carte à une autre. Par contre, on trouve sur la plupart d'entre elles les distances qui séparent certaines villes, ce qui est particulièrement utile pour planifier un déplacement.

2 Extrait d'une carte routière de la Mauricie, au Québec

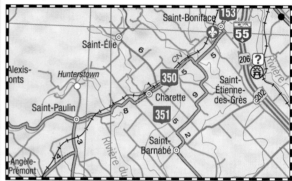

Source : Reproduction autorisée par Les Publications du Québec/ Ministère des Transports du Québec/Service de la géomatique.

Note : Les nombres en noir en bordure des routes indiquent la distance, en kilomètres, qui sépare deux points sur ces routes.

LES CARTES D'ATLAS

Les atlas, notamment les atlas traditionnels, c'est-à-dire sous forme imprimée, contiennent de nombreuses cartes. Pour la plupart, ces cartes montrent à la fois le relief et le réseau routier de manière moins normalisée que les cartes topographiques. On trouve donc surtout dans ces atlas des cartes de base (doc. 3) et des cartes politiques, autre type de carte de base qui indique les différents pays et les principales villes d'une région donnée à un moment donné.

3 La Corse, île française située dans la Méditerranée

Comparaison des cartes topographique et routière d'une même région, celle de Trois-Rivières au Québec

4 Carte topographique

Source : Ministère des Ressources naturelles du Canada.

Routes :		
revêtement dur	double chaussée	plus de 2 voies
revêtement dur	2 voies	moins de 2 voies
gravier, aggloméré, toute saison ...	2 voies ou plus	moins de 2 voies

5 Carte routière

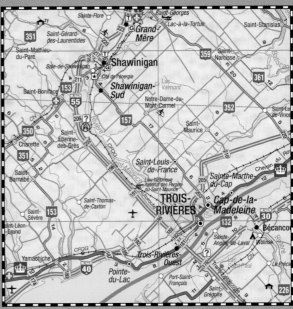

Source : Reproduction autorisée par Les Publications du Québec/
Ministère des Transports du Québec/
Service de la géomatique.

Observe les cartes ci-dessus (doc. 4 et 5).

1. À quels types de cartes appartiennent les documents 4 et 5 ?

2. Sur la carte 4 :
   a) quelle couleur est employée pour représenter les routes ?
   b) quelle couleur est employée pour les fleuves et les rivières ?
   c) comment est représenté le relief ? Dans quelles parties de la carte le relief est-il le plus marqué ?

3. Sachant que cette carte est à l'échelle 1 : 250 000ᵉ, quelle distance sépare les villages de Saint-Élie et de Charette ?

4. Sur la carte 5 :
   a) quelles couleurs sont employées pour représenter les routes ?
   b) quelles informations trouve-t-on, qui ne sont pas sur la carte 4 ?

5. Sur la carte 5, quelle distance sépare les villages de Saint-Gérard-des-Laurentides et de Saint-Mathieu-du-Parc ? La carte 5 est à l'échelle 1 : 11 000 000ᵉ.

T2 TECHNIQUE

Lire les cartes de base

1. Identifier le type de carte (topographique, routière, d'atlas)

2. Analyser la carte
   a) Interpréter les symboles de la légende pour identifier les éléments de la carte
   b) Se servir de l'échelle pour mesurer des distances

FAIRE LE POINT

Selon ce qu'on veut faire, quel type de carte de base est le plus approprié ?

RÉINVESTISSEMENT

Procure-toi une carte routière et une carte topographique d'une même région. Choisis deux villes indiquées sur la carte routière et calcule la distance qui les sépare selon un itinéraire que tu auras choisi. Recommence l'exercice avec la carte topographique, puis compare les résultats de tes deux expériences. Quelle carte préfères-tu utiliser ? Explique pourquoi.

Technique 3

Lire les cartes thématiques

Pour comprendre et analyser des phénomènes géographiques complexes à l'aide de cartes thématiques, apprendre à les lire et à les interpréter.

Il existe une grande variété de cartes thématiques. Ces cartes utilisent des données chiffrées et des données descriptives pour montrer la répartition spatiale de phénomènes humains (par exemple, le revenu, la densité de population, le taux de chômage, etc.) ou physiques (températures, cartes des sols, etc.). Elles font souvent appel à la discrétisation, c'est-à-dire au regroupement des données (valeurs) en catégories ou en classes. La légende de ces cartes doit être complète et bien construite.

CE QU'IL FAUT SAVOIR

LA LÉGENDE

Chaque carte doit posséder une légende pour expliquer à quoi correspondent tous les symboles utilisés, particulièrement dans le cas des cartes thématiques.

Il n'est pas nécessaire de la nommer «Légende». Quand une légende contient plusieurs classes de valeurs, les couleurs employées doivent être choisies de façon à pouvoir les distinguer facilement. De la même manière, les valeurs limites de chaque classe doivent être claires et ne pas se trouver dans deux classes à la fois. Le document 1 et les légendes des documents 2, 3 et 4 sont des exemples bien construits.

1 Exemples de légendes correctement construites

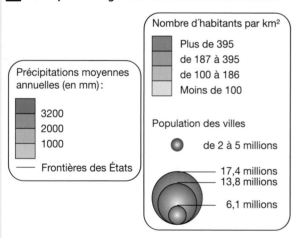

LA DISCRÉTISATION

Certains phénomènes, comme la population d'un pays, sont décrits par des nombres entiers (ou des quantités absolues). Pour pouvoir les représenter sur une carte, il faut utiliser des symboles proportionnels à leurs valeurs (doc. 3). D'autres phénomènes sont décrits par des rapports ou des pourcentages, et ils sont divisés par la superficie du territoire cartographié ou par la population totale qui l'habite. Dans les cartes thématiques, on utilise des plages de couleur (doc. 2) ou des trames géométriques selon la progression

du phénomène représenté (densité de population, par exemple). Il faut cependant les regrouper en classes de valeurs afin de limiter le nombre de zones de couleurs différentes visibles sur la carte. C'est ce qu'on appelle la discrétisation.

Dans le document 4, on voit que les chiffres de densité de population en Inde ont été regroupés en quatre classes, ce qui permet de distinguer nettement les grandes caractéristiques de la répartition du phénomène sur le territoire indien.

EXEMPLES DE CARTES THÉMATIQUES

Les documents 2 et 3 sont des exemples de cartes thématiques représentant des phénomènes physiques et humains. La première carte (doc. 2) utilise des plages de couleur tandis que la seconde emploie des symboles proportionnels aux valeurs (doc. 3).

2 Répartition des précipitations au Bangladesh

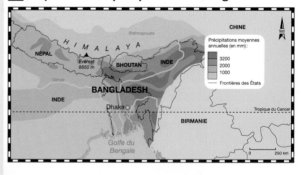

3 Fréquentation touristique par région au Canada

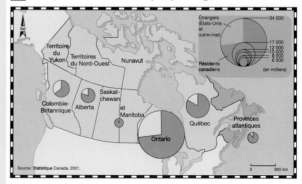

4 Densités de population et grandes villes en Inde, en 1999

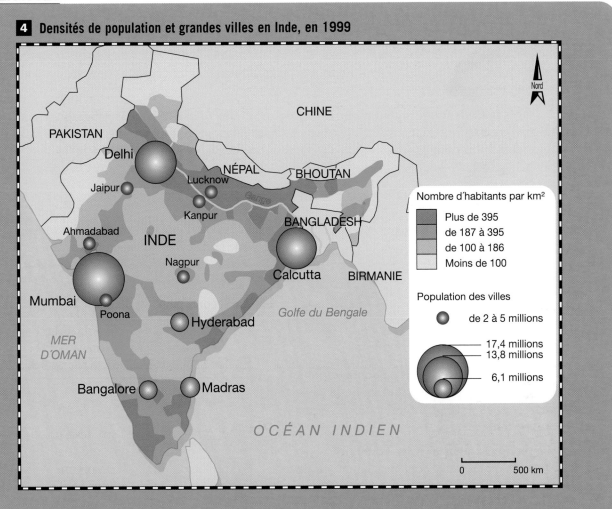

T3 TECHNIQUE

Observe la carte ci-dessus (doc. 4).

1. Quel est le titre de la carte ?

2. a) Quels sont les deux phénomènes représentés sur la carte ?

b) Quels liens fais-tu avec le titre de la carte ?

3. Quelles sont les plus grandes villes de l'Inde ? Quelles sont leurs populations approximatives ?

4. À l'aide de la légende, indique où se trouvent les parties les plus densément peuplées du pays.

5. Est-ce qu'on peut établir un lien entre les fortes densités de population et la présence de grandes villes ? Cela veut-il dire que la population du pays est fortement concentrée dans les villes ou reste-t-il encore une majorité de la population qui est rurale ?

Lire les cartes thématiques

1. Identifier quel est le phénomène représenté sur la carte

2. Analyser la carte

a) Repérer les valeurs les plus fortes et les plus faibles de chaque phénomène (ou variable) représenté sur la carte

b) Interpréter les répartitions des deux phénomènes sur le territoire

FAIRE LE POINT

1. Explique pourquoi il est intéressant de représenter deux phénomènes sur une même carte.

2. Que montre cette carte que les cartes de base ne peuvent pas montrer ?

RÉINVESTISSEMENT

Reprends les cartes thématiques des pages 4 et 5, 15 (doc. 4) et 227 (doc. 5) de ton manuel. Quels phénomènes y sont représentés ? S'agit-il de phénomènes physiques ou de phénomènes humains ? Justifie ta réponse.

Technique 4

Lire une photographie aérienne pour interpréter un paysage

Pour apprendre à lire un paysage et à distinguer les différents éléments qui le composent à l'aide d'une photographie aérienne.

Les paysages possèdent une organisation, une structure et une hiérarchie que la géographie nous permet de mieux comprendre et d'interpréter. Cela se fait en utilisant les photographies aériennes et les cartes, qui aident aussi à décrire les fonctions de l'espace, que ce dernier soit urbain ou rural.

CE QU'IL FAUT SAVOIR

Quand on observe une photographie aérienne, on identifie :
- l'angle de vue utilisé ;
- les plans principaux ;
- les fonctions de l'espace.

L'ANGLE DE VUE

Il existe en effet différents types de photographies selon l'angle de prise de vue, qui va de la prise au niveau du sol à la prise aérienne classique, c'est-à-dire verticale (doc. 1).

Les plus connues sont les vues aériennes verticales, prises à partir d'un avion, juste au-dessus du lieu photographié. Il y a aussi des vues aériennes obliques, également prises à partir d'un avion, qui montrent l'étendue du paysage étudié.

Les autres catégories de prises de vues (non aériennes) sont faites soit à partir d'une hauteur (immeuble, montagne), soit au niveau du sol.

Toutes les sortes de photographies permettent d'interpréter le paysage, mais de différentes manières.

1 Les angles de prise de vue d'une photographie

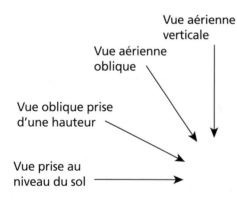

LES PLANS

Les plans d'une photographie sont les découpages que l'on se fixe en les étudiant, afin de faciliter la lecture du document. Il y en a trois (doc. 2) :
- le premier plan, ou plan rapproché ;
- le second plan, ou plan moyen ;
- l'arrière-plan.

2 Les différents plans d'une photographie aérienne

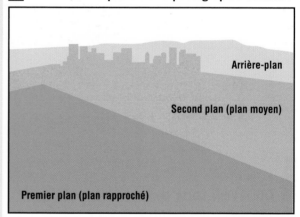

LES FONCTIONS DE L'ESPACE

Les fonctions de l'espace correspondent aux différents usages qui sont faits de cet espace et aux activités qui en découlent. On parle, par exemple, des fonctions de loisirs (parcs, espaces verts), commerciales, industrielles, financières (quartier des affaires) ou des voies de communication (routes, voies ferrées, fleuves, etc.).

EXERCICES

3 Le pont Jacques-Cartier et le quartier des affaires, à Montréal

T4 TECHNIQUE

Lire une photographie aérienne pour interpréter un paysage

Observe la photographie (doc. 3).

1. De quel type de photographie s'agit-il : aérienne verticale, aérienne oblique, oblique d'une hauteur, au niveau du sol (doc. 1) ?

2. Quelle est la ville photographiée et où est-elle située (province, pays) ?

3. Quel est le nom du fleuve que l'on voit sur cette photographie ?

4. De quel type de paysage s'agit-il : urbain, de banlieue ou rural ?

5. Que voit-on sur la photographie (doc. 3) :
   a) au premier plan ?
   b) au second plan ?
   c) à l'arrière-plan ?

6. Quelles sont les fonctions dominantes de l'espace décrit par la photographie (touristiques, industrielles, financières) ? Identifie-les avec plus de précision en te servant d'un atlas.

1. Déterminer le type de la photographie

2. Analyser le document
   a) Identifier le lieu représenté
   b) Identifier le type de paysage
   c) Étudier les différents plans

   d) Identifier les fonctions de l'espace représentées sur le document

FAIRE LE POINT

Quelles sont les étapes d'analyse d'une photographie qui permettent de mieux comprendre et d'interpréter un paysage ?

RÉINVESTISSEMENT

1. Choisis une photographie aérienne dans ton manuel (ex. page 147, doc. 5) et reproduis les exercices que tu viens de faire.

2. En observant ta ville, ton village ou ton rang, recommence ces mêmes exercices. Identifie les différentes activités (agricoles, résidentielles, industrielles, commerciales) qui la ou le caractérisent. Observe comment elles sont organisées les unes par rapport aux autres. Quelles sont les principales activités économiques de l'endroit où tu vis (agriculture, industrie, tourisme, finance, etc.) ? Justifie ta réponse.

Technique 5

Réaliser un croquis géographique pour interpréter un paysage

Pour interpréter concrètement un paysage et son organisation, à l'aide d'un croquis géographique, avec son titre et sa légende.

Le croquis géographique est un procédé qui permet de résumer et d'identifier les éléments fondamentaux d'un paysage. Il sert à mettre l'accent seulement sur ce qui est vraiment important à retenir du paysage et de son organisation.

CE QU'IL FAUT SAVOIR

LE TITRE

Différents types de titres sont donnés aux croquis géographiques et, parfois, ils sont accompagnés de sous-titres pour plus de précision. Le titre d'un croquis répond généralement aux trois questions suivantes :

- Quel est le lieu représenté ?

- Où se situe ce lieu (dans quelle ville, quel pays) ?

- En quelle année le lieu représenté a-t-il été photo-graphié ?

Le titre est obligatoire sur les croquis, comme sur tous les types de cartes.

LA LÉGENDE

Une légende doit toujours accompagner une carte ou un croquis. Elle sert à expliquer de façon claire et précise à quoi correspondent les symboles employés.

Note : Les croquis peuvent servir aussi bien pour interpréter un paysage rural qu'un paysage urbain.

EXEMPLE : CROQUIS DU STADE OLYMPIQUE À PARTIR D'UNE PHOTOGRAPHIE AÉRIENNE

Les documents 1 et 2 montrent comment on retrace, à partir de la photographie (en général à l'aide d'un calque), les éléments du paysage à mettre en valeur et à identifier sur le croquis.

Au premier coup d'œil, on reconnaît sur la photographie (doc. 1) les éléments classiques (voies de communication, espaces verts). Pour le reste, il faut s'aider d'autres documents, comme d'une carte ou d'un plan de ville.

1 Vue aérienne du Stade olympique et de ses environs, à Montréal, au Québec, en 2002

Fonctions urbaines correspondant aux numéros sur le document 1 :

1. Espace récréatif
2. Espace vert
3. Zone résidentielle
4. Zone commerciale
5. Voie de communication

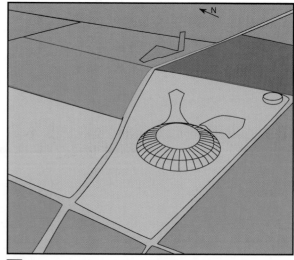

2 Croquis de la photographie (doc. 1) et légende correspondante

Espace récréatif | Zone commerciale
Espace vert | Voie de communication
Zone résidentielle

3 Sydney (Australie) : le quartier des affaires, l'Opéra et le Sydney Harbour Bridge, 2002

T5 TECHNIQUE

Observe la photographie ci-dessus (doc. 3) en t'aidant de l'exemple de la page de gauche.

Réaliser un croquis géographique pour interpréter un paysage

1. La photographie montre-t-elle une vue aérienne verticale, aérienne oblique, oblique prise d'une hauteur ou prise au niveau du sol ?

1. Déterminer le type et les caractéristiques de la photographie (où ? quoi ?)

2. À l'aide d'un calque, construis un croquis de la photographie ci-dessus (doc. 3), en soulignant les grands traits du paysage qu'elle représente.

2. Construire le croquis
   a) Reconnaître les différents éléments du paysage
   b) Distinguer les fonctions de l'espace observables sur la photographie

3. Utilise des couleurs différentes pour distinguer les zones et les fonctions urbaines. Aide-toi de l'exemple de la légende du document 2 et des renseignements sur Sydney que tu pourras trouver dans le chapitre 1.

4. Quelle fonction domine sur la photographie ?

5. Construis la légende de ton croquis.

c) Construire la légende

6. Donne à ton croquis un titre qui exprime le but de sa construction. Par exemple, « Fonctions urbaines du centre-ville de Sydney ».

d) Donner au croquis un titre approprié

■ **FAIRE LE POINT**

Explique pourquoi le croquis géographique est un complément idéal au document photographique.

■ **RÉINVESTISSEMENT**

Choisis une photographie aérienne dans ton manuel (ex. page 74, doc. 2) et construis le croquis géographique qui l'interprète. Au besoin, aide-toi d'un plan de ville ou d'une carte du lieu décrit par la photographie. Répète l'opération avec un paysage rural.

Technique 6

Lire une photographie aérienne pour montrer l'évolution d'un phénomène

Pour comprendre les notions de base de la photographie aérienne et l'usage qu'on peut faire de ce genre de données.

Parmi les outils les plus spectaculaires de la géographie, la télédétection (détection à distance) offre des images de la Terre prises depuis un avion (photographies aériennes) ou un satellite (images satellites ou satellitaires). Ces images permettent de mieux visualiser et, par des comparaisons entre images, de mieux comprendre les structures des paysages et l'évolution des phénomènes, et souvent de mettre en valeur certains de ces phénomènes, qui ne sont pas toujours visibles depuis la surface du sol.

CE QU'IL FAUT SAVOIR

ÉVALUATION DE L'ÉVOLUTION DES PHÉNOMÈNES

Les photographies aériennes sont des photographies prises d'un avion, qui donnent une vue d'ensemble d'un territoire et de ses caractéristiques. Elles sont beaucoup plus faciles à mettre à jour que des cartes, puisqu'il suffit d'un nouveau survol pour obtenir une nouvelle série de photographies d'un territoire.

Elles sont souvent très précises, mais elles sont sensibles à la présence de nuages et leur interprétation est parfois délicate. Pour ces raisons, on les analyse souvent en les comparant avec les cartes topographiques, afin d'identifier quels sont les éléments visibles sur ces photographies. Puis, on complète l'identification de ces éléments par une vérification sur le terrain.

UN OUTIL DE COMPARAISON TRÈS EFFICACE...

En comparant deux photographies prises à deux dates différentes, mais à la même période de l'année, on peut visualiser avec précision les changements survenus entre ces deux dates, notamment en ce qui concerne l'évolution du couvert végétal.

... MAIS EN CONCURRENCE AVEC LES IMAGES SATELLITES

Aujourd'hui, les photographies aériennes sont de plus en plus en concurrence avec les images satellites à haute résolution (doc. 1 et 2), mais elles sont encore très largement utilisées dans de nombreux domaines, à cause de leur coût très abordable et de leur niveau de précision élevé (doc. 3a et 3b).

EXEMPLE : ÉVOLUTION DE LA COUVERTURE FORESTIÈRE DANS L'ÉTAT DE RONDÕNIA AU BRÉSIL, ENTRE 1975 ET 2001

Les documents 1 et 2 montrent l'évolution du couvert forestier dans l'État de Rondõnia, au Brésil, entre 1975 et 2001. Il s'agit là d'images satellites, et non de photographies aériennes, mais le principe reste le même, les deux images étant à la même échelle et décrivant la même portion du territoire. Cela permet la comparaison directe et la localisation des changements survenus entre les deux dates.

La comparaison des deux images montre à la fois l'aspect spectaculaire du recul forestier et la forme particulière de ce grignotage qui s'effectue progressivement à partir des routes et des chemins, au fur et à mesure qu'ils sont tracés à travers la forêt amazonienne.

1 Couvert forestier dans une partie du territoire de Rondõnia, en 1975

2 Couvert forestier de cette même région, en 2001. Seules les parties les plus sombres représentent encore du couvert forestier.

3 Photographies aériennes du lac Meridian, comté de King, dans l'État de Washington, aux États-Unis

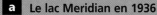

a Le lac Meridian en 1936

b Le lac Meridian en 1996

T6 TECHNIQUE

Lire une photographie aérienne pour montrer l'évolution d'un phénomène

Observe les photographies ci-dessus (doc. 3a et 3b).

1. Quel est le territoire décrit sur ces documents ? À quelle date chacune des photographies a-t-elle été prise ?

2. Quels sont les principaux changements visibles entre les deux prises de vue ?

3. Quelle était la principale fonction de l'espace autour du lac Meridian en 1936 : agricole, industrielle, commerciale ou résidentielle ?

4. Quelle semble être la principale fonction en 1996 ? Que s'est-il passé entre les deux dates de prise de vue ?

1. Identifier les caractéristiques des documents (dates, échelles, territoires décrits)

2. Analyser les documents
a) Comparer les photographies
b) Situer et interpréter les changements

■ **FAIRE LE POINT**

Imagine d'autres situations où les photographies aériennes seraient utiles pour montrer l'évolution d'un phénomène.

■ **RÉINVESTISSEMENT**

Choisis d'autres photographies aériennes dans ton manuel (ex. pages 27, 70, doc. 2, et 211, doc. 2). Détermine les dates, les échelles et les éléments qui sont visibles sur ces photographies, mais qui seraient invisibles depuis le sol.

Technique 7

Lire une image satellite
Notions de base

Pour comprendre ce qu'est une image satellite et ce à quoi elle peut servir en géographie.

Les satellites sont utilisés de plus en plus souvent, notamment dans le domaine des communications. Les images qu'ils nous envoient depuis l'espace sont de plus en plus nombreuses et abordables. Ces images satellites deviennent l'un des principaux outils d'analyse de l'état de notre planète, particulièrement en ce qui concerne les changements environnementaux.

CE QU'IL FAUT SAVOIR

DES IMAGES ET NON DES PHOTOGRAPHIES

Les images satellites ne sont pas des photographies. Ce sont des fichiers informatiques traités par des spécialistes à partir des signaux reçus par le satellite à travers l'atmosphère (doc. 1). Lorsqu'on traite ces images, on donne aux lieux une couleur qui ressemble à la réalité (du vert pour la forêt, par exemple) ou, au contraire, une couleur très différente (du rouge pour la végétation). Dans ce dernier cas, on dit que l'image est en fausses couleurs.

1 Principes de base de l'image satellite

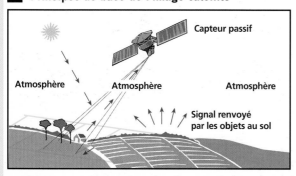

LONGUEUR D'ONDES ET RÉSOLUTION

Certains satellites peuvent enregistrer ce qui se passe sur la Terre même s'il y a des nuages. En effet, ils captent des types de signaux dont la longueur d'ondes (c'est-à-dire leurs caractéristiques physiques) leur permet de traverser les nuages, ce qui n'est pas le cas de la lumière visible.

Les images peuvent être très détaillées (elles sont alors dites à haute résolution) pour de petites régions. Elles peuvent aussi être plus globales et peu détaillées, mais pour de vastes territoires (on dit alors qu'elles sont à basse résolution). C'est le cas, par exemple, des images servant à établir les prévisions météorologiques qu'on voit à la télévision.

EXEMPLE : IDENTIFIER LES ÉLÉMENTS D'UNE IMAGE SATELLITE

Même si les images satellites ne sont pas des photographies et que les couleurs qu'elles utilisent ne correspondent pas forcément à la réalité, il est possible de se faire une bonne idée du territoire décrit par l'image sans avoir besoin d'une légende.

À titre d'exemple, regarde le document 2. Tu peux constater qu'il est assez facile d'identifier certains éléments, marqués ici par des numéros :

1. un bras de mer (ou le fleuve) ;

2. une rivière ;

3. des zones urbaines (2) ;

4. un pont ;

5. une île ;

6. une zone de quais ;

7. un aéroport.

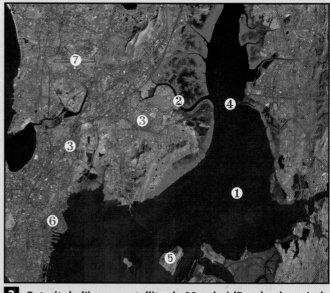

2 Extrait de l'image satellite de Mumbai (Bombay), en Inde

3 Image satellite de la ville de Quito (en mauve) et du volcan Rucu Pichincha (partie gauche de l'image)

4 Croquis de Quito

Rucu Pichincha
4321 m

Guagua Pichincha
4784 m

3185 m

4457 m

3895 m

Nord

☐ Quito
▲ Volcan
— Rivière
— Principales routes

4893 m

0   10 km

T7 TECHNIQUE

Observe les documents 3 et 4.

1. Selon toi, le document 3 est-il une image en fausses couleurs ? Justifie ta réponse.

2. En te servant des documents 3 et 4, analyse l'image satellite de Quito (doc. 3).

a) Où se situent les volcans ? Combien en vois-tu dans la carte (doc. 4) ? sur l'image satellite (doc. 3) ?

b) Dans le document 4, repère les rivières et les routes. Comment peut-on les distinguer les unes par rapport aux autres ? Sont-elles aussi clairement visibles sur l'image satellite ?

c) Que voit-on en blanc dans la partie gauche de l'image satellite (doc. 3) ?

Lire une image satellite Notions de base

1. Identifier le document

2. Analyser l'image
a) Identifier les éléments du paysage
b) Distinguer les phénomènes physiques et les activités humaines

■ **FAIRE LE POINT**

Pourquoi les images satellites comme celle de Quito (doc. 3) et celle de Mumbai (doc. 2) donnent-elles une information plus à jour qu'une carte ?

■ **RÉINVESTISSEMENT**

Choisis d'autres images satellites (ex. pages 56, 89 et 125) dans ton manuel. Identifie les phénomènes qu'elles représentent et essaie de trouver si elles sont en fausses couleurs, à haute ou à basse résolution. Selon toi, les images satellites sont-elles des outils géographiques spectaculaires et utiles ? Justifie ta réponse.

Technique 8

Lire une image satellite pour visualiser les changements

Pour comparer plusieurs images satellites afin de mettre en valeur les changements qui se sont produits entre les prises d'images à des dates différentes.

Pour mieux voir et comprendre les phénomènes géographiques, on peut comparer deux documents, par exemple des images satellites, des photographies aériennes ou des cartes produites à des dates différentes. On distingue alors l'évolution et les changements survenus dans le temps et dans l'espace. On produit souvent ensuite une cartographie de ces changements.

CE QU'IL FAUT SAVOIR

COMPARAISON DE DOCUMENTS

Il est très important que les documents comparés soient à la même échelle ou à une échelle semblable. Il doit être possible de retrouver des éléments de repérage sur un document comme sur l'autre.

La comparaison visuelle donne souvent une très bonne idée du phénomène analysé (doc. 4a et 4b), mais il est bon de compléter la représentation par un croquis ou une carte schématique. Une carte schématique est une synthèse de l'information fournie par les cartes, les photographies aériennes ou les images satellites.

On distingue alors mieux les endroits où il y a eu un changement, par rapport à ceux où la situation est demeurée identique.

EXEMPLE : LE CAS DE LA MER D'ARAL

1 Localisation de la mer d'Aral, en Asie centrale

Le cas de la mer d'Aral et de son recul spectaculaire (doc. 1, 3 et 4) au cours des 30 dernières années est particulièrement représentatif de ce que les images satellites peuvent apporter à la visualisation des changements survenus en un lieu entre différentes dates.

On dispose en effet de nombreuses images de la région de la mer d'Aral, ce qui permet des comparaisons pour plusieurs intervalles de temps (doc. 4a et b) et des mises à jour régulières de la situation.

2 Le désastre écologique de la mer d'Aral, en Asie centrale

« Pendant plus de 30 ans, les eaux de l'Amou-Daria et du Syr-Daria qui alimentaient la mer d'Aral ont été détournées pour irriguer des millions d'acres de plantations de coton et de riz en Asie centrale. Cela a entraîné la disparition de plus de 60 % de ses eaux. Elle est passée de 65 000 km² à moins de la moitié de cette surface.

La salinité de l'eau est passée de 10 % à plus de 23 %, contribuant au déclin de l'industrie de la pêche, autrefois florissante. Le climat local a changé, les étés devenant plus chauds et plus secs et les hivers plus froids et plus longs.

Avec le retrait des eaux, ce sont des sols salés qui ont été exposés à l'air. Des tempêtes de poussière érodent chaque année jusqu'à 75 000 tonnes de ces sols, dispersant le sel et les résidus de pesticides. »
Source : U.S. Geological Survey.

3 Cette photographie illustre bien le recul spectaculaire des eaux de la mer d'Aral.

EXERCICES

4 Comparaison d'images satellites de la mer d'Aral à deux dates différentes

a En 1976

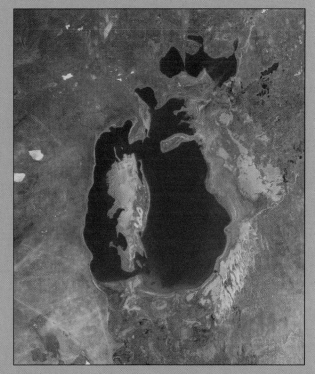

b En 1997

Note : Dans les documents 4a et 4b, la mer d'Aral apparaît en bleu.

T8 TECHNIQUE

Lire une image satellite pour visualiser les changements

Observe les documents 4a et 4b.

1. De quel type de documents s'agit-il ?

2. Où se trouve la mer d'Aral sur ces documents ?

3. Que s'est-il passé entre 1976 et 1997 ?

4. À l'aide d'un calque, produis un croquis où se superposeront les limites de la mer d'Aral en 1976 et en 1997.

5. Compare ces limites et localise les endroits où les plus grands changements ont eu lieu.

6. À quoi est dû ce phénomène (doc. 2) ?

1. Identifier les caractéristiques des documents

2. Analyser les documents
a) Localiser les changements

b) Construire un croquis pour évaluer les changements dans le temps et dans l'espace

c) Chercher une explication au phénomène

FAIRE LE POINT

À quoi servent les images satellites dans l'évaluation d'un phénomène du genre de celui subi par la mer d'Aral ?

RÉINVESTISSEMENT

Répète les mêmes exercices avec les images satellites de la déforestation dans l'État de Rondônia, entre 1975 et 2001 (page 229, doc. 8, chapitre 5).

En quoi cette comparaison visuelle est-elle intéressante pour montrer l'évolution spatiale et temporelle d'un phénomène ?

Technique 9

Lire une image satellite pour cartographier les risques

Pour utiliser plusieurs images satellites afin de cartographier les zones à risques.

Les images satellites sont utilisées entre autres pour la localisation et la cartographie des changements entre différentes dates. Lorsque des catastrophes naturelles surviennent, ces images peuvent aussi servir pour **cartographier les risques**, c'est-à-dire pour déterminer les endroits où ces catastrophes pourraient se reproduire.

CE QU'IL FAUT SAVOIR

DÉLIMITATION ET CARTOGRAPHIE DES ZONES À RISQUES

En superposant des images prises à des dates différentes (doc. 2 et 3), on voit à quel endroit et dans quelle mesure les événements catastrophiques ont lieu. On peut ensuite obtenir une cartographie précise des zones qui ont été touchées. On la compare ensuite à des cartes d'utilisation du sol et du relief pour produire finalement une carte des zones à risques (doc. 4), c'est-à-dire des lieux où les catastrophes ont le plus de chances de se reproduire et où il est nécessaire de prendre le plus de précautions possible à l'avenir.

La comparaison se fait le plus souvent entre deux images d'une même région, avant et après des inondations. On identifie ainsi les zones inondées et on peut tracer un croquis montrant l'extension maximale du phénomène.

EXEMPLE : CARTOGRAPHIE DES ZONES INONDABLES DANS LA VALLÉE DU FLEUVE LIMPOPO, AU MOZAMBIQUE, EN AFRIQUE

La basse vallée du fleuve Limpopo, au Mozambique, est soumise à de fréquentes inondations. Ce fut notamment le cas en février 2000, comme le montre l'image satellite (doc. 3) sur laquelle les eaux de crue apparaissent en bleu. Cette image peut être comparée au document 2, qui montre la situation en temps normal.

Dans le cas présent (doc. 2 et 3), la comparaison se fait entre deux documents différents, le document 2 donnant des renseignements très importants sur la topographie. On comprend alors très bien pourquoi, par exemple, les inondations sont importantes au sud des villes de Guija et de Chibuto (doc. 3). Il s'agit là en effet de zones de très faible altitude, planes, très favorables aux inondations. À l'inverse, les collines situées à l'est de Chibuto sont très bien protégées de la montée des eaux.

On voit donc que la superposition de l'image satellite des zones inondées (doc. 3) et de la carte de la topographie (doc. 2) permet de dresser la carte des zones inondables dans la basse vallée du Limpopo (doc. 4).

1 Localisation du Limpopo

2 Topographie de la basse vallée du Limpopo

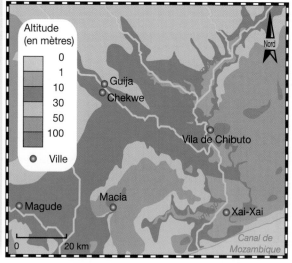

3 Image satellite de la basse vallée du Limpopo, en février 2000

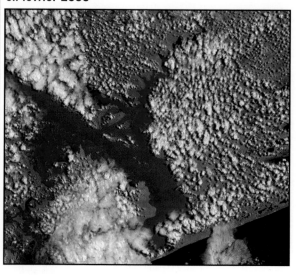

EXERCICES

4 **Cartographie des zones à risques de la basse vallée du Limpopo, après les inondations de février 2000**

Altitude (en mètres)
- 0
- 1
- 10
- 30
- 50
- 100

Zone inondable

Ville

Guija
Chekwe
Vila de Chibuto
Magude
Macia
Xai-Xai
Canal de Mozambique
0   20 km
Nord

Hélicoptère effectuant le sauvetage de gens réfugiés sur le toit de leur maison, pendant les inondations dans la vallée du Limpopo, en 2000

T9 TECHNIQUE

Observe les documents 2 à 4.

1. De quel type est chacun de ces documents ?

2. Où se trouve le Limpopo ?

3. Que s'est-il passé en février 2000 dans cette région du monde ?

4. À quoi peuvent servir les images satellites en pareil cas ?

5. Comment construit-on une carte des zones à risques ? À quoi cette carte peut-elle servir ?

Lire une image satellite pour cartographier les risques

1. Identifier les caractéristiques des documents

2. Analyser les documents
- a) Comparer les situations avant et après l'événement catastrophique
- b) Repérer les zones touchées et cartographier les zones à risques en se servant d'autres documents

FAIRE LE POINT

Pourquoi la carte du relief peut-elle servir de base à la délimitation des zones soumises au risque d'inondations dans une région donnée ?

RÉINVESTISSEMENT

Fais une courte recherche sur les inondations de la rivière Chaudière au Québec ou sur celles du fleuve Rhône en France. Essaie de trouver les cartes des zones à risques de ces régions. Trouve quel organisme produit ces cartes, pourquoi et à quoi elles servent en général.

Construire un modèle pour schématiser la dynamique d'un phénomène spatial

Pour comprendre comment construire, interpréter et utiliser un modèle en géographie.

Un phénomène spatial est un phénomène qui se produit sur un territoire et qui a des conséquences sur ce même territoire, par exemple le développement d'une grande ville. La cartographie traditionnelle comporte parfois trop de détails pour permettre de comprendre ces phénomènes spatiaux et leur dynamique. Pour les mettre en valeur, on peut construire des modèles qui mettent l'accent sur les éléments les plus importants, en simplifiant au maximum la représentation de chacun d'eux sur le territoire, puis en les superposant.

CE QU'IL FAUT SAVOIR

LA SIMPLIFICATION

L'élimination des détails superflus dans la construction du modèle est la première étape de sa construction. On simplifie le dessin pour ne garder que ce qui est fondamental, même si le résultat obtenu semble très imprécis. Cela facilite l'étape suivante, qui est celle de la superposition.

LA SUPERPOSITION

Une fois que les éléments importants du modèle sont illustrés par des schémas, on passe à la superposition. Dans la réalité, tous ces éléments sont fusionnés, il est donc normal de les représenter ensemble. On peut cependant choisir de donner une place plus grande à ceux qui nous semblent plus importants.

EXEMPLE : CONSTRUCTION D'UN MODÈLE MONTRANT LA DYNAMIQUE DE L'ESPACE MONTRÉALAIS

1 Le territoire métropolitain montréalais...

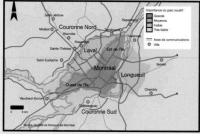

... et le schéma correspondant

2

Expansion urbaine

▶ Expansion territoriale
— Les axes routiers

4

Prix des habitations

◯ Élevé
◯ Moyen
◯ Faible

3

Migrations pendulaires

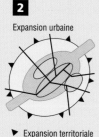

Vers Montréal
Vers les banlieues
Temps pris pour se
déplacer

45 minutes 30 minutes 20 minutes

Dans le modèle de la page 267, l'accent est mis sur les déplacements et les temps de transport entre les différentes zones de l'espace montréalais ainsi que sur le prix des habitations. Par une suite de schémas très simplifiés, on met l'accent sur ces phénomènes qui interviennent dans la dynamique urbaine de Montréal.

Le premier schéma (doc. 2) montre comment on simplifie la carte du territoire métropolitain (doc. 1), pour la remplacer par des cercles concentriques traversés par le fleuve Saint-Laurent. Tous les détails sont éliminés et seule demeure l'idée du noyau constitué par l'île et la ville de Montréal, puis les banlieues de Laval et de Longueuil et enfin les couronnes Nord et Sud.

Le deuxième schéma (doc. 3) insiste sur le temps pris pour se déplacer des banlieues vers Montréal et de Montréal vers les banlieues.

Le troisième schéma (doc. 4) indique comment le coût du logement diminue quand on s'éloigne du centre.

Le but ici est de montrer la structure concentrique de l'espace métropolitain, sa dynamique et son expansion, non de faire une cartographie détaillée.

Il ne s'agit là que d'un exemple simple et on pourrait ajouter au modèle de nombreux autres éléments, comme la densité de population, etc. Il est plus efficace de construire le modèle élément par élément, en faisant un schéma pour chacune des variables que l'on étudie. Le modèle final (doc. 5) est obtenu en superposant les éléments.

5 Modèle d'organisation de Montréal

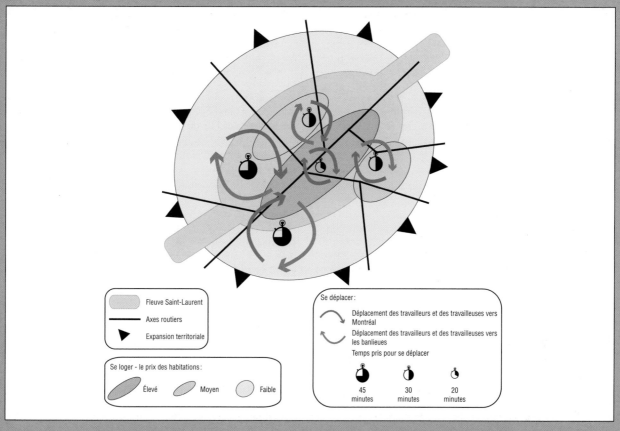

Fleuve Saint-Laurent

Axes routiers

Expansion territoriale

Se loger - le prix des habitations :

Élevé   Moyen   Faible

Se déplacer :

Déplacement des travailleurs et des travailleuses vers Montréal

Déplacement des travailleurs et des travailleuses vers les banlieues

Temps pris pour se déplacer

45 minutes   30 minutes   20 minutes

T10 TECHNIQUE

Construire un modèle pour schématiser la dynamique d'un phénomène spatial

Observe les documents 2 à 5.

1. Que représentent-ils ?

2. Pourquoi dessine-t-on le territoire d'une manière aussi simplifiée ?

3. Pourquoi utilise-t-on des couleurs différentes pour chacun des schémas ?

4. Quel est le schéma qui exprime le mieux l'aspect dynamique du modèle en construction ?

5. Comment le modèle montre-t-il que la ville de Montréal est située sur une île ? Selon toi, cette précision est-elle nécessaire ?

1. Identifier les caractéristiques du document

2. Analyser le document
   a) Rechercher les éléments de base du modèle
   b) Étudier la superposition de ces éléments dans la construction du modèle
   c) Interpréter le modèle

FAIRE LE POINT

1. Comment l'espace montréalais est-il structuré ?

2. Sur quels éléments insiste-t-on dans la superposition ?

RÉINVESTISSEMENT

Reprends le modèle d'organisation de Montréal (page 24), puis celui de Mexico (page 40), dans le chapitre 1 de ton manuel.

Utilise ce que tu viens d'apprendre sur la construction d'un modèle pour représenter la dynamique de l'espace amazonien (chapitre 5).

Acadie Partie du Canada qui correspond au Nouveau-Brunswick et à la Nouvelle-Écosse. Les Français y fondèrent Port-Royal en 1604. Objet de conflits entre la Grande-Bretagne et la France, elle fut divisée en deux en 1713, la Nouvelle-Écosse passant alors aux mains des Anglais. .... P. 115

Acculturation Processus par lequel un groupe humain perd sa propre culture pour adopter celle d'un autre groupe. ...... P. 115, 229

Acre Mesure anglo-saxonne qui équivaut à un peu plus de 4000 m², soit 0,4 hectare. .... P. 181

Activité de service Activité destinée au service des entreprises et des populations (voir secteur tertiaire). .... P. 10

Activités agricoles Au sens strict, les activités agricoles se rapportent à la culture des champs. Au sens large, elles désignent toutes les activités qui ont pour but la production de végétaux (culture des champs) et d'animaux destinés à l'alimentation (élevage). .... P. 168

Afflux Arrivée en grand nombre de gens et de choses. .... P. 229

Afrique subsaharienne Portion du continent africain située au sud du Sahara. .... P. 126, 198

Agglomération Espace urbanisé de façon continue autour d'un centre-ville. .... P. 4, 92

Agriculture sur brûlis Agriculture basée sur un défrichement par le feu des parcelles de terre. .... P. 218

Agroforesterie Système d'exploitation des terres intégrant la culture des arbres et des arbustes à l'agriculture traditionnelle et à l'élevage. .... P. 218

Aire protégée Espace que des autorités décident de préserver de la présence néfaste des humains. ....P. 126

Alevin Très jeune poisson servant à repeupler les étangs et les rivières. .... P. 188

Alluvions Dépôts de boue, de gravier, de sable, de limon ou de galets, laissés par un cours d'eau. ....P. 186

Alternatif Différent, possible. .... P. 164

Aménagement L'aménagement d'un espace comprend la mise en place d'équipements et les travaux de construction nécessaires pour favoriser une activité économique. .... P. 82, 188, 223

Aménagement touristique Création d'un espace susceptible d'accueillir des touristes. .... P. 102

Anarchique Sans aucun ordre. .... P. 244

Aride Très sec. .... P. 172

Aridité (aride) État de ce qui est aride ; sécheresse. .... P. 202

Arts d'interprétation Arts de la scène, comme la musique, le théâtre, le ballet, etc. .... P. 119

Austral(e) Qui est au sud du globe terrestre, dans l'hémisphère Sud. .... P. 113

Autosuffisance Capacité de subvenir à ses propres besoins sans aide extérieure. .... P. 179

Banlieue Territoire urbanisé qui entoure une ville. .... P. 6

Bidonville Ensemble d'habitats non planifiés, censés être temporaires et construits de matériaux de fortune. ....P. 6, 37

Biodiversité Ensemble des êtres vivants (plantes et animaux) qui peuplent une région donnée et constituent la richesse environnementale de cette région. .... P. 131, 216

Biosphère Ensemble des êtres vivants (plantes et animaux) qui se développent sur la Terre. .... P. 134

Bivouac Campement temporaire installé en plein air. .... P. 128

Brousse Zone éloignée de toute civilisation. .... P. 132

Cadastre Document public qui donne la liste des parcelles de terres et leurs limites ainsi que les noms de leurs propriétaires. .... P. 181

Capteur d'ondes sismiques Appareil qui permet aux sismologues de surveiller les activités sismiques de l'écorce terrestre. .... P. 96

Catastrophe naturelle Une catastrophe est la rencontre entre un risque naturel et une situation humaine ; elle se produit soit parce qu'elle était inattendue et brutale, soit parce que la société n'a pas pris les mesures de protection qui étaient nécessaires. ...... P. 66, 170

Celtique Qui a rapport aux Celtes, civilisation très ancienne qui s'étendit sur l'Europe du 10e au 3e siècle av. J.-C. Plus de 70% des habitants de l'Île-du-Prince-Édouard sont de descendance écossaise ou irlandaise influencée par cette culture. .... P. 119

Chef-lieu Centre administratif d'un département. .... P. 142

Code d'éthique Ensemble de règles qui déterminent la conduite morale dans un domaine particulier. .... P. 120

Colon (colonisation) Personne originaire d'un lieu qui prend possession d'un autre lieu (territoire) et de ses ressources, souvent par la force. .... P. 226

Colonisation agricole Action de mise en valeur du territoire pour les besoins de l'agriculture. .... P. 218

Conférer Donner, attribuer. .... P. 116

Construction parasismique Construction qui peut résister aux secousses sismiques provoquées par un tremblement de terre. .... P. 96

Continent Vaste étendue de terre délimitée par un ou plusieurs océans. Traditionnellement, on distingue six continents : l'Europe, l'Asie, l'Afrique, l'Amérique, l'Océanie et l'Antarctique. . P. 4, 66, 170

Cordillère Chaîne de montagnes allongée des Amériques. ...... P. 78

Corpusculaire Qui a rapport aux petites parcelles de matière (atome, molécule). .... P. 68

Coulée boueuse Transport de boue sur de grandes distances causé par les pentes fortes, les précipitations abondantes et les tremblements de terre. .... P. 72

Coupes à blanc Forme d'exploitation forestière qui consiste à couper tous les arbres sur une parcelle donnée. .... P. 242

Croissance démographique Augmentation de la population d'un espace quelconque (ville, région, pays, etc.). .... P. 21, 200

Crues Débordements de fleuves qui sortent de leur lit habituel. .... P. 176

Cultures pluviales Cultures qui utilisent l'eau de pluie pour croître, sans apport artificiel d'eau (arrosage, irrigation). .... P. 172

Cultures vivrières Cultures destinées aux besoins alimentaires d'une population et non à la commercialisation. .... P. 202

Curiste Personne qui fréquente une station thermale. .... P. 146

Cyclones tropicaux Tempêtes intenses qui se forment au-dessus des mers tropicales et qui se caractérisent par des vents très violents ainsi que par des précipitations généralement abondantes. ... P. 185

Cyclotourisme Tourisme à bicyclette. .... P. 146

Débusqueur Machine utilisée en foresterie pour transporter les arbres. .... P. 223

Déforestation Destruction de la forêt, déboisement. .... P. 186, 210

Dégradation des sols Processus qui entraîne un appauvrissement des qualités du sol. .... P. 172

Delta Embouchure d'un fleuve en forme de triangle (la lettre grecque delta « Δ »). Le delta du Gange est parfois appelé «Bouches du Gange». .... P. 179

Densité de population Nombre moyen d'habitants par unité de surface (nombre d'habitants par kilomètre carré, par exemple). .... P. 21, 186

Département Circonscription administrative de la France. ... P. 142

Désenclaver Rompre l'isolement. .... P. 119

Désertification Transformation d'un espace fertile en désert. .... P. 172

Dette extérieure Somme d'argent que doit rembourser l'ensemble des habitants d'un pays aux autres pays et aux entreprises étrangères. .... P. 226

Stéréotype Vision démodée et figée, qui ne correspond plus à la réalité. Cliché. .... P. 115

Strate Chacune des couches successives de végétation, en géologie ou en botanique. .... P. 224

Stress hydrique Un stress hydrique (pression sur les ressources en eau) est subi lorsqu'un pays prélève plus de 20 % de ses ressources renouvelables en eau. .... P. 204

Surpâturage Il y a surpâturage dans un territoire quand le nombre d'animaux qui y sont élevés est trop important par rapport à la nourriture que peut fournir ce territoire. .... P. 172

Sylviculture Exploitation rationnelle des forêts (conservation, aménagement, entretien, régénération, reboisement, etc.). .... P. 212

Talus Terrain en pente, très incliné, le long d'un ravin. .... P. 76

Taudis urbains Logements dégradés qui constituent des quartiers, souvent situés dans le centre des villes. .... P. 37

Téléphérique Moyen de transport par cabines suspendues à un câble, utilisé pour remonter les pentes de ski. .... P. 148

Télésiège Système de remontée mécanique constitué de sièges suspendus à un câble. .... P. 148

Territoire agricole Territoire où l'utilisation du sol est dominée par des activités économiques agricoles (culture et élevage). .... P. 168

Territoire région touristique Territoire où le tourisme est l'une des principales activités économiques. .... P. 104

Touaregs Nomades vivant dans la partie la plus septentrionale (du nord) du Sahel. .... P. 200

Tourisme À l'origine, l'art de faire un tour. Aujourd'hui, ensemble des déplacements de loisirs et activités économiques résultant de ces déplacements. .... P. 106

Tourisme culturel Tourisme fondé sur la découverte d'une culture (architecture, théâtre, etc.). .... P. 146

Tourisme de masse On parle de tourisme de masse lorsqu'un territoire connaît une fréquentation touristique très importante numériquement. .... P. 106

Tourisme nautique Tourisme fondé sur l'attrait de l'eau pour des loisirs et des sports spéciaux. .... P. 146

Tourisme thermal Utilisation des eaux chaudes naturelles, souvent pour se soigner. .... P. 146

Tourisme vert Tourisme de randonnée dans le respect de la nature. .... P. 146

Touriste Un visiteur ou une visiteuse qui séjourne temporairement dans un lieu, au moins une journée. .... P. 33, 102

Touristes internationaux Touristes qui visitent un autre pays que le leur. .... P. 104

Tsunami Très grande vague causée par un séisme ou une éruption volcanique. .... P. 92

Tuf Roche d'origine volcanique, légère et souvent friable. .... P. 78

Urbanisation Concentration de population dans les villes. .... P. 6

Ville multiethnique Ville formée de plusieurs ethnies. .... P. 48

Voie migratoire Route que les animaux utilisent régulièrement pour se déplacer d'une région à une autre. .... P. 113

Volcan Montagne qui émet ou qui a émis des matières en fusion. .... P. 34, 64

Vulnérabilité Fragilité, caractère de ce qui peut être atteint et endommagé. Le degré de vulnérabilité d'un lieu indique l'effet que les dangers potentiels (risques) peuvent avoir sur ses aménagements et ses populations. .... P. 66

ZEC Territoire où l'on contrôle le niveau d'exploitation des ressources fauniques. .... P. 238

Zone sismique Zone soumise à des tremblements de terre. .... P. 64

Zone de subduction Zone de contact de plaques tectoniques. .... P. 88

P. 2-3 : .... © Yann Arthus-Bertrand/Corbis/Magmaphoto
P. 6 et p. 7 (doc. 3) : .... Stone/Getty Images
P. 7 (doc. 5) : .... © Cassio Vasconcellos/Altitude
P. 9 (doc. 2) : .... Lindsay Hebberd/Corbis/Magmaphoto
P. 9 (doc. 3) : .... © Viviane Moos/Corbis/Magmaphoto
P. 8 et p. 9 (doc. 5) : .... © Michael Brennan/Corbis/Magmaphoto
P. 10 et p. 11 (doc. 2 - 1re) : .... Stone/Getty Images
P. 11 (doc. 2 - 2e) : .... © Yann Arthus-Bertrand/Altitude
P. 12 (doc. 1) : .... © Yves Marcoux/Publiphoto
P. 12 (doc. 2) : .... © F. Newman/Publiphoto
P. 12 (doc. 3) : .... © Claudine Bourgès
P. 12 (doc. 4) : .... Ministère des Transports du Québec
P. 13 (doc. 5) : .... © Claudine Bourgès
P. 13 (doc. 6) : .... La Presse/Denis Courville
P. 13 (doc. 7) : .... © Claudine Bourgès
P. 13 (doc. 8) et p. 23 : .... © Claudine Bourgès
P. 14 (doc. 2) : .... La Presse
P. 16 (doc. 2) : .... © R. Meloche/Alpha Presse
P. 19 (doc. 2) : .... Megapress/Réflexion/M. Gagné
P. 19 (doc. 4) : .... Megapress/Réflexion/M. Gagné
P. 21 (doc. 7) : .... La Presse
P. 23 (doc. 11) : .... © Claudine Bourgès
P. 23 (doc. 12) : .... © Benjamin Rondel/Corbis/Magmaphoto
P. 26 (doc. 1) : .... © Peter M. Wilson/Corbis/Magmaphoto
P. 26 (doc. 2) : © Giansanti Gianni/Corbis/Sygma/Magmaphoto
P. 27 (doc. 3) : ..... © Yann Arthus-Bertrand/Corbis/Magmaphoto
P. 27 (doc. 4) : .... © Bruno Mouron/Gamma/Ponopresse
P. 27 (doc. 5) : . © Diego Goldberg /Corbis/Sygma/Magmaphoto
P. 27 (doc. 6) : .... © Tom Nebbia/Corbis/Magmaphoto
P. 28 (doc. 2) : .... © Publiphoto/H. T. Archive
P. 30 (doc. 1) : ..... © Yann Arthus-Bertrand/Corbis/Magmaphoto
    et © Dorantes Sergio/Corbis/Sygma/Magmaphoto
P. 31 (doc. 5) : .. © Dorantes Sergio/Corbis/Sygma/Magmaphoto
P. 31 (doc. 6) : .. © Reuters New Media Inc./Corbis/Magmaphoto
P. 32 (doc. 2) : .... Bettmann/Corbis/Magmaphoto
P. 33 (doc. 6) : .... © Claudine Bourgès
P. 35 (doc. 2) : .... © NASA
P. 37 (doc. 6) : .. © Keith Dannemiller/Corbis Saba/Magmaphoto
P. 39 (doc. 8) : .... © Stéphanie Maze/Corbis/Magmaphoto
P. 39 (doc. 9) : .. © Dorantes Sergio/Corbis/Sygma/Magmaphoto
P. 39 (doc. 10) : © Goldberg Diego/Corbis/Sygma/Magmaphoto
P. 42 : .... Bognar/Megapress/Réflexion
P. 43 (New York) : .... Bognar/Megapress/Réflexion
P. 43 (Sydney) : .... Bognar/Megapress/Réflexion
P. 44 (doc. 2) : ..... © Yann Arthus-Bertrand/Corbis/Magmaphoto
P. 45 (doc. 3) : .... TV5, Cités du monde
P. 45 (doc. 4) : ..... © Yann Arthus-Bertrand/Corbis/Magmaphoto
P. 46 (doc. 5) : .... © Dave Bartruff/Corbis/Magmaphoto
P. 46 (doc. 6) : .... © Maher Attar/Corbis/Sygma/Magma
P. 49 (doc. 2) : .... © M. Renaudeau/Hoaqui/Alpha Presse
P. 49 (doc. 5) : .... © Richard Berenholtz/Corbis/Magmaphoto
P. 50 (doc. 6) : .... © Joseph Sohm; ChromoSohm
    Inc./Corbis/Magmaphoto
P. 51 (doc. 7) : .... © Selders/Sipa Press/Ponopresse

P. 51 (doc. 8) : .... Bilderberg/Megapress
P. 51 (doc. 9) : .... © Bojan Brecelj/Corbis/Magmaphoto
    et Sioen G. Megapress/Rapho
P. 51 (doc. 10) : .... CP Images/Stuart Ramson
P. 51 (doc. 11) : .... CP Images/Robert F. Bukaty
P. 53 (doc. 13) : .... Corbis/Magmaphoto
P. 53 (doc. 14) : .... © Darren Hron/Killfile
P. 54 (doc. 3) : .... © Stephen Brookes/Airview Photography/
    MTP Network
P. 55 (doc. 4) : .... © Lisa Saad/MTP Network
P. 55 (doc. 5) : .... © AFP/Corbis/Magmaphoto
P. 56 (doc. 1) : .... © Lisa Saad/MTP Network
P. 56 (doc. 2) : .... © Commonwealth of Australia 2000 Landsat
    ETM satellite image acquired by ACRES,
    Geoscience Australia
P. 56 (doc. 3) : .... © Philippe Ruttens, Australie
P. 57 (doc. 4) : .... © Lisa Saad/MTP Network
P. 57 (doc. 5) : .... © Varley/Sipa Press/Ponopresse
P. 57 (doc. 7) : .... © Bettmann/Corbis/Magmaphoto
P. 58 (doc. 3) : . © John Van Hasselt/Corbis/Sygma/Magmaphoto
P. 59 (doc. 4) : .... © SOPA
P. 59 (doc. 7) : .... Ville de Sydney, à titre gracieux
P. 60 (doc. 3) : .... Paul G. Adam/Publiphoto
P. 61 (doc. 5) : ..... © Yann Arthus-Bertrand/Corbis/Magmaphoto
P. 62 : .... © Grant Smith/Corbis/Magmaphoto
P. 67 (doc. 2) : ... © Bisson Bernard/Corbis/Sygma/Magmaphoto
P. 66 et p. 67 (doc. 3) : .... © Ponopresse
P. 67 (doc. 4) : .... © Ponopresse-Sipa Press
P. 67 (doc. 6) : .... © Efe-Shikari/Sipa Press/Ponopresse
P. 69 (doc. 3) : .... © Bordas/Sipa Press/Ponopresse
P. 68 et p. 69 (doc. 4) : .... © Haley/Sipa Press/Ponopresse
P. 69 (doc. 5) : .... © Greenpeace
P. 70 (doc. 1) et p. 81 : © Pablo Corral Vega/Corbis/Magmaphoto
P. 70 (doc. 2) : .... © Pablo Corral Vega/Corbis/Magmaphoto
P. 71 (doc. 3) : .... © Philippe Cazamajor d'Artois IRD
    (Institut de recherche pour le développement)
P. 71 (doc. 4) : .... © J. D. Joubert/Hoaqui/Alpha Presse
P. 72 (doc. 2) : .... © Pablo Corral Vega/Corbis/Magmaphoto
P. 74 (doc. 1) : .... Alfredo Maiquez/Lonely Planet Images
P. 74 (doc. 2) : .... © Michel Merlyn
P. 75 (doc. 3) : .... © IRD (Institut de recherche
    pour le développement)
P. 75 (doc. 4) et p. 83 : ..... Richard L'anson/Lonely Planet Images
P. 75 (doc. 6) : .... © Pablo Corral Vega/Corbis/Magmaphoto
P. 77 (doc. 3) : .... © IRD (Institut de recherche
    pour le développement)
P. 79 (doc. 1) : .... © Albrecht G. Schaefer/Corbis/Magmaphoto
P. 81 (doc. 3) : .... Brian A. Vikander/Corbis/Magmaphoto
P. 86 - 1re et p. 91 : .... © Ponopresse
P. 86 - 2e : .... © Ponopresse
P. 87 - 1re : .... © Lloyd Cluff/Corbis/Sygma
P. 87 - 2e : .... © Roger Ressmeyer/Corbis/Magma
P. 89 (doc. 2 - 1re) : .... © NASA
P. 89 (doc. 2 - 2e) : .... © WorldSat International Inc. - 2004 -
    Tous droits réservés

P. 93 (doc. 2) et p. 97 : .... © Tom Bean/Corbis/Magmaphoto

P. 93 (doc. 4) : .... © Morton Beebe/Corbis/Magmaphoto

P. 94 : .... © A. Blumberg/Corbis/Magmaphoto

P. 95 (1957) : .... Karl V. Steinbrugge/NISEE

P. 95 (1971) : .... © Bettmann/Corbis/Magmaphoto

P. 95 (1989) : .... © Lloyd Cluff//Corbis/Magmaphoto

P. 97 (doc. 5) : .... © California Governor's Office of Emergency Services

P. 97 (doc. 7) : .... © Chris Daniels/Corbis/Magmaphoto

P. 98 - 1re : .... © Taylor-Kooney/Ponopresse/Sipa Presse

P. 98 - 2e : .... © AFP/Corbis/Magmaphoto

P. 99 : .... Caren Firouz/Reuters/CORBIS

P. 100-101 : .... © Carlos Muñoz-Yagüe

P. 102 et p. 103 (doc. 2) : .... Helen Hiscocks/Altitude

P. 103 (doc. 1) : .... © Jonathan Blair/Corbis/Magma

P. 103 (doc. 3) : .... © Ray Juno/Corbis/Magma

P. 106 et p. 109 (doc. 5) : .... Photos Canada

P. 108 (doc. 1) : .... © Randy Petrovic/ College Heights Secondary Prince George, BC

P. 108 (doc. 2) : .... © Richard T. Nowitz/Corbis/Magma

P. 109 (doc. 3) : .... © John Sylvester

P. 109 (doc. 4) : .... © Nik Wheeler/Corbis/Magma

P. 110 (doc. 3) : .... Tourisme Île-du-Prince-Édouard

P. 111 (doc. 4) : .... © Raymond Gehman/Corbis/Magma

P. 112 (doc. 1) : .... Images du Nouveau-Brunswick

P. 113 (doc. 3) : .... © Brian Atkinson/ Images du Nouveau-Brunswick

P. 114 (doc. 1) : .... Village historique acadien

P. 115 (doc. 5) : .... Le pays de la Sagouine

P. 119 (doc. 4) : .... © Ron Garnett/Airscapes

P. 121 (doc. 10) : .... © Gilles Daigle/Éco-centre Irving, la dune de Bouctouche, à titre gracieux

P. 124 (doc. 1) : .... P. Logwin/Publiphoto

P. 124 (doc. 2) : .... J.-P. Danvoye/Publiphoto

P. 125 (doc. 3) : .... © Robert I. M. Campbell/ National Geographic Image Collection

P. 125 (doc. 4) : .... © NASA

P. 125 (doc. 5) et p. 129 (doc. 3) : .... © M. & C. Denis-Huot/Bios/Alpha Presse

P. 127 (doc. 4) : .... © Kennan Ward/Corbis/Magma

P. 127 (doc. 5) : .... © C. Fahr/Hoaqui/Alpha Presse

P. 128 (doc. 1) : .... © F. Stark/Das Fotoarchiv/Alpha Presse

P. 129 (doc. 5) : .... © Denis Lebouteux, France

P. 130 (doc. 3) : .... Bognar/Megapress

P. 131 (doc. 5) : .... © Richard T. Nowitz/Corbis/Magma

P. 133 (doc. 1) : .... © Bettmann/Corbis/Magma

P. 133 (doc. 2) : .... © Hatari! Paramount Pictures. Tous droits réservés.

P. 135 (doc. 4) : .... © M. Harvey/P. Arnold/Alpha Presse

P. 135 (doc. 7) : .... Megapress/Planet Pictures

P. 137 (doc. 8) : .... © Carl & Ann Purcell/Corbis/Magma

P. 137 (doc. 9) : .... © Denis Lebouteux

P. 140 (Paris) : .... © Paul Hardy/Corbis/Magma

P. 140 (La Savoie) : .... © Gil Mirande/Basile/OT Val Thorens

P. 141 (Venise) : .... © Carlos Muñoz-Yagüe

P. 141 (Tahiti) : .... © Corbis/Sygma/Magma

P. 142 (doc. 2) : .... © Paul G. Adam/Publiphoto

P. 144 (doc. 4) : .... © Ring Magazine

P. 145 (doc. 8) : .... © Ring Magazine

P. 147 (doc. 1) : .... © Maxim Boyer, France

P. 147 (doc. 5) : .... © Richard List/Corbis/Magma

P. 149 (doc. 1) : .... Agence Nuts, Val-d'Isère, France

P. 149 (doc. 2) : .... Agence Nuts, Val-d'Isère, France

P. 149 (doc. 4, 1910) : .... © Office du Tourisme de Val-d'Isère

P. 149 (doc. 4, 1996) : .... © Yann Arthus-Bertrand/Altitude

P. 149 (doc. 5) : .... Office du Tourisme de Val-d'Isère

P. 151 (doc. 14) : .... © Jean-Pierre Hardy

P. 152 (doc. 2) : .... © Yann Arthus-Bertrand/Altitude

P. 152 (doc. 4) : .... AIC Standford

P. 153 (doc. 5) : .... © Burstein Collection/Corbis/Magma

P. 153 (doc. 6) : ... © Succession Hugo Pratt/Société Cong, France

P. 153 (doc. 7) : .... © Éditions Lombard (Dargaud-Lombard) by Chaillet, 1987

P. 154 (doc. 1) : .... © Comitato Organizzatore Vogalonga

P. 155 (doc. 5) : .... © Benetton Group S.P.A. 2000-2004

P. 155 (doc. 6) : .... Bilderberg/Horacek/Megapress

P. 156 (doc. 2) : .... Bilderberg/Ellerbrock/Megapress

P. 156 (doc. 3) : .... © Arici Graziano/Corbis Sygma/Magma

P. 157 (doc. 4) : .... © NASA

P. 158 (doc. 1) : .... © Teva Sylvain

P. 158 (doc. 4) : .... © Randy Faris/Corbis/Magma

P. 159 (doc. 5) : .... © Teva Sylvain

P. 159 (doc. 6) : .... © Teva Sylvain

P. 159 (doc. 8) : .... Hermitage Museum, St Petersburg © Super Stock

P. 160 (doc. 4) : .... © Teva Sylvain

P. 162 (doc. 2) : .... Tahitipresse/E. Perez

P. 162 (doc. 4) : .... © Teva Sylvain

P. 163 (doc. 6) : .... © Teva Sylvain

P. 164 (doc. 1) : .... Foto Mobil

P. 164 (doc. 2) : .... © David Cumming; Eye Ubiquitous/Corbis/Mgma

P. 165 (doc. 5) : .... Robert Basiuk, Borneo Adventure

P. 166-167 : .... © Yann Arthus-Bertrand/Corbis/Magmaphoto

P. 170 et p. 171 (doc. 4) : .... © Jobard/Sipa Press/Ponopresse

P. 171 (doc. 3) : .. © Per-Anders Pettersson/Liaison/Getty Images

P. 172 et p. 173 (doc. 2) : .... © Paul G. Adam/Publiphoto

P. 173 (doc. 3) : .... Geographical Visual Aids

P. 174 (doc. 1) : ... © Yann Arthus-Bertrand/Corbis/Magmaphoto

P. 174 (doc. 2) : ... © Yann Arthus-Bertrand/Corbis/Magmaphoto

P. 175 (doc. 3) : ... © Yann Arthus-Bertrand/Corbis/Magmaphoto

P. 175 (doc. 4) : .... © Faruque/Sipa Press/Ponopresse

P. 176 (doc. 1) : .... © Daniel Schwartz

P. 178 (doc. 2) : ....© Tiziana and Gianni Baldizzone / Corbis/Magmaphoto

P. 179 (doc. 3) : .... © Howard Davies/Corbis/Magmaphoto

P. 181 (doc. 3) : .... © Lindsay Hebberd/Corbis/Magmaphoto

P. 182 (doc. 1) : .... © George F. Mobley/National Geographic

P. 189 (doc. 8) : ... © Yann Arthus-Bertrand/Corbis/Magmaphoto

P. 192 : .... © Craig Aurness/Corbis/Magmaphoto

P. 193 et p. 199 : .... © P.L. Tétreault/Publiphoto

P. 194 (doc. 1) : ....© Geographical Visual Aids

P. 194 (doc. 2) : .... © Archives nationales du Canada. Basil Zarov.

P. 199 (doc. 2) : .... © NASA

P. 201 (doc. 4) : ... © Yann Arthus-Bertrand/Corbis/Magmaphoto

P. 201 (doc. 5) : .... © Paul G. Adam/Publiphoto

P. 203 (doc. 8) : .... Enterprise Works Worldwide, Washington, à titre gracieux

P. 206-207 : .... © Hervé Collart/Corbis/Sygma

P. 208 (Forêt mixte) : .... © Jacques Pleau/Parcs Canada

P. 208 (Forêt tropicale humide) : .... © Richard L'Anson/Lonely Planet Images

P. 208 (Forêt boréale) : ...... © Ross Barnett/Lonely Planet Images

P. 210 et p. 211 (doc. 3) : .... © Michael Nichols/National Geographic

P. 211 (doc. 2) : .... © Ron Garnett/Airscapes

P. 211 (doc. 4) : .... Ministère des Ressources naturelles, de la Faune et des Parcs/Québec

P. 211 (doc. 5) : .... © Centre de documentation et d'études madawaskayennes, Campus d'Edmundston de l'Université de Moncton

P. 212 et p. 213 (doc. 3) : .... Ressources naturelles Canada, Service canadien des forêts

P. 213 (doc. 1) : .... © Wayne Lawler; Ecoscene/Corbis/Magmaphoto

P. 213 (doc. 2) : .... Parc national de la Jacques-Cartier - © Jean-Pierre Huard - Sépaq

P. 213 (doc. 4) : .... © Ministère des Ressources naturelles, de la Faune et des Parcs/Québec

P. 214 (doc. 1) : .... © Hervé Collart/Corbis/Sygma

P. 214 (doc. 2) : .... © Jeffrey L. Rotman/Corbis/Magmaphoto

P. 214 (doc. 3) : .... © Hergé/Moulinsart 2004

P. 215 (doc. 4) : .... © Jacques Descloitres, MODIS Land Rapid Response Team, NASA/GSFC

P. 215 (doc. 5) : .... Solimoes image © Peter Henderson, Pisces Conservation LTD, 2004

P. 215 (doc. 6) : .... © B. Basin/Publiphoto

P. 216 (doc. 3) : .... © Hervé Collart/Corbis/Magma

P. 217 (doc. 5) : .... Collection privée

P. 217 (doc. 6 - tarentule) : .... © Hervé Collart/Corbis/Sygma/Magmaphoto

P. 217 (doc. 6 - orchidée) : .... Collection privée

P. 217 (doc. 6 - grenouille) : .... © Michael & Patricia Fogden/Corbis/Sygma/Magma

P. 218 (doc. 2) : .... © Hervé Collart/Corbis/Sygma/Magma

P. 219 (doc. 5) : .... © Hervé Collart/Corbis/Sygma/Magma

P. 219 (doc. 7) : .... © Hervé Collart/Corbis/Sygma/Magma

P. 220 (doc. 3) : .... © Bilderberg/Burkard/Megapress

P. 221 (doc. 6) : .... © David Curl/Lonely Planet Images

P. 222 (doc. 2) : .... © Greenpeace/Daniel Beltrá

P. 223 (doc. 7) : .... © J. Leigh/ITTO

P. 225 (doc. 2) : .... © Mark Plotkin

P. 227 (doc. 7) : .... © BIPS 2000 Bernard Albert

P. 229 (doc. 8) et p. 258 (doc. 1 et 2) : .... © NASA

P. 229 (doc. 10) : .... © Hervé Collart/Corbis/Magmaphoto

P. 232 : .... © Russ Heinl/MaXx Images

P. 233 : .... © Paul G. Adam/Publiphoto

P. 234 : .... © Neil Rabinowitz/Corbis/Magmaphoto

P. 237 : .... © Peter Langer, Vancouver

P. 238 (doc. 1 - 1re) : .... © Jacques Pleau/Parcs Canada

P. 238 (doc. 1 - 2e) : .... © Michel Brault, FCMQ

P. 241 (doc. 6) : ....© Jardin botanique de Montréal (collection Min. de l'Éducation du Québec - Lina Breton, Min. des Forêts du Québec)

P. 241 (doc. 8) : .... Reproduit avec l'autorisation ....de Bombardier inc.

P. 241 (doc. 9) : ....© Y. Hamel/Publiphoto

P. 243 (doc. 11) : .... © G. Crête

P. 243 (doc. 12) : ... © Ariane Ouellet/CCDMD Québec en images

P. 245 (doc. 3) : .... © Corbis Original image courtesy of NASA, 1996

P. 246 (GPS) : .... © John Louie

P. 246 (Carte topographique) : .... © E. Beaudoin/Parcs Canada

P. 246 (Boussole) : .... Collection privée

P. 247 (Modélisations du relief) : .... © Dan Ancona, Alexandria Digital Earth Prototype Project, University of California at Santa Barbara

P. 247 (Image satellite) et p. 260 (doc. 2) : .... © NASA/Urban/Landsat

P. 250 (doc. 1) et p. 251 (doc. 4) : .... © Produit en application d'une licence accordée par Sa Majesté la Reine du Chef du Canada avec la permission de Ressources naturelles Canada

P. 255 (doc. 3) : .... © Y. Marcoux/Publiphoto

P. 256 (doc. 1) : .... © Paul G. Adam/Publiphoto

P. 257 (doc. 3) : .... © Andrew Murray/Corbis/Sygma/Magmaphoto

P. 259 (doc. 3 a et b) : ....© King County Water and Land Resources Division

P. 261 (doc. 3) : .... © NASA/Urban/Landsat

P. 262 (doc. 3) : .. © Shepard Sherbell/Corbis Saba/Magmaphoto

P. 263 (doc. 4 a et b) : .... © WorldSat International Inc., 2004 - Tous droits réservés

P. 264 (doc. 3) : .... © USGS/EROS Data Center

P. 265 : .... Peter Andrews © Reuters, 03/03/2000

LES GRANDS ENSEMBLES PHYSIOGRAPHIQUES

OCÉAN ARCTIQUE

GLACIAL

ASIE

Monts de Verkhoïansk

Plateau de Sibérie centrale

Monts Iablonovy

Monts Khangaï

Plaine de Sibérie occidentale

Plateau du Tibet

Hindu Kuch

Himalaya

Plateau du Deccan

EUROPE

Massif scandinave

Monts Oural

Plaine de Russie

Caucase

Carpates

Monts Zagros

Alpes

Pyrénées

Atlas

Massif du Hoggar

Massif du Tibesti

AFRIQUE

Plateau d'Éthiopie

Rift africain

Bassin du Congo

Plateau de Guinée

Drakensberg

OCÉAN PACIFIQUE

OCÉANIE

Cordillère australienne

Grand Bassin artésien

OCÉAN INDIEN

OCÉAN ATLANTIQUE

OCÉAN PACIFIQUE

AMÉRIQUE

Bouclier canadien

Appalaches

Grandes plaines

Sierra Madre

Cordillère de l'Ouest

OCÉAN ATLANTIQUE

Plateau des Guyanes

Bassin de l'Amazonie

Plateau du Brésil

Bassin du Paraná

Cordillère des Andes

OCÉAN ATLANTIQUE

OCÉAN GLACIAL ANTARCTIQUE

ANTARCTIQUE

Chaîne Transantarctique

0   1350 km

à l'équateur

Montagnes

Hauts plateaux

Plateaux ondulés

Plaines et bassins

LES GRANDS ENSEMBLES VÉGÉTAUX

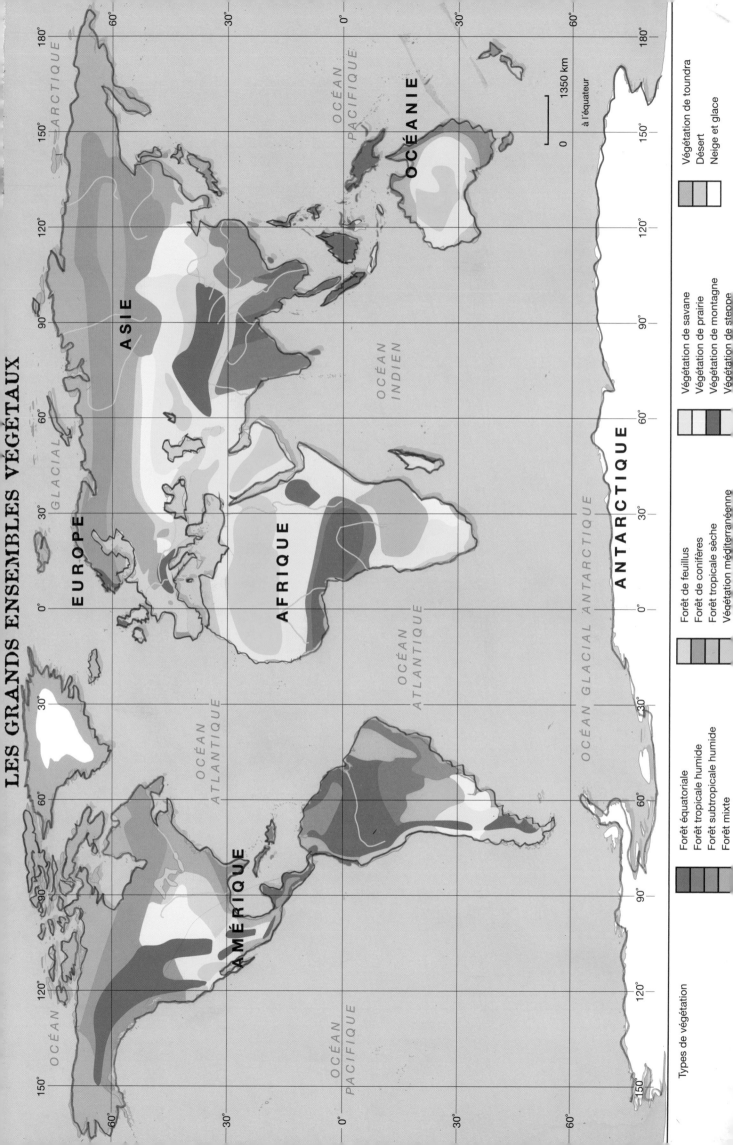

Types de végétation

Forêt équatoriale
Forêt tropicale humide
Forêt subtropicale humide
Forêt mixte

Forêt de feuillus
Forêt de conifères
Forêt tropicale sèche
Végétation méditerranéenne

Végétation de savane
Végétation de prairie
Végétation de montagne
Végétation de steppe

Végétation de toundra
Désert
Neige et glace

LE MONDE PO

OCÉAN

MER DE BEAUFORT

GLACI

Groenland (Dan.)

EU

Baie de Baffin

NO

ISLANDE
Reykjavik

Alaska (É.-U.)

Golfe d'Alaska

CANADA

Détroit de Davis

Détroit du Danemark

MER DU LABRADOR

ROYAUME-UNI
DAN Copenh
Amsterdam

IRLANDE
Dublin

P.

Londres Brux. BELGIQUE

Baie d'Hudson

Paris Be

FRANCE

Ottawa

ÉTATS-UNIS

Washington

OCÉAN ATLANTIQUE

Archipel des Açores (Port.)

PORTUGAL
Lisbonne

ESPAGNE

Madrid

MER

Alger

AMÉRIQUE

Golfe du Mexique

BAHAMAS

Rabat

MAROC

Îles Hawaï (É.-U.)

MEXIQUE

La Havane

CUBA

HAÏTI

Sahara occidental

ALGÉRIE

Mexico

Port-au-Prince

RÉP. DOM.

ANTIGUA ET BARBUDA

MAURITANIE

MALI

AFR

Kingston

Saint-Domingue

SAINT-CHRISTOPHE ET NIÉVÈS

Nouakchott

Niame

GUATAMELA

BELIZE

JAMAÏQUE

DOMINIQUE

SÉNÉGAL

Bamako

BURKINA

Guatemala

HONDURAS

SAINTE-LUCIE

Dakar

Ouagadougou

Salvador

Tegucigalpa

SAINT-VINCENT ET

BARBADE

GAMBIE

Bissau

FASO

BÉNIN

EL SALVADOR

NICARAGUA

LES GRENADINES

GRENADE

GUINÉE-

Conakry

GUINÉE

Yamoussoukro

Accra

NIG

Managua

Caracas

TRINITÉ-ET-TOBAGO

BISSAU

Freetown

COSTA RICA

SIERRA LEONE

CÔTE

TOGO

San José

Panamá

VENEZUELA

Monrovia

LIBERIA

D'IVOIRE

PANAMÁ

Bogotá

Georgetown

GHANA

GUINÉE

GUYANA

Paramaribo

ÉQUAT.

COLOMBIE

SURINAM

Golfe de Guinée

Îles Galápagos (Éq.)

Quito

Guyane française (Fr.)

ÉQUATEUR

OCÉAN PACIFIQUE

PÉROU

BRÉSIL

OCÉAN ATLANTIQUE

Lima

Polynésie-Française (Fr.)

BOLIVIE

Brasilia

La Paz

CHILI

PARAGUAY

URUGUAY

Santiago

Asunción

Buenos Aires

Montevideo

ARGENTINE

Îles Falkland (R.-U.) (Îles Malouines)

Géorgie du Sud (R.-U.)

OCÉAN GLA

MER DE BELLINGSHAUSEN

MER DE WEDDELL

MER D'AMUNDSEN

MER DE ROSS

Capitale d'État

1 SLOVÉNIE (Ljubljana)
2 CROATIE (Zagreb)
3 BOSNIE-HERZÉGOVINE (Sarajevo)
4 MACÉDOINE (Skopje)
5 ALBANIE (Tirana)
6 LUXEMBOURG (Luxembourg)
7 MONACO
8 SAINT-MARIN
9 VATICAN
10 PALESTINE
11 ARMÉNIE (Erevan)

ANTIGUA ET BARBUDA (Saint John's)
BAHAMAS (Nassau)
BARBADE (Bridgetown)
BELIZE (Belmopan)
BÉNIN (Porto-Novo)
BRUNEI (Bandar Seri Begawan)

DJIBOUTI (Djibouti)
DOMINIQUE (Roseau)
É.A.U. : ÉMIRATS ARABES UNIS
ESTONIE (Tallinn)
ÉTATS FÉDÉRÉS DE MICRONÉSIE (Palikir)
GAMBIE (Banjul)

GRENADE (Saint George's)
QATAR (Doha)
ÎLES SALOMON (Honiara)
LETTONIE (Riga)
LIBAN (Beyrouth)
LITUANIE (Vilnius)